森岡孝二●編

貧困社会ニッポンの断層

桜井書店

はしがき

本書は貧困問題に焦点を合わせて、亀裂を深める日本社会の断層とそこから露呈する日本経済の深層を考察することを課題としている。格差の拡大はおのずと貧困の拡大をともなう。その点では、本書は先にほぼ同じ執筆者たちが著した『格差社会の構造――グローバル資本主義の断層』（桜井書店、二〇〇七年）の続編である。

前書も随所で日本社会における「格差と貧困の拡大」に論及している。しかし、貧困問題の立ち入った考察は次の課題として残されていた。前書から本書まで五年近く経過するあいだに、日本社会は「貧困」あるいは「貧困化」をキーワードに語られることがますます多くなってきた。それにともない、これまでは見えなかったか隠されてきた貧困の諸相が露わになり、本書で行ったような考察が要請されるようになった。

あらかじめ語義についていえば、貧困は、貧乏、貧窮、窮乏、困窮などの類語と同じように、貧しいために生活に苦しむ状態を意味する。政治経済学は、マルクスの『資本論』を紐解いたことがある者なら知っているように、資本の蓄積にともなう貧富の格差の拡大と労働者階級の状態の相対的・絶対的悪化を「貧困化」という概念で語ってきた。

第二次大戦後、先進資本主義諸国では、政府支出の拡大による高水準の雇用の維持と社会保障の拡充

（失業手当・医療保険・年金など）を主要な内容とする政策体系が定着し、それが福祉国家と呼ばれるようになった。それにくわえて、先進国では一九六〇年代とその前後に比較的高率の経済成長が続き、実質賃金の増大と生活水準の上昇が見られた。その結果、低所得、教育の欠如、栄養不良、疾病、高い乳児死亡率、短命などの貧困が引き起こす事象については、もっぱら途上国の問題として語られ、先進国の問題として語られることは少なくなった。先進国においても、失業者、住居喪失者、母子家庭、移民、高齢者などの企業福祉や社会保障制度からの排除が、貧困と不可分の社会問題として語られてきたが、それでも現代資本主義論の主題は「豊かな社会」論に移り、貧困問題は経済学の中心テーマからしだいに遠ざかっていった。

しかし、一九七〇年代の二度にわたるオイルショック、七〇年代後半から八〇年代にかけての製造業の衰退、福祉国家における国民負担の増大、財政危機（赤字財政）の進行などを背景に、「新自由主義」と呼ばれる政策イデオロギーが台頭し、それが現実の政治経済に浸透するようになった。それにともない、資本主義にとって古くて新しい格差と貧困が拡大し、格差論議とともに貧困論議が再燃するにいたった。新自由主義は、「小さな政府」を標榜するとともに、「競争」と「効率」を志向し、社会保障の削減、規制緩和、民営化、市場化を推奨する。それは、経済のことは市場に任せ、市場のことは個人に任せる思想に立っている点で、「市場個人主義」を旨としている。新自由主義と市場個人主義が現実の政治経済を突き動かした国々では、金融の規制緩和とともに雇用の規制緩和が行き着いた果てに、剝き出しの市場原理の必然として格差と貧困を拡大せずにはおかなかった。

前出の『格差社会の構造』と同じ年に、デイビッド・K・シプラーの『ワーキング・プア――アメリカの下層社会』（森岡孝二・川人博・肥田美佐子訳、岩波書店、二〇〇七年）が出た。その原書（*The Working Poor: Invisible in America*, 2004）の副題は「アメリカの見えない人びと」となっていた。アメリカにかぎらず、資本主義が高度に発展した国々における貧困は、当事者が声を上げるゆとりがなく社会と政治から打ち捨てられているうえに、その背後にある雇用と賃金が社会関係のベールに覆われているために、一般に「インビジブル」、つまり「見えない」という特徴がある。

そのアメリカでも、住宅バブルの崩壊とリーマンショックを契機とする二〇〇八年恐慌の到来とともに、格差と貧困が一体となって拡大していることが誰の目にも明らかになった。米国勢調査局のデータによると、連邦政府が定める貧困ライン以下の生活を余儀なくされている人びとは、二〇〇五年の約三六九五万人（一二・六％）から、二〇一〇年の四六一八万人（一五・一％）に増加した。貧困は夫のいない女性世帯主家族（多くは母子家庭）においてより深刻で、その人口は、同じ五年間に一三一五万人（三一・一％）から一五九〇万人（三四・二％）に増えている。

資産格差は所得格差よりはるかに大きい。カリフォルニア大学・サンタクルズ校のG・W・ドンホフ教授によれば、二〇〇七年にはトップ一％層がアメリカの金融資産の四二・七％、次の一九％層が五〇・三％のシェアを占めている。これに対して下位八〇％層はわずか七％のシェアしか占めていない。

こういう状況があるなかで、アメリカでは、二〇一一年九月に、「総人口の一％の富裕層による富の独占」に抗議して、「われわれは九九％」というスローガンを掲げた若者と学生を中心とする「オキュパイ」運動がニューヨーク市のウォール街で始まった。その後、この反格差運動はウォール街から追い立てられても意気消沈することなく、全米各地に拡がっている。

日本では一九九〇年代の長期不況を契機に、雇用と労働の規制緩和が進み、パート・アルバイト・派遣・期間工・契約社員、請負などの非正規雇用が著しく拡大した。九〇年代末から二〇〇〇年代初めにかけては、完全失業率が五％台に達するほど高まるなかで、格差と貧困が目に見えて拡大してきた。その後も、小泉、安倍、福田、麻生と続いた自公内閣の新自由主義的構造改革のもとで、格差と貧困の拡大が進行しているところに、二〇〇八年世界恐慌が襲った。その影響で二〇〇九年には残業手当と賞与を中心に賃金がかつてなく落ち込んだ。二〇〇九年夏の総選挙では政権交代があったが、鳩山、菅、野田にいたる民主党政権のもとでも、労働者の状態の悪化が止まる気配はない。

前書でも触れたように、二〇〇六年七月に発表されたＯＥＣＤ（世界の先進国のシンクタンクである経済協力開発機構）の「対日経済審査報告」（『日本経済白書 二〇〇七』大来洋一監訳、中央経済社、二〇〇七年）は、一八歳から六五歳の生産年齢人口の二〇〇〇年の国際比較データから先進諸国の相対的貧困率を推計し、日本は一三・五％で、アメリカの一三・七％に次いで高いことを明らかにした。

相対的貧困率は、国民一人当たりの可処分所得を高い順に並べ、真ん中となる人の所得額（中央値）の半分に満たない人が全体に占める割合を示す。二〇〇六年のＯＥＣＤ報告で注目されるのは、日本の相対的貧困率の上昇の主要な原因を労働市場の二極分化から説明し、非正規労働者の割合が一〇年間に全労働者の一九％から三〇％以上に増加したことや、パートタイム労働者の時間賃金はフルタイム労働者の四〇％にすぎないことを重視していることである。また、この報告によれば、日本は所得再分配政策による貧困の改善率が先進国のなかで最も低い。それというのも、日本は他のＯＥＣＤ諸国に比し、貧困世帯への社会保障給付が少ないうえに、貧困世帯に対して高い税負担を課しているからである。

二〇〇九年、厚生労働省は「国民生活基礎調査」の二〇〇六年データをもとに、一九六五年以来四四年ぶりに、日本政府として独自に、日本の相対的貧困率が一五・七％であることを発表した。二〇一〇年データではさらに悪化して、一六・〇％に上昇している。ちなみに、可処分所得の中央値の半分は〇六年データでは一二七万円であったが、一〇年データでは一一二万円であった。これは相対的貧困率が上昇していると同時に貧困の基準となる可処分所得の絶対額が下がっていることを物語る点で注意を要する。

同じ二〇一〇年データをもとにした国立社会保障・人口問題研究所の相対的貧困率の分析では、二〇歳から六四歳の単身女性の三人に一人（三二％）、六五歳以上の単身女性の二人に一人（四七％）が貧困状態におかれている。単身男性はそれぞれ二五％と二九％であることから、単身世帯では男性よりも女性の貧困率が高いことがわかる（『日本経済新聞』二〇一二年二月八日）。

日本経済は一九八〇年代のバブル経済から一転して、九〇年代に入ると長期不況に突入し、W字状に短期の後退と浮揚を繰り返し、二〇〇二年には年率としては最悪の完全失業率五・四％を記録した。しかし、その後は、同年一月から〇七年一〇月まで、期間だけで見ると「戦後最長の景気拡大」を続けた。しかし、それもつかのまにすぎず、二〇〇八年恐慌は、同年の秋から翌年の春にかけて前例のない製造業の生産の落ち込みと大量の派遣切りを招いた。

二〇〇八年恐慌が雇用の非正規化と労働者の貧困化を加速したことはいうまでもないが、それに先行する景気拡大の過程でも、とくに製造業の大企業では派遣を中心に雇用の非正規化が進んだ。そして増加した付加価値はより多く利潤――したがって配当や内部留保や役員報酬――に向けられ、賃金や福利厚生費が抑えられて、労働分配率（付加価値に占める人件費の割合）は低下し続けた。

五年ごとに実施される総務省「就業構造基本調査」によって一九九七年から二〇〇七年までの一〇年間の変化を見ると、年収三〇〇万円以上の層は三〇一四万人から二六九〇万人に、三二四万人減少しているのに対して、年収三〇〇万円未満の層は二三四一万人から二七四八万人に、四〇七万人増加している。年収二〇〇万円未満の層はしばしばワーキングプアと呼ばれるが、その実数は二〇〇七年には一七〇七万人（在学者を除く）全労働者の三二％にのぼり、その八割は非正規労働者である。

労働者の収入の減少と貧困化が短期間にこれほど進んだことはかつてなかった。状態が悪化したのは、低賃金で不安定雇用の非正規労働者だけではない。株や土地などの資産とそこからあがるキャピタルゲインで見れば富裕層への富の集中が進んでいることは歴然としているが、前出の「就業構造基本調査」で労働所得の分布の変化を見るかぎり、一九九七年から二〇〇七年のあいだに多少とも豊かになったのは、年収一五〇〇万円以上のホワイトカラー層だけである。この層を除けば、年収一〇〇〇万円以上の層も、全体として収入を大きく低下させている。

この点では、日本の社会は労働所得の低い下層労働者が貧困化しただけでなく、全層没落に近いかたちで社会全体の「貧困化」が進んだと言ってもよい。その証拠にマクロ統計である「国民経済計算」によれば、雇用者報酬（生産活動から発生した付加価値のうちの人件費で、賃金や退職金などのほかに保険・年金といった企業の社会保障負担も含まれる）は、同じ期間に二七八兆円から二四三兆円へと、三五兆円も減少している。

ここ一〇年余りあいだに、日本の労働者の賃金は前例を見ないほど低下している。国税庁の「民間給与実態調査」によれば、一年を通じて勤務した民間給与所得者の平均年収は、ピークだった一九九七年の四六七万円から、ボトムだった二〇〇九年の四〇六万円まで六一万円（男性にかぎれば五七七万円から五〇〇万円へ七七万円）減少した。

ＯＥＣＤデータによれば、世界の先進国のなかで、ここ一〇年余りのあいだ名目賃金が低下し続けている国は日本だけである。ついでにいえば、日本の経済成長率も近年下がり続けている。これは成熟経済の自然の姿に近づいていると考えれば、騒ぐほどのことでもないが、それにしても一九九七年から二〇〇七年の平均成長率の国際比較でみると、日本はＯＥＣＤ加盟三〇ヵ国のなかでも最も低いことは無視できない。一人当たりのＧＤＰでは、日本はかつて世界のトップクラスであったが、二〇〇九年のデータをもとにしたＷＨＯ（世界保健機関）の二〇一一年統計では、一九位に落ちている。

賃金の下落と物価の下落の悪循環をデフレ（デフレーション）またはデフレスパイラルという。現在、日本ではデフレが経済問題、さらには政治問題になっているが、その原因はよく言われるグローバリゼーションではなく、長期にわたる賃金の引き下げにある。賃金は個々の企業にとってはコストであるが、社会全体では総需要の最大の構成部分である個人消費を支える原資である。これが縮小すると、販売不振をとおして企業収益の悪化を招き、さらに賃金の下落や失業の増加をもたらす。もし、グローバリゼーションによる安価な商品の逆輸入が原因なら、世界中でデフレが起きているはずであるが、長期にわたるデフレは賃金が下がり続けている日本だけに見られる現象である。

政府税制調査会は、二〇一一年一二月三〇日、消費税率を現行の五％から「二〇一四年四月に八％、一五年一〇月に一〇％」に引き上げる案をまとめた。野田政権はこれを政府案として、消費増税法案の年度内提出をめざすという。一九九七年には消費税率の三％から五％への引き上げが行われたが、このときの消費増税は、バブル崩壊後の不良債権処理に絡んだ金融危機と重なって、経済状態の悪化をもたらし、結果的には、消費税収入は増えたものの、法人税も個人所得税も大きく落ち込んで、国税収入はトータルでは大幅な減少になった。それを今日まで引き延ばして決算ベースでみると、一九九七年度に五四兆円あった税収は二〇一一年度には四一兆円に下がっている。このたびの消費増税案もそれが実施されれば前車の轍を踏むおそれがある。

以上に見てきた日本社会の「貧困化」は、その原因を生み出した財界や政府に対する人びとの大きな怒りや批判を呼び起こすにはいたらなかった。それはむしろ人びとの政治意識を曇らせ、財政再建が急がれるなかで、「民間の賃金が下がっているのだから、税金から給与を支払われている公務員を減らせ、公務員の賃金を下げろ」という世論がつくりだされてきた。これは自然発生的な世論であるだけでなく、新自由主義の論客やマスメディアによって意識的に広められてきた点で、政治を動かすほどの力をもっている。

この背後には労働組合が賃金の長期的な引き下げに歯止めをかけられず、働く者の生活防衛や労働条件の改善のために力を発揮することができないでいるという現実がある。人びとのあいだでは、単に労働組合に期待できないという意識だけでなく、公務員とその労働組合を敵視する感情が拡がってきた。このことを抜きには、大阪府知事から大阪市長に転身した橋下徹氏と「維新の会」の公務員たたきと組合つぶしに対する有権者の高い支持は理解できない。またこのたびの国家公務員給与の大幅削減も理解できない。そう考えると、貧困社会ニッポンは政治意識の深い亀裂をつくりだしているとも言える。

本書は貧困問題のいくつかの断層とその共通の根底に焦点を合わせて、現代日本の経済社会を全八章にわたって考察する。以下に本書の構成を示しておく。

第一章「企業社会の行き着いた果てに――貧困社会ニッポンの出現」では、ストライキ件数の変化とパートタイム労働者の推移から、企業社会の成立期を一九七〇年代の後半と特定し、男性の超長時間労働を特徴とする「働き方の男性正社員モデル」は、過労死とワーキングプアが併存し、正社員の雇用の安定が失われ、賃金上昇が期待できなくなったいまでは、崩壊に瀕していることを明らかにする。

第二章「人材派遣業の膨張・収縮と経営実態――近年の製造派遣を中心に」は、製造現場への人材派遣が解禁された以後、七兆円産業としてもてはやされた人材派遣会社が、二〇〇八年恐慌による大量の派遣切りで収縮にいたった五年間を跡づけ、労働者を犠牲にした人件費流動化と労働ダンピングによって膨大な利益をあげた人材派遣会社の実態とその違法性を明らかにする。

第三章「パートタイム労働市場と女性雇用」は、一九八〇年代後半以降における雇用の非正規化・パート化の進行に際して、家庭内のケア労働を女性に押しつける働かせ方によって女性が正規のフルタイム就労から排除され、労働条件の劣悪なパート労働へと誘引されたことを明らかにする。また労働市場における女性パートに対する身分的差別が今日においても維持され、パートの低賃金化・不安定化・貧困化が再生産されていることに論及する。

第四章「法人実効税率引下げ論の虚構と現実」は、日本経団連の法人税率引下げ要求を批判的に考察する。現行税率の実態は主張の基礎とされる四〇%より一割ほど低いことを明らかにし、実際の企業行動は税率以外の動機に左右されることを各種アンケートから検証する。また、世界的な租税競争についても、全地球規模での経済社会の維持可能性の視点から批判的な考察を加える。

第五章「グローバル化と中小企業における雇用破壊」は、日本企業のグローバル化と製品の逆輸入にともなう中小企業における雇用の衰退を考察し、それが必ずしも雇用の衰退をともなわない大企業をも含めて、日本の生産と雇用を激変させ、ワーキングプアの増加をもたらしていることを明らかにし、中小企業における雇用の回復の可能性を日本経済の根源から問う。

第六章「持家社会の居住貧困と住宅ローン問題」は、持家率がすでに六割を超えた「持家社会」における各種の「居住貧困」現象を総覧するなかから、とりわけ「住宅ローン」の問題を考察する。その際、住宅ローン余力ないし住宅購入余力に関連した「住宅アフォーダビリティ」概念を踏まえ、米英の動向をも念頭において、住宅ローン累積の社会経済的諸結果を全体的に論究する。

第七章「生活保護制度の現状とナショナルミニマム」は、日本社会の貧困化が拡大・進行し、生活保護受給者が約六〇年ぶりに二〇〇万人を超え、保護の有期化が叫ばれている状況のなかで、国民の生存権保障にとっての生活保護制度の現状と問題点を、国の保護抑制策と六年前から実施されている自立支援プログラムを中心に検討する。

第八章「労働ＣＳＲと格差・貧困」は、貧困問題は「政治と財界」が引き起こした「生活災害」であるという見地から労働ＣＳＲを考察し、企業経営が過剰なコスト削減の呪縛から解放され、「人間らしい働き方（ディーセントワーク）」に軸足を移すならば、労働者の生活維持とともに企業の持続的発展も可能になることを、それを実現させるための労組・市民の連帯の重要性を踏まえて提唱する。

本書は二〇〇八年に基礎経済科学研究所（基礎研）四〇周年記念出版助成の一冊として企画された。一九六八年に発足した基礎研は、七五年に「夜間通信研究科」を開設すると同時に、京都市と大阪市で

「資本論・帝国主義論講座」を開講した。そして、本書の執筆者たちを中心に、七七年に同研究科大阪第三学科（「金融・流通・協同組合論学科」）の社会人ゼミナールがスタートした。

以来、同ゼミナールは、今日まで隔週開催で六〇〇回を超える研究会を重ね、『勤労者の日本経済論――構造転換と中小企業』（法律文化社、一九八六年）、『現代日本の企業と社会――人権ルールの確立を目指して』（法律文化社、一九九四年）、『変化のなかの企業と社会――労働者の経済科学を求めて』（大阪第三学科開講二五周年記念誌）、『格差社会の構造』（前掲）などの共同研究成果を発表してきた。そうした成果を受け継いで出る本書は、「働きつつ学び研究する」を看板にしてきた基礎研四〇周年にふさわしい。編者としてはそういう記念的な書物の制作に加わることができた喜びを執筆者とともに分かち合いたい。

本書が完成するまでに多くの方々のご協力をいただいた。なかでも基礎研の所員や所友あるいは所外の協力者の方々の助言や励ましにお礼を申し上げる。本書の内容に関しては、第一章に対して、働き方ネット大阪副会長の服部信一郎氏、第七章に対して、全大阪生活と健康を守る会連合会事務局長の大口耕吉郎氏から貴重なコメントをいただいた。

最後に、本書の出版に際しては、内容の統一から表現の改善にいたるまで、桜井書店の桜井香氏には言葉にできないほどお世話になった。厳しい出版事情のなかで本書が日の目をみることができたのはひとえに桜井氏のご理解とご尽力のおかげである。ここに記してお礼を申し上げる。

二〇一二年二月一六日

森岡孝二

目次

第三章　パートタイム労働市場と女性雇用……中野裕史　97

第六章　持家社会の居住貧困と住宅ローン問題……髙島嘉巳　189

貧困社会ニッポンの断層

第一章　企業社会の行き着いた果てに

――貧困社会ニッポンの出現――

森岡孝二

はじめに

一九八〇年代後半から九〇年代前半にかけて、マスメディアにおいても、社会科学の専門文献においても、日本的社会統合の特徴を「企業社会」あるいは「企業中心社会」という用語で語ることが多くなった(1)。それから二〇年以上を経て、「格差社会」さらには「貧困社会」という用語が多用されるようになり、いまでは日本はまるで企業社会から貧困社会になった感がある。

しかし、これが意味するのは、企業社会が貧困社会に取って代わられたということではない。企業社会を象徴する言葉の一つは「過労死」である。この言葉は、「過労死一一〇番全国ネットワーク」が発足した一九八八年以降によく知られた現代用語になった。一九九一年には、大阪で「過労死家族の会」が結成され、『広辞苑』第四版に「単身赴任」や「フリーター」とともに「過労死」が収載された。それから今日まで二〇年が経過したが、過労死は減るどころか、過労自殺を含めると増えてさえいる。その点で日本が依然として企業社会であることに変わりはない。にもかかわらず、働き方は大きく変わった。二〇年前とは違って、いまでは雇用の非正規化と外部化が著しく進み、非正規労働者を中心に「ワーキングプア」（勤労貧困層）が大量に生み出されている。こうした貧困化も企業社会の断面であってみれば、日本は企業社会であるがゆえに、過労死とワーキングプアが併存する貧困社会に行き着いたのである。

八〇年代半ばから九〇年代前半に企業社会論が噴出した背景には、いくつかの事情がある。①バブルの発生と崩壊があったこの時期には、日本は経済大国になるとともにいよいよ企業大国となり、経済生活はもとより、社会生活においても政治生活においても、企業の影響力がかつてなく大きくなった。②労働組合運動の企業主義的・協調主義的な再編が一段と進み、労働組合がストライキによって賃上げやその他の労働条件改善を勝ち取ることがほとんどなくなった。③バブルの膨張にともなう金融と生産の過熱で、過重労働と過労死が深刻な社会問題となって「豊かさ」をめぐる議論が噴き出し、個人生活を犠牲にした企業活動に対する人びとの疑問と批判が広がった。④一九八五年に女子差別撤廃条約が締結され、男女雇用機会均等法が成立したにもかかわらず、雇用の場における性差別の解消が進まず、社会システムのジェンダー視点からの問い直しが議論にのぼるようになった。⑤一九八五年に労働者派遣法が成立し、八七年の労働基準法改定で裁量労働制が導入されるなど、雇用・労働分野の規制緩和が進み始めた。⑥金融不祥事を含む企業の違法行為が相次いで露見し、日本的経営をめぐる議論においても、企業社会の構造が問題になってきた。⑦政府部内でも、国民生活審議会を中心に「企業中心社会」の見直しと「個人生活優先社会への転換」が提起され、日本の経済社会システムのあり方が検討された。(2)

いま振り返って考えるに、企業社会日本は、一九八〇年代半ばにはすでに確立していたことは確かだとしても、いつ、なにをもって成立したと言えるのであろうか。あるいは企業社会の変容という視点からみて、現在はいかなる局面にあるのだろうか。

長時間労働と過労死を日本社会が抱えている代表的困難ととらえて、企業社会日本についていち早く論じた著作の一つに、渡辺治『「豊かな社会」日本の構造』がある。[3] 渡辺によれば、企業社会は一九六〇年代の高度成長期に成立し、七〇年代の第一次オイルショック不況を画期に確立した。しかし、筆者は、本章で述べる理由から、七〇年代後半を企業社会の成立期、八〇年代を確立期、九〇年代を変容期、そして二一世紀の今日を崩壊期ととらえる。

以下、第Ⅰ節「企業社会の成立と正社員の働き方」では、「正社員」という雇用身分の成立が「企業社会」の成立と不可分の関係にあること、および、企業社会日本の特徴的な様相の一つは、社会の労働力人口が男性軍と女性軍に引き裂かれているだけでなく、男性主力の正規労働者と女性主力の非正規労働者に振り分けられていることに注目して、企業社会の成立期を七〇年代後半と特定する。

第Ⅱ節「企業社会の成立とストライキの激減」では、戦後のストライキ統計を概観し、スト件数は、高度成長が本格化した六〇年代初めからおおむね増加を続け、第一次オイルショックでハイパーインフレが起きた七三年から七四年にかけてピークに達したあと、七五年以降、急激に減少に転じたことを重視する。そして、その事実を踏まえて、七〇年代後半は、大企業の労働組合が企業主義・協調主義への同化を強めて、ストライキ権をほとんど行使できなくなるまでに労働に対する資本の専制が強まった点でも、企業社会の成立期であることを確認する。

第Ⅲ節「企業社会の行き着いた果ての貧困社会」では、二〇〇八年恐慌とそれに先立つ〇二年から〇七年までの景気拡大を跡づけるとともに、九〇年代後半から今日にいたる非正規労働者の増加と、それにともなう労働所得の大幅な減少および貧困の拡大を考察し、日本が企業社会の行き着いた果てに、過労死とワーキングプアの併存する貧困社会になったことを明らかにする。

第Ⅳ節「大震災・原発災害にみる日本社会の構図」では、二〇一一年三月一一日に発生した惨禍が明るみに出した日本経済の歪みと、電力産業の原子力発電所における少数の正社員と多数の下請労働者という雇用の階層構造に触れる。

最後に企業社会と貧困社会を乗り越える鍵を労働時間の短縮に求め、働きすぎで浪費をもたらしてきた従来の大企業中心・成長優先・エネルギー多消費の社会システムから、持続可能な真の豊かさを実現する新しい社会システムへ移行する必要性と可能性を述べる。

Ⅰ　企業社会の成立と正社員の働き方

国会図書館の雑誌記事索引によって、論題に「会社人間」、「過労死」、「企業戦士」といった用語を含む記事を検索してみた。「会社人間」は一九七八年に最初の用例がある。[4]「過労死」は一九八八年に「過労死一一〇番」全国ネットがスタートして一挙に広まったが、雑誌の論題には一九八二年を初出として、一九八三年には早くも六件が挙がっている。[5]「企業戦士」は七〇年代の用例はなく、一九八七年に初めて出てくる。[6]

「正社員」という用語が多用されはじめたのも、一九七〇年代末から八〇年代初めにかけてである。[7]前出の国会図書館データベースで引くと、一九七七年に論題に正社員が含まれる記事がはじめて登場する。

また、『労働白書』（『労働経済の分析』）が「パートタイム労働者」との対比で「正社員」というタームを用いたのは、一九八〇年版が最初である[8]。このことは、この時期に、女性を主力に低賃金の時給労働者であるパートタイム労働者が急増したことを背景に、長期雇用で昇給や福利厚生のある一般社員が正社員と呼ばれるようになったことを意味している[9]。言い換えれば、パートタイム労働者が一般社員より処遇の劣る雇用身分として、量的に無視できない存在になったことに対応して、一般社員がパートタイム労働者に比して恵まれた雇用身分の「正社員」に祭り上げられたことを示唆している。

正社員という用語は、パートタイム労働者に対する一般社員の呼称として定着しただけではない。この用語には、一般社員のなかでは女性社員の影が薄く、男性社員こそが正社員中の正社員であるという意味が潜んでいる。言ってみれば、勤続期間が短く、賃金が低く、定型的・補助的な業務を担うことが多い女性社員は、正社員であるにしても周辺的正社員であって、勤続期間が長く、年功賃金の昇給幅が大きく、管理職に昇進可能な男性社員こそが、中核的正社員のモデルとみなされたのである[10]。

この「正社員モデル」は、労働時間からみると、家事労働をほとんどせず、サービス残業を含む長時間の残業も拒まず、過労死の不安と背中合わせに、会社人間として猛烈に働く／働かされる男性にとりわけ妥当するモデルである。働き方のこの「男性正社員モデル」は、社会保障制度や税制でいわれる、「稼ぎ主である男性が妻子を養う男性片稼ぎモデル」と不可分の関係にある。今日では、共働き＝共稼ぎが普通になっているが、それでも既婚女性の多くは、家事労働をほとんど一手に引き受けているために、フルタイム労働者として働き続けることが難しく、結婚・出産を機にいったん退職した後は、パートタイム労働者として仕事に就くことを余儀なくされている。この点で、日本の企業システムの特徴の一つは、「男は

図1-1　パートタイム労働者比率の推移（1955～2009年）

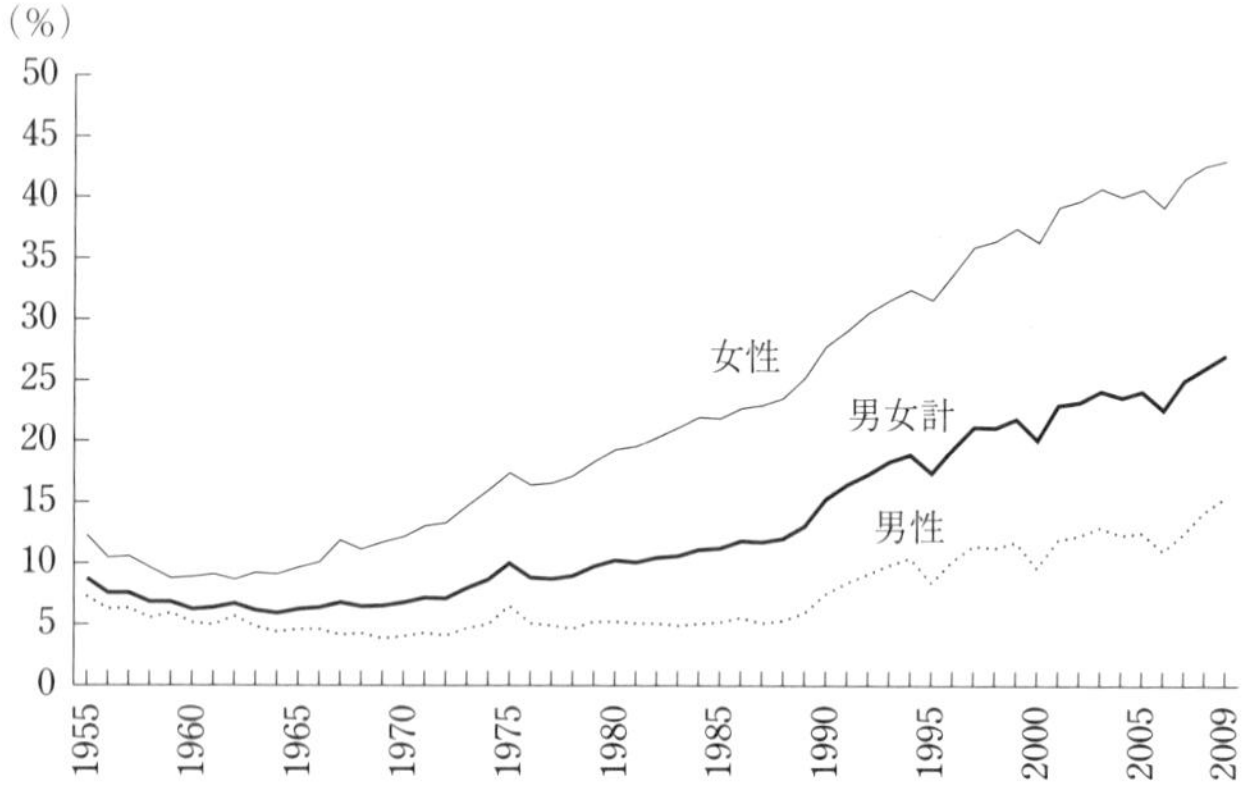

（出所）1999年までは「労働力調査年報」，2000年以降は「労働力調査」の時系列データ。
（注）パートタイム労働者は週35時間未満の短時間労働者を指す。

残業、女は「パート」の働き方が一般化し、労働力の編成が、男性を主力とする正規労働者と女性を主力とする非正規労働者に引き裂かれている点にあると言ってよい。

ここであらためて総務省「労働力調査」の時系列データから、パートタイム労働者の増加傾向についてみておこう。パートタイム労働者の定義は一様でなく、所定労働時間が一般の労働者より短い労働者（統計的にはふつう週三五時間未満の者）を指す場合と、事業所や勤め先で「パート」と呼称される労働者を指す場合がある。ここでは便宜的に前者を「時間パート」、後者を「呼称パート」と呼ぶことにする。

図1-1は時間パートの定義にしたがって、女性、男女計、男性の別に、パートタイム労働者比率の推移をみたものである。ここに示されているように、女性パートタイム労働者が目に見えて増加し始めるのは、高度成長末期の六〇年代後半である(11)。

とはいえ、一九六六年の女性パートタイム労働者総

図1-2　女性パートタイム労働者の増加傾向（1985～2009年）

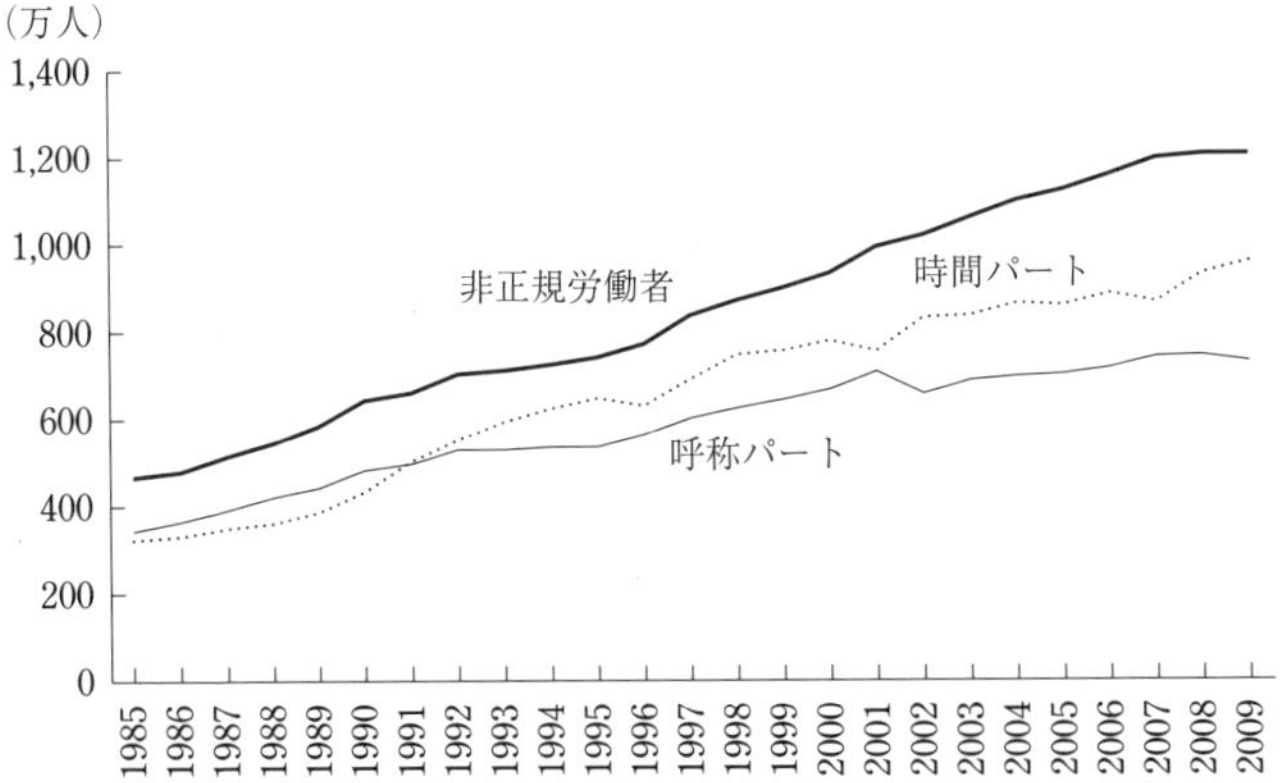

（出所）「労働力調査特別調査」（2001年まで）および「労働力調査詳細結果」（2002年以降）。
（注）非正規労働者は，パート，アルバイト，派遣，契約，嘱託などの合計。

数は九二万人で、全女性労働者の一〇・一％にとどまっていた。日本企業が女性パートタイム労働者への依存を一段と強め、女性パート比率が本格的に高まり始めるのは、一九七三年一〇月に勃発した第四次中東戦争を引き金とするオイルショック不況以降である。その証拠に女性のパート比率は、不況のただ中の一九七四年に一五％を超えて一六・一％（一九八万人）になり、以降、八二年二〇・五％（二八四万人）、九二年三〇・七％（五九二万人）、二〇〇三年四〇・七％（八六一万人）、〇九年四三・一％（九六一万人）と増えていった（括弧内は実数）。

呼称パートについて、「労働力調査」の時系列データで利用可能な一九八五年以降をみると、図1-2にみるように、実数では、時間パートも呼称パートも同じような増加傾向を示しながらも、近年に近づくほど、時間パートの増加が呼称パートの増加を大きく上回るようになっている。念のためにいえば、勤め先で「アルバイト」と呼ばれる短時間労働者は、当然のことな

図1–3　年間労働時間の長期的推移（1955～2009年）

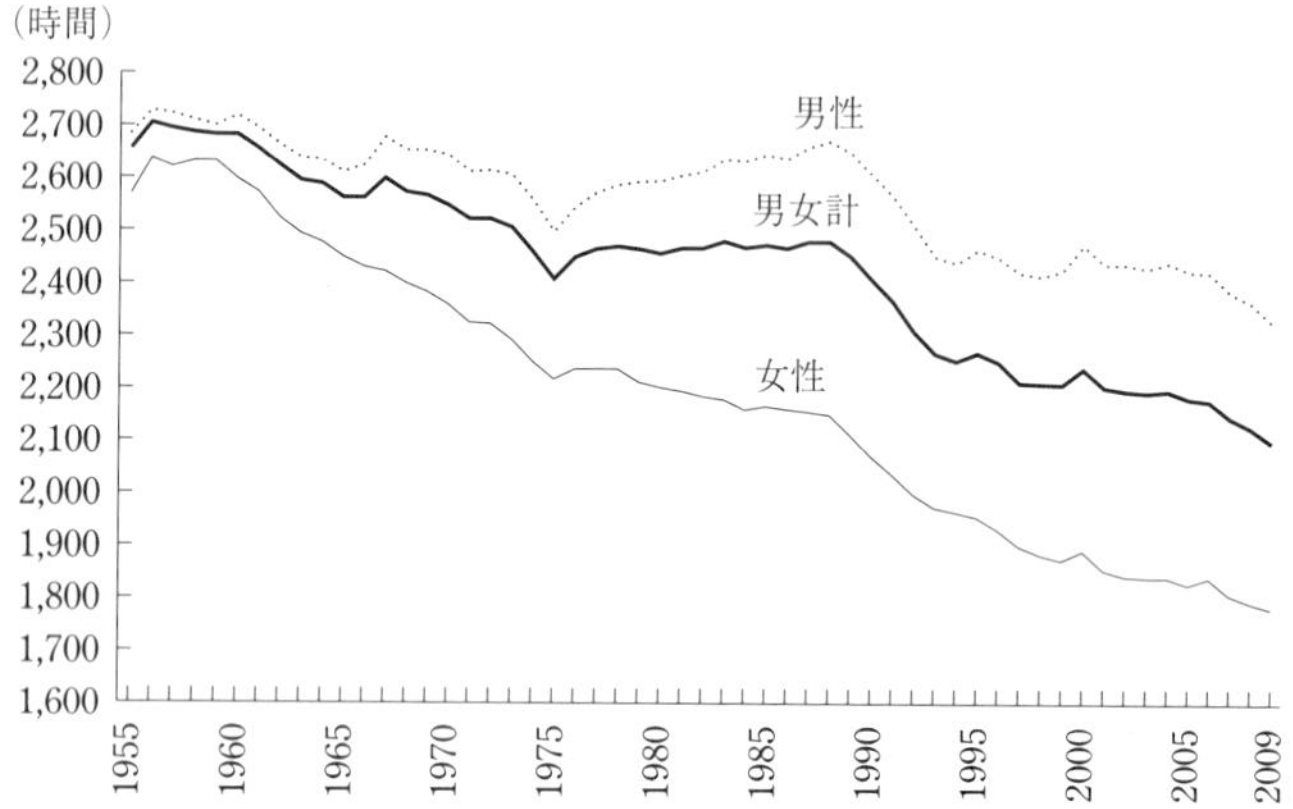

（出所）　1966年以前は「1968年労働力調査年報」，1967年以降は「労働力調査」データベースの時系列データ。

がら、時間パートには含まれても、呼称パートには含まれない。また、勤め先で「パート」と呼ばれていても、所定労働時間が週三五時間を超える労働者は、時間パートには含まれない。なお、二〇〇二年以降、呼称パートは、実数では微増、比率ではほぼ横這いになっている。また、呼称アルバイトは、実数でも横這いである。このことは、近年、パート・アルバイト以外の非正規労働者――主に派遣社員と契約社員――が増えてきたことと無関係でない(12)。

図1–3からうかがえるように、一九七五年から一九九〇年をみると、男性の労働時間は、それ以前の短縮傾向とは打って変わって、目に見えて延長されている。オイルショック不況からの脱出過程で残業（所定外労働時間）が大幅に増加し、それがバブル経済のもとでも続いたからである。反対に、女性の労働時間は、上述のとおりパートタイム労働者の割合が一貫して高まってきたために、一段と短くなっている。男女計の労働時間は、この間ほとんど横這いに推移しているが、

図1-4　男女の労働時間開差の推移（1955〜2009年）

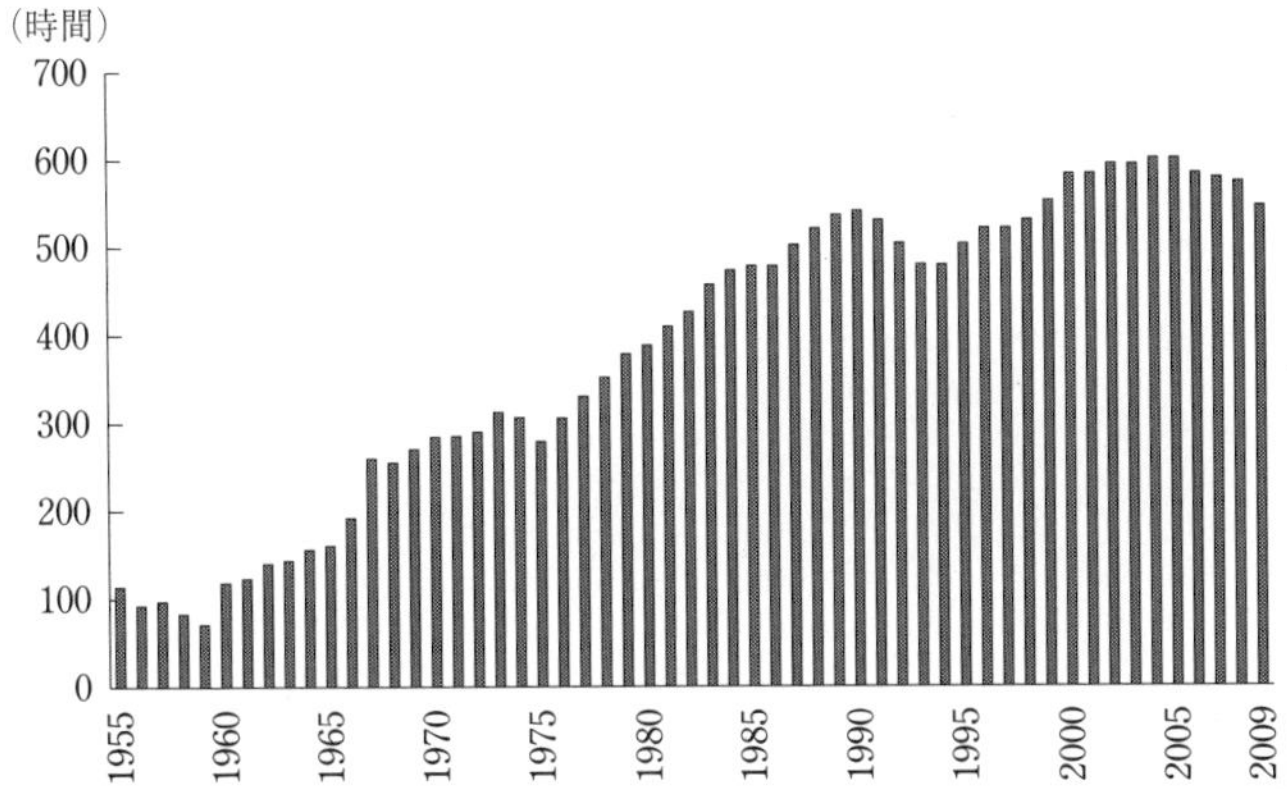

（出所）　図1-3に同じ。
（注）　開差は年間労働時間の男女差（男性－女性）を示す。

それは労働時間の男性における増加を、女性における減少が相殺したからである(13)。

その結果、男女の労働時間の差が急激に開いていった。図1-4に示されているように、一九五〇年代後半には男女の開差は一〇〇時間に満たなかったが、六〇年代前半に一〇〇時間を超え、六〇年代後半から七〇年代前半にかけては二〇〇時間台に拡がった。しかし、それでも、七〇年代半ば以降に比べると労働時間の性別開差はまだしも小さかった。一九七〇年代半ば以降における開差の著しい拡大を、実数を補いながら説明すれば、七五年に二八一時間であった開差は、七六年に三〇七時間、八一年に四一一時間、九〇年に五四一時間を記録した。

「労働力調査」の非農林業雇用者をみると、一九七五年から九〇年の間に、男性では週六〇時間以上の超長時間労働者が三二三万人から六六一万人へと二倍に増加し、ピークの八八年には四人に一人（二四・三％）を占めるようになった。女性では週三五時間未満の短時間労働者が一九八万人から五〇一万人へと二・五倍に増加し、女性雇用者の三割近く（二七・九％）を占めるようになった。なお、男性のパートタイム労働者比率が上昇し始めるのは、前出の図1-1から明らかなように、一九九〇年代に入ってからであり、それまでは五％前後にあってほぼ横這いに推移していた。

一九七〇年代後半から八〇年代末にかけての男性の労働時間の増加は、過労死の多発を招いた。過労死は資本主義よりも古くからあり、当然、戦前の日本にもあった。しかし、現代の過労死は、憲法で基本的人権の尊重が謳われ、生存権と幸福追求権が社会的に承認され、平均寿命が大幅に延びた時代に、働きすぎのために花見の生涯チケットを何十枚も残して早死にする点で、昔の過労死とは異なる。こうした現代の過労死が、「過労死」という名称で産業医によって報告されるようになったのは、一九七〇年代半ばであった。[15] それを踏まえていまここで確認しておくべきは、七〇年代後半は、男性の超長時間労働者が急増し過労死が多発し始めた点でも、女性の短時間労働者が急増し始め、男女の労働時間開差が大きく開いた点でも、企業社会の成立期であったということである。[14]

なお、「社会生活基本調査」によれば、男性の正社員（正規の職員、従業員）の週平均労働時間は、二〇〇一年調査や二〇〇六年調査でも週五一―五二時間、年間では二七〇〇時間前後に達する。図1-3をみればわかるように、これは一九五〇年代後半の男性の労働時間とほとんど変わらない。

Ⅱ　企業社会の成立とストライキの激減

経営者および経営者団体に一定の対抗力をもつ労働組合の存在は、労働者の立場を強くして、労働者の

図1-5　ストライキ件数の推移（1946〜2009年）

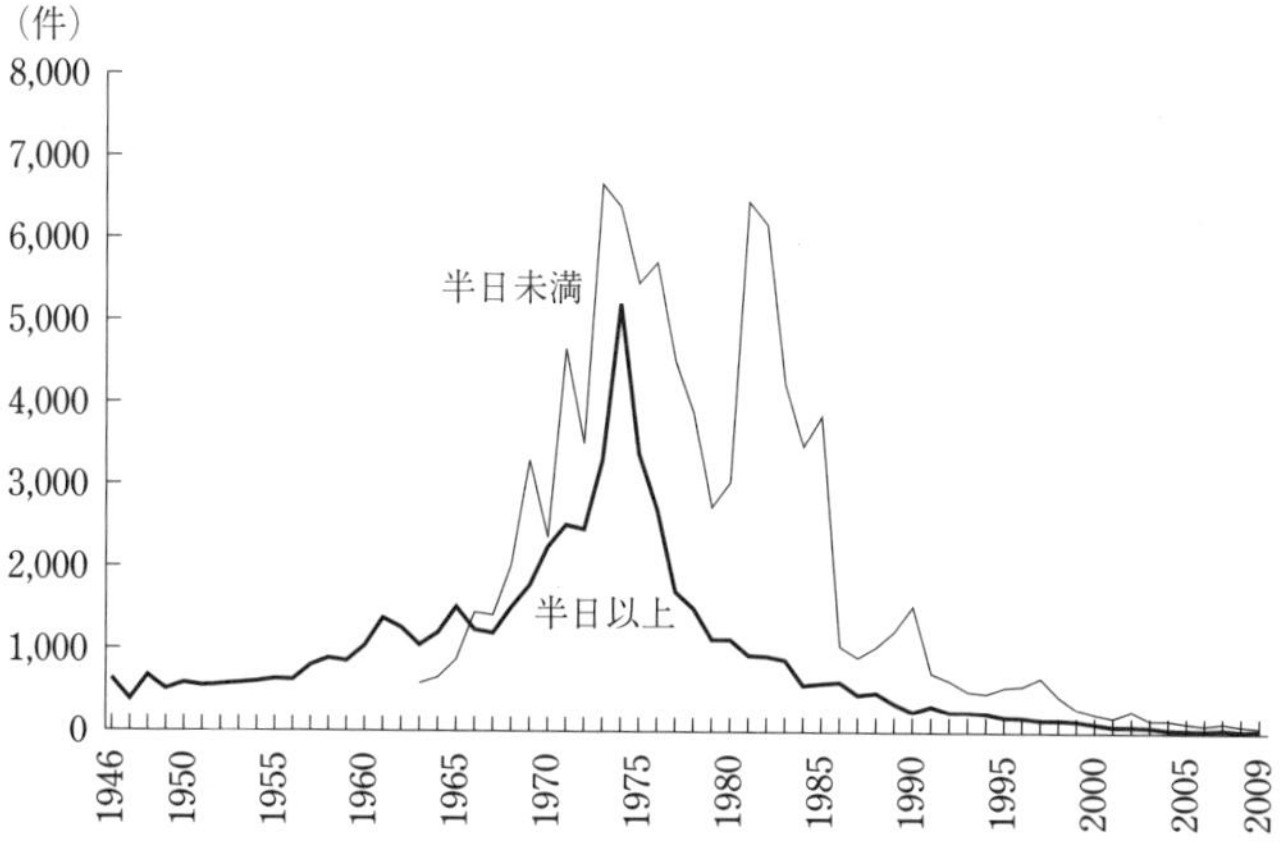

（出所）厚生労働省「労働争議統計調査」時系列データ。

状態の悪化を阻止し、賃金の引き上げや労働条件の改善を可能にする。そのために労働者が有する基本的権利が、団結権、団体交渉権とストライキ権である。労働組合があっても、ストライキ権が与えられていない場合や、ストライキ権が与えられていても実際に行使されない場合は、労働者は経営者に対して対抗する決定的な手段を欠き、経営者の労働者に対する支配はほとんど専制的なまでに強まる。

戦後の日本におけるストライキ件数の推移を概観するために、図1-5を作成した。これによれば、ストライキ件数は、半日以上も半日未満も、高度成長が本格化した一九六〇年代前半からジグザグながら増加を続けたが、第一次オイルショックで「狂乱物価」と呼ばれたインフレのあった一九七三年から七四年にかけてピークに達したあと、急激に減少に転じた。半日以上のストは一九八〇年代末には年間五〇〇件を切り、九〇年代は二〇〇件台から一〇〇件台で推移して、最近では年間五〇件前後に落ち込んでいる。また、半日未満の

図 1-6　労働争議参加人数の推移（1946〜2009年）

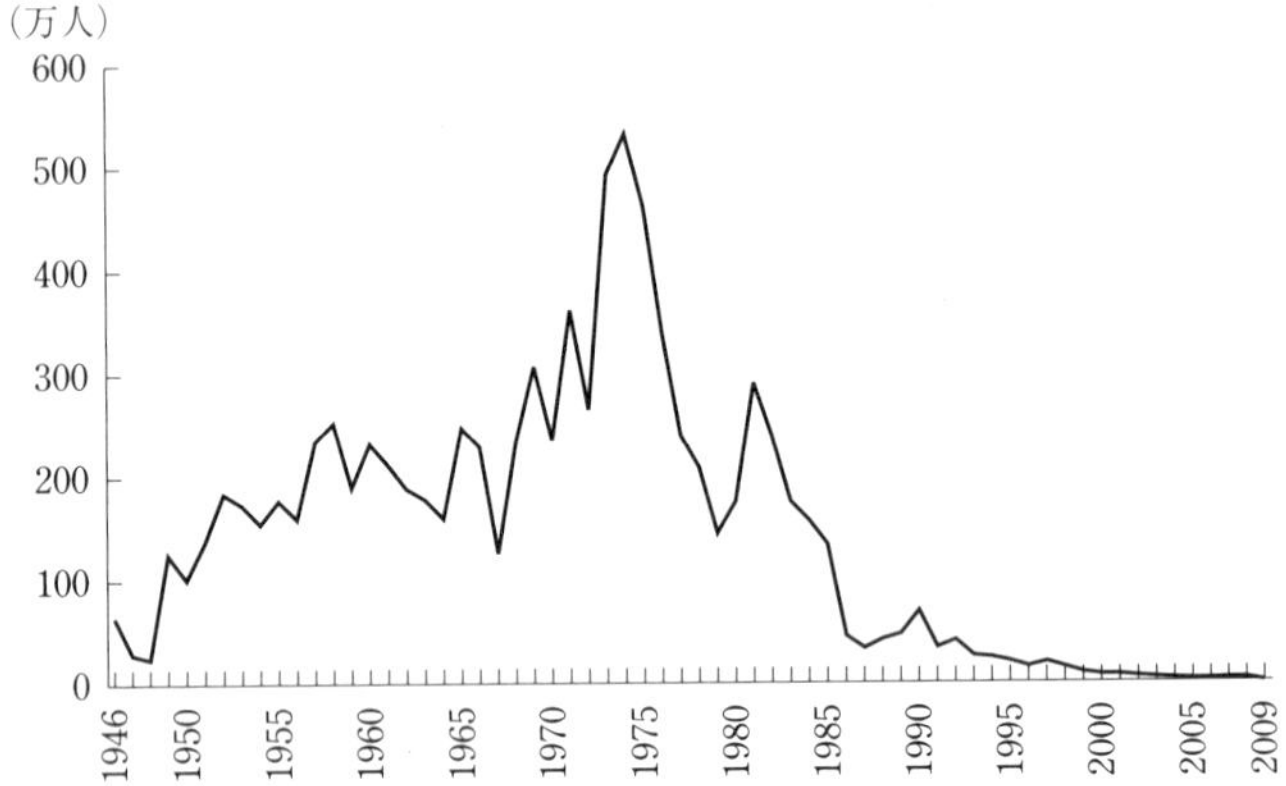

（出所）　図 1-5 に同じ。
（注）　争議件数はストライキ，サボタージュ，ロックアウト，業務管理等の合計。

ストは、八〇年代半ばまでおおむね年間三〇〇〇件を超えていたが、九〇年代に入ると一〇〇〇件を切るようになり、最近では数十件にまで減っている。(16)

日本の労働組合が「闘わない組合」になったことは、労働争議参加者数の推移を示した図1-6からも読み取ることができる。ここにいう争議参加者数は、ストライキ（半日以上と半日未満のいずれも含む）、サボタージュ、ロックアウト、業務管理（組合による工場の生産管理を含む）などへの参加者数の合計を表している。実数を補ってこの図を解説すると、争議参加者数は、一九四九年に一二四万人にのぼった。以降一九五六年まで一〇〇万人台で増加傾向をたどり、一九五七年からは六六年までは二〇〇万人を超えたり切ったりしながら、一九六七年に大きく落ち込んだあと、ジグザグに駆け上がり、一九七四年には五三二万人という過去最大の参加者を記録した。しかし、その後は急転直下落ちはじめ、一九八一—八二年に一時増加しているが、その後はほぼ一貫して減少しつづけ、最近では地を這うようになって、消えかかっている。

藤本武『国際比較 日本の労働条件』（新日本出版社、一九八四年）は、一九七〇年代半ば以降のストライキの急激な減少について、国際比較を交えて考察し、日本は国際的にも異例のストライキのない国になっていることを明らかにした。藤本の考察で注目されるのは、一九七〇年代半ば以降のスト性向の低下は、大企業においてとくに著しいことである。民間企業について、一九七三―七六年の組合員一〇〇〇人当たりの年平均争議行為参加者数を一〇〇として、一九八一―八二年のそれと比較すると、規模九九人以下の企業は三〇・九、一〇〇―一九九人は二一・三九、三〇〇―九九九人は一六・八、一〇〇〇人以上の企業は五・一となっていて、企業規模が大きいほど、ストライキの減少が著しいことがわかる。(17)

こうした藤本の考察は、日本における企業社会の成立を考えるうえで示唆に富んでいる。企業社会とは、企業が労働者の職場生活だけでなく家族生活や地域生活をも支配している社会と定義することができるが、その根幹をなすのは企業の経営機構による強固な職場支配である。そう考えると、ストライキが激減しはじめた一九七〇年代後半は、日本の企業、とりわけ大企業において、労働組合がストライキ権をほとんど行使できなくなるまでに、労働に対する資本の専制が完成した点で、企業社会の成立の画期をなしていると言うことができる。

労働組合の組織率は、図1-7に示したように、一九五〇年代後半から七〇年代前半にかけては、三二％から三五％の間にあって、横這いに推移している。その後、一九七五年からは緩やかな低下傾向をたどり、八三年には三〇％、九一年には二五％、二〇〇二年には二〇％をそれぞれ切るまでになった。このように組織率が低下傾向をたどってきたことは明らかであるが、スト件数が半日以上も半日未満も年間数

図 1-7　労働組合の組織率の推移（1955〜2009年）

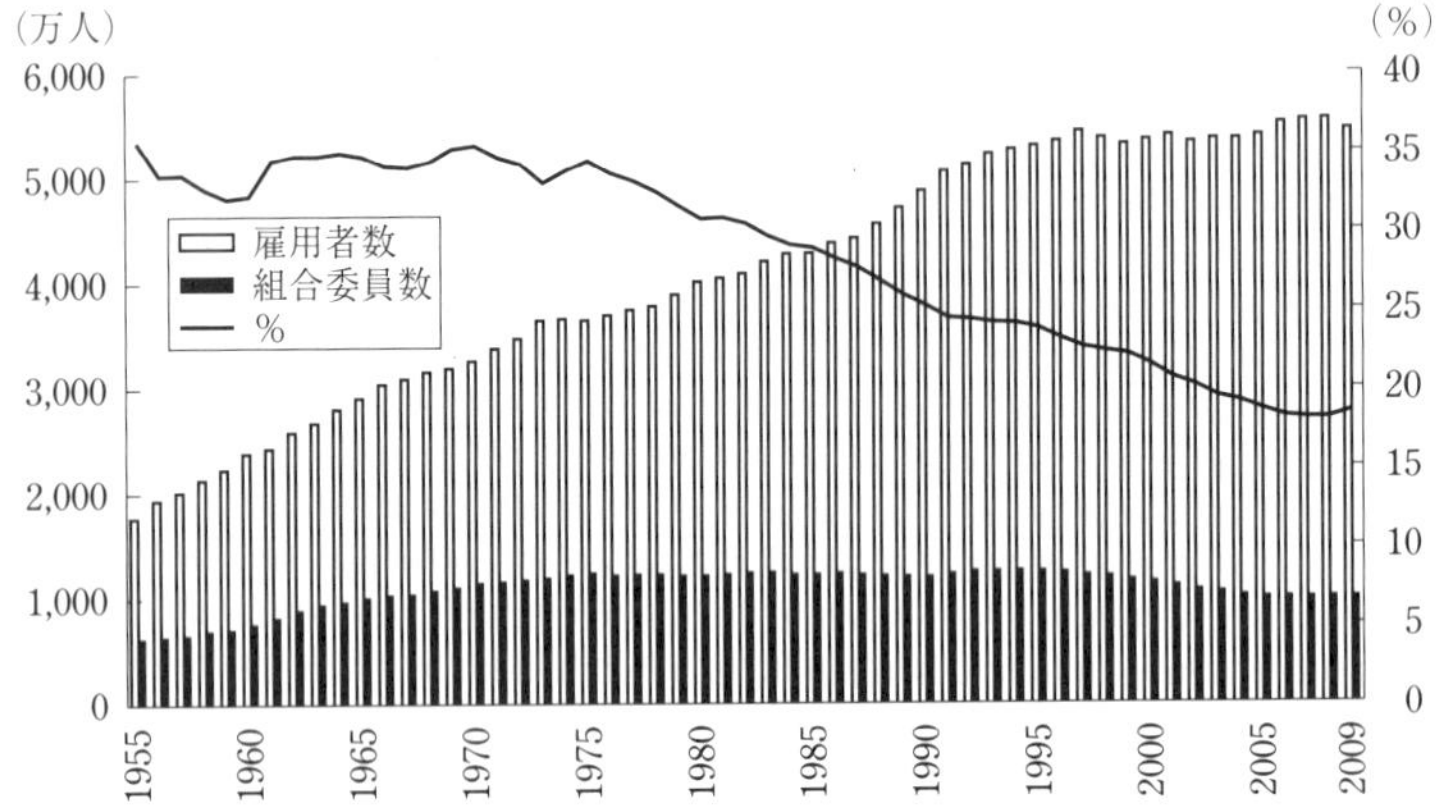

（出所）　図 1-5 に同じ。
（注）　左目盛りは雇用者数および組合員数，右目盛りは組織率。

十件になるまでに激減したことに比べると、組織率の低下の度合いははるかに緩やかである。これをどう考えるべきか。

日本の大企業労働組合の大半は、ユニオンショップ制をとっている。新規に雇用された労働者に企業内組合への加入を義務づけ、一定職階以上の管理職を除く正社員を全員組合員とするこの制度のもとでは、正規雇用が維持されるかぎり組合員数は維持される。もちろん、組合に組織された正社員が未組織の非正規労働者に置き換えられると組織率は低下するが、正社員が激減しないかぎり、組織率が劇的に低下することはない。このように、大企業において一定の組織率が維持されているのはユニオンショップ制によるところが大きいが、それは組合が企業主義的・協調主義的であるために、経営サイドの意向が組合に貫徹することを代償としており、組合サイドの対抗力が維持されている証左とみなすことはできない。

このようにみてくると、企業社会日本は、ストライキ件数や争議件数が急激に減少する転機となった点でも、一九七〇年代半ばに成立したことをあらためて確認することができる。とすれば、渡辺の一九六〇年代の「高度成長期に成立した[18]」という見解はどう考えたらいいのだろうか。

筆者は、拙著『企業中心社会の時間構造』の第二章「戦後日本の経済成長と企業中心社会の形成」において、戦後の日本経済を振り返り、戦後日本における経済運営の第一目的は「経済成長」であったことに関連して、一九五〇年代半ばから七〇年代末までの「高度成長」をとおして、「労働者は企業の成長に自己の生活保障を託す企業主義あるいは会社主義にとらわれるようになった[19]」ことを明らかにした。また、高度成長が国民の生活水準を大きく高め、労働者一人当たりの雇用者報酬（賃金、賞与に退職一時金と福利厚生費を合わせた額）を三倍に、現金給与を二倍に引き上げ、労働者が「雇用の安定にせよ、賃金の増大にせよ、福祉の向上にせよ、すべて企業を頼みとする[20]」状況をつくりだしたことを明らかにした。こうした点からみて、高度成長が企業社会の成立の基盤を準備したことは疑いない。

しかし、前述の拙著でも強調しているように、企業社会の成立の画期は、高度成長それ自体ではなく、高度成長の後にやってきた第一次オイルショック不況である。一九七三年一〇月に勃発した第四次中東戦争を契機に、アラブ産油国は石油戦略を発動し、原油の減産とイスラエル同盟国への輸出禁止に踏み切った。当時、一次エネルギーの国内供給の九〇％を輸入でまかない、その大半を中東からの原油輸入に依存していた日本は、一年間に原油価格が四倍以上に高騰したオイルショックによって、戦後はじめてマイナス成長を記録するほどの痛手を被った。そして、この不況から脱出するために、産業界は「省資源・省エネルギー」をスローガンに「減量経営」を推し進めた。また、生産技術と情報処理技術のＭＥ（マイクロ・

エレクトロニクス）化と、JIT（シャスト・イン・タイム）システムの普及をはかりつつ、徹底して人減らしを進め労働コストを削減した。[21] それとともに高度成長下で労使協調主義を強めてきた大企業の労働組合は、マイナス成長や低成長下では企業防衛的な姿勢をいっそう強めた。

こうした第一次オイルショック後の産業と労働の再編成は、第Ⅰ節でみた女性におけるパートタイム労働者の増加と男性における超長時間労働者の増加、および本節でみたストライキ件数の激減と軌を一にして、一九七〇年代後半に企業社会が成立したことを告げている。

Ⅲ　企業社会の行き着いた果ての貧困社会

二〇〇八年秋、サブプライム証券危機と、リーマン・ブラザーズ社の史上最大規模の負債を抱えた破綻を契機に、アメリカ経済は金融危機が過剰生産恐慌に連動する本格的な恐慌に見舞われた。アメリカ経済と同様に、日本経済も二〇〇八年秋から〇九年春にかけて恐慌に陥った。なかでも最も深刻な打撃を受けたのは自動車産業で、日本自動車販売協会連合会（自販連）の発表によれば、二〇〇九年二月の販売は、前年同月比でマイナス四〇・七％となった。販売不振と生産の落ち込みは、自動車にかぎらず、電機・電子製品にも拡がり、携帯電話、プラズマテレビ、デジタルカメラ、ノートパソコンなどの生産金額は前年同期比マイナス三─四割に落ちた。

図1-8からわかるように、日本経済は、一九九〇年代初めのバブル崩壊後、長期不況に突入し、鉱工業生産指数では一〇年以上にわたって本格的な回復をみないまま、二〇〇八年恐慌以前に一九九三年、一

図1-8　日本の鉱工業生産の推移（1987～2011年）　（2005年＝100）

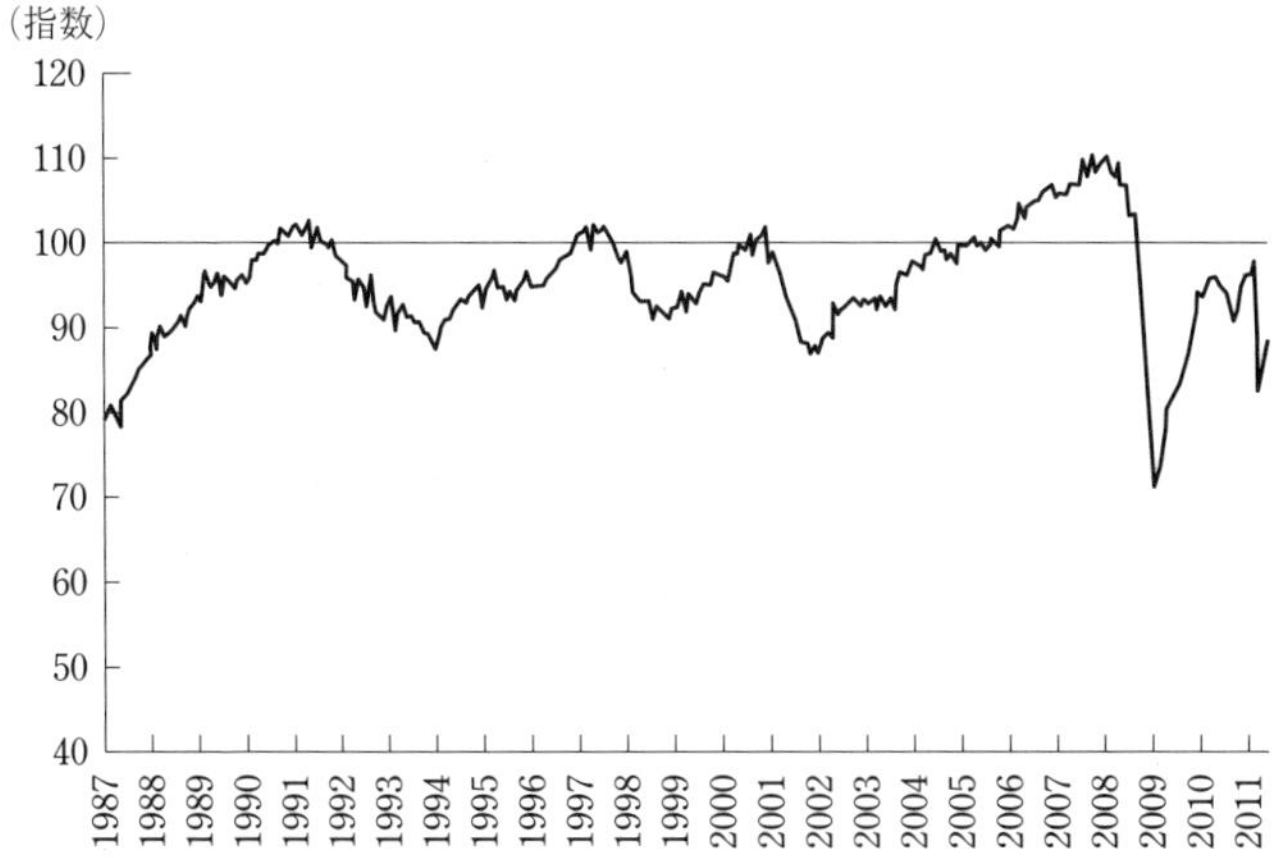

（出所）　経済産業省「鉱工業生産指数」月次データ。

九九八年、二〇〇二年の三つの谷を刻んできた。二〇〇二年から〇七年にかけては、一九九〇年以降では初めて過去のピークを超える景気拡大があったものの、二〇〇七年の終わり頃には景気後退の兆候が現われていた。そこにやってきたのがアメリカ発の二〇〇八年恐慌である。

一九九〇年代不況の最大の特徴は、バブル後遺症による金融危機にあったが、二〇〇八年恐慌の最大の特徴は、製造業における生産の拡大のあとの急激な落ち込みと、非正規労働者の激増のあとの雇用崩壊にある。

五年ごとに実施される総務省「就業構造基本調査」によると、二〇〇七年には、パート、アルバイト、契約社員、派遣労働者などの非正規労働者の割合が三五・六%と過去最高を記録し、一九八七年の一六・九%と比べ二・一倍に上昇した。また、二〇〇三年、〇七年および一〇年に実施された厚生労働省「就業形態の多様化に関する総合実態調査」によると、次ページの表1-1に示したように、わずか七年間にもかかわら

表 1-1　就業形態別・性別就労状況（労働者割合）　（単位：％）

		総数	正社員	非正社員	契約	嘱託	出向	派遣	臨時	パート	その他
二〇一〇年	計	100	61.3	38.7	3.5	2.4	1.5	3.0	0.7	22.9	4.7
	男	100	75.3	24.7	3.1	3.2	2.2	2.2	0.5	10.3	3.3
	女	100	41.9	58.1	4.0	1.2	0.6	4.0	1.0	40.5	6.7
二〇〇七年	計	100	62.2	37.8	2.8	1.8	1.2	4.7	0.6	22.5	4.3
	男	100	76.0	24.0	2.3	2.3	1.6	3.9	0.4	10.2	3.3
	女	100	42.6	57.4	3.6	1.0	0.5	5.8	0.8	40.0	5.7
二〇〇三年	計	100	65.4	34.6	2.3	1.4	1.5	2.0	0.8	23.0	3.4
	男	100	80.0	20.0	1.9	1.8	2.2	1.0	0.9	9.6	2.6
	女	100	44.4	55.6	2.9	0.9	0.6	3.4	0.8	42.5	4.6

（出所）厚生労働省「就業形態の多様化に関する総合実態調査」各年版。

ず、非正規労働者の顕著な増加があったことがわかる。二〇一〇年の就業形態別割合をみると、正社員が六一・三（〇三年六五・四％）、非正社員が三八・七％（〇三年三四・六％）となっている。

二〇一〇年について男女別にみると、正社員は男性七五・三％、女性四一・九％となっているのに対し、非正社員は、男性二四・七％、女性五八・一％と女性の割合が高くなっている。とりわけパートタイム労働者では男性一〇・三％、女性四〇・五％と女性の割合が高いことが目につく。

非正規労働者の増加に関して近年大きな問題になったのは派遣労働者である。第Ｉ節で、一九七〇年代後半における企業社会の成立は、女性パートタイム労働者の増加と男性の超長時間労働者の増加による労働時間の性別二極分化と不可分であると述べたが、一九八五年に労働者派遣法が成立し、戦後、職業安定法で禁止されてきた労働者供給事業が派遣と名を変えて一部解禁になったことによって、企業社会は、雇用の非正

表1-2　製造業における派遣労働者の急増

	2002年		2007年	
製造業従事者	195,700	(100.0)	580,600	(100.0)
男性	96,100	(49.1)	320,800	(55.3)
女性	99,600	(50.9)	259,800	(44.7)
製造・制作作業者	148,000	(100.0)	488,800	(100.0)
男性	87,800	(59.3)	294,500	(60.2)
女性	60,200	(40.7)	194,400	(39.8)

（出所）　総務省「就業構造基本調査」各年版。

規化という点で新しい段階に進んだ。

もとより派遣労働は、労働者派遣法の制定ではじめて出現したものではない。職業安定法による労働者供給事業の規制をすり抜ける間接雇用は、社外工やいまでいう偽装請負のかたちで派遣法の制定以前からあった。この点で、派遣法は、ビル管理、事務処理、情報処理などの分野で、業務処理請負事業のかたちをとって既成事実化していた人材派遣を、特定の「専門業務」に限定して合法化したものであった。

しかし、専門業務とは名ばかりで、実際には、派遣許可業務は、当初からファイリング、事務機器操作、建築物清掃、案内・受付・駐車場管理などの単純業務を少なからず含んでいた。派遣の対象は、当初は一三業務、すぐに三業務が追加されて一六業務とされたが、一九九六年の改定で二六業務に拡大された。さらに九九年の改定では、それまでの対象業務を限定列挙するポジティブリスト方式から、禁止業務（製造現場、港湾運送、建設、警備、医療）以外は原則自由とするネガティブリスト方式に変わった。そして、二〇〇三年改定によって、〇四年から製造業務の派遣も解禁され、工場の現場作業への労働者派遣が一挙に拡大した。「就業構造基本調査」によれば、表1-2に示したように、製造業務に携わる派遣労働者は、解禁前の二〇〇二年でもすでに一九万人を超えていたが、解禁によってその

図1-9　派遣労働者の推移（1987～2009年度）

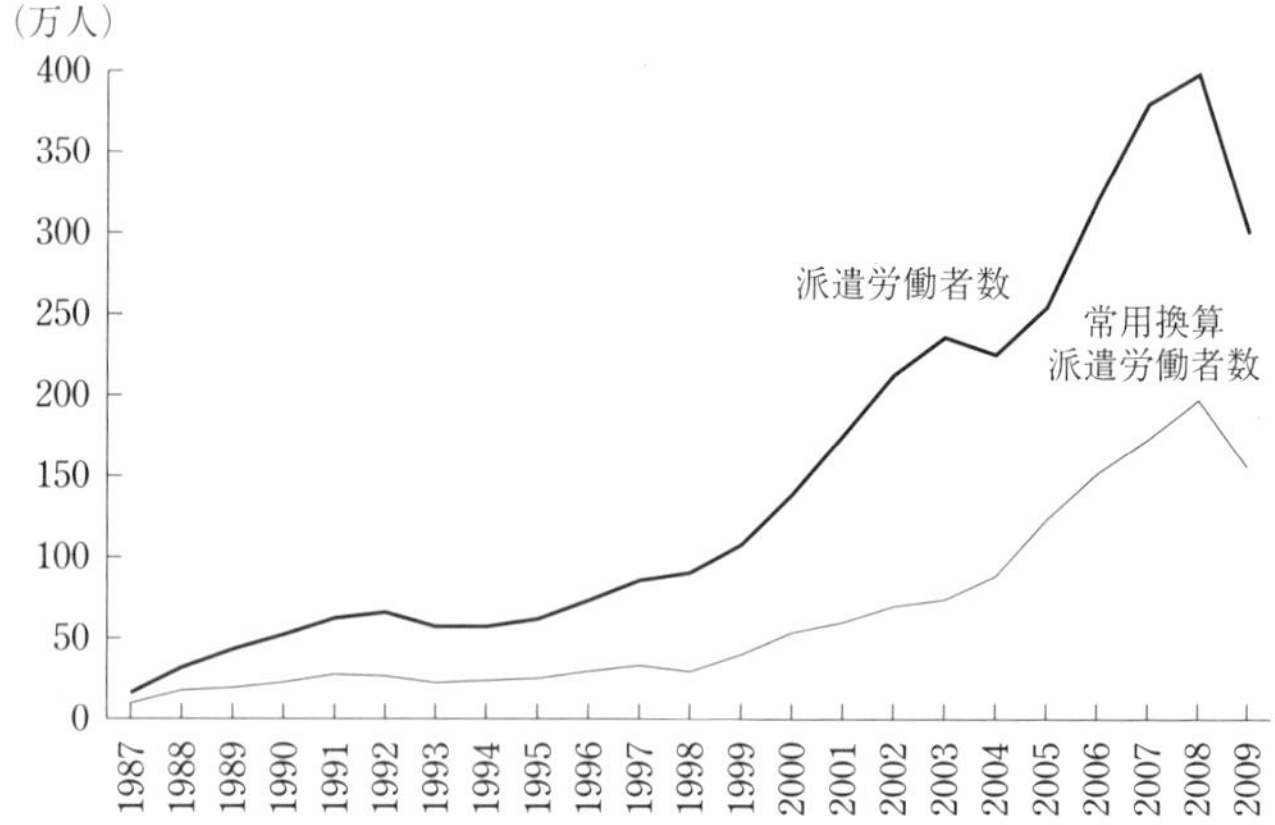

（出所）　厚生労働省「労働者派遣事業報告書集計結果」。

三倍の五八万人に増加した[22]。

この点に関連して強調しておくべきは、製造業務に従事する派遣労働者は、短期間に急激に増加したあと、二〇〇八年恐慌の勃発とともに、きわめて乱暴に使い捨てにされたことである。「派遣切り」として知られる、この突然の契約打ち切りは、きわめて大規模なものであった。厚生労働省「労働者派遣事業報告書集計結果」によれば、派遣労働者は二〇〇四年度の二二七万人（八九万人）から〇八年度の三九九万人（一九八万人）に急増したあと、二〇〇九年度には〇四年度に近い三〇二万人（一五七万人）まで激減している（括弧内は常用換算派遣労働者数）。常用換算数でみても、減少数は四一万人にのぼる。そのうち、製造業務に従事した派遣労働者数だけでも、二〇〇八年六月一日から〇九年六月一日までに五六万人から二五万人に、三一万人も減少している。参考までに、一九八七年以降の派遣労働者数の増加と〇九年における突然の減少を視覚的に示した図1-9を掲げておく[23]。

ここで図1-8に戻ろう。この図の最後の二年ほどをみると、生産はピークの二〇〇八年二月から〇九年三月まで、崖を垂直に落ちるように急速に低下していることがわかる。その落差は指数では一一〇から七三へ、マイナス三七ポイントにもなる。

この図で二〇〇七年以前をみると、一九九〇年代初め以降ではめずらしく工業生産が長期に拡大している。それが二〇〇二年二月から〇七年一〇月まで五年九ヵ月続いた「戦後最長の景気拡大」である。この時期に、日本の製造業の大企業は、アメリカの個人消費ブームと中国の高度成長需要に助けられて輸出拡大に邁進した。日本の輸出依存度は、一九八〇年代前半には一四―一五％まで上昇した時期もあったが、八五年のG5プラザ合意以降は、円高の進展の影響もあって下降し、一九八〇年代の末から二〇〇二年頃までは一〇％前後で推移した。しかし、その後再び上昇し、〇七年には過去最高の一六％になった。このことは二〇〇二―〇七年の景気拡大が急激な輸出拡大に支えられたものであったことを示している。

しかし、二〇〇八年秋からの恐慌で、アメリカの個人消費がバブル崩壊と信用収縮の影響を受けていっぺんに冷え込み、日本の対米輸出も大きく落ち込んだ。中国の高度成長にもいったんはブレーキがかかり、一時は日本の対中貿易の伸びも止まった。米中のこうした動きと、米中以外の世界貿易の縮小が重なって、日本の輸出依存型の経済拡大路線は大きくつまずくことになった。

このことは、後述するように、一九九〇年代の末から長きにわたって賃金が引き下げられ、景気の足腰とも言われる個人消費が振るわないことと密接な関係がある。この点で注目すべきは、二〇〇二年から〇七年にかけての「戦後最長の景気拡大」の局面で、製造業を中心に大企業の利益は大きく増加したが、労働者の賃金と福利厚生費は削減され、労働分配率（付加価値に占める人件費の割合）が著しく低下したことであ

図 1-10　法人企業の支払配当の推移（1999～2008年）

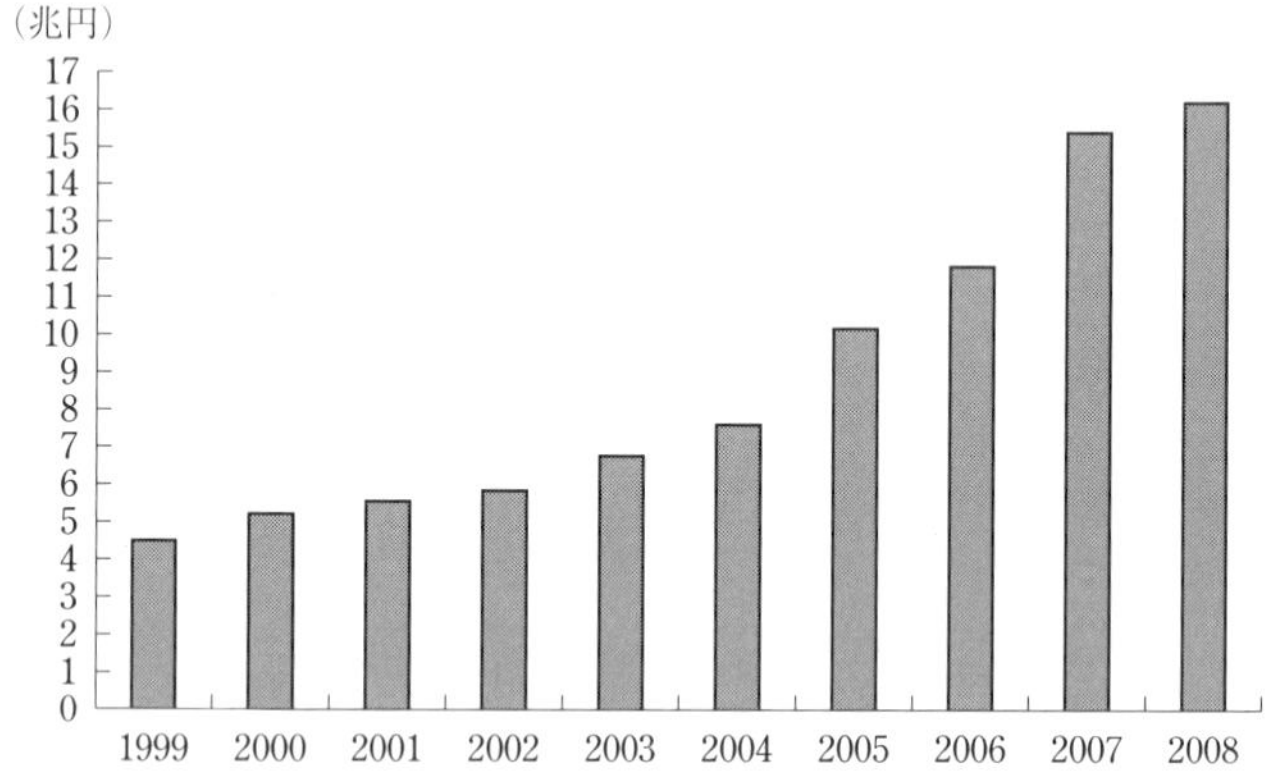

（出所）　国税庁「税務統計から見た法人企業の実態」各年版。

る。二〇〇七年版『労働経済白書』は、この時期の労働分配率の低下に言及して、非正規労働者の増大にともなう雇用者報酬の削減が配当金、内部留保、役員賞与の増大と対照をなしていることを認め、次のように述べている。

「二〇〇二年以降、労働分配率は低下傾向にあるが……〔これは〕所得水準の相対的に低い非正規雇用者の割合が高まったことが、雇用者報酬の削減効果を持ったことによるものと考えられる」。「二〇〇一年以降、特に、〔製造業の〕大企業において、配当金が大きく増加している。また、内部留保、役員賞与の増加もみられる。輸出主導の需要拡大の下で、企業が生み出す付加価値も増大しているが、大企業においては、利益の拡大と企業の資産価値の維持・拡大が志向され、賃金の支払いに向かう部分はあまり大きくない」[24]。

ここでいわれているのは、二〇〇二年以降の労働分配率の低下は雇用の非正規化によるところが大きく、とくに製造業の大企業においては、拡大した利益はより多く配当金と内部留保に回わって、賃金には回わらなかったというこ

図1-11　大企業における内部留保（利益剰余金）の推移
（1999～2009年）

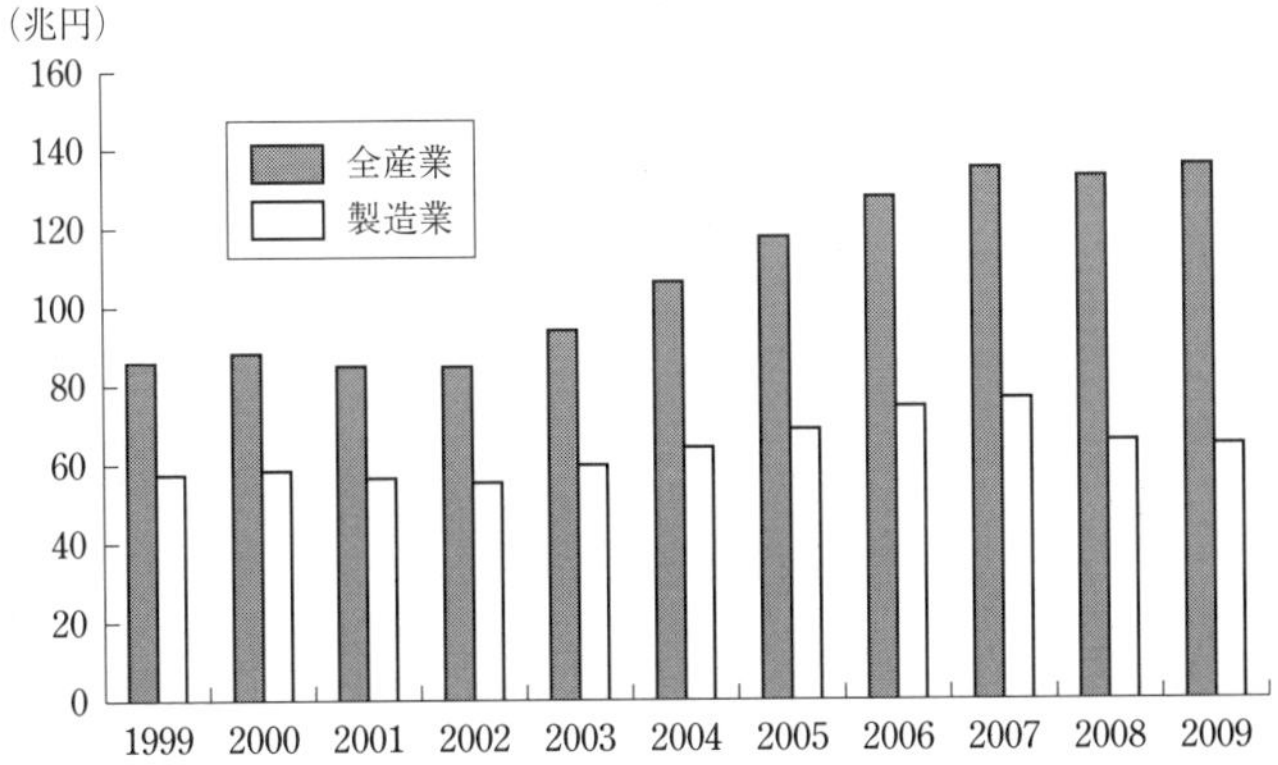

（出所）財務省「法人企業統計調査」時系列データ。
（注）大企業は資本金10億円以上。全産業は金融保険業を除く。

とである。

国税庁「税務統計から見た法人企業の実態」で支払配当の推移をみると、図1-10に示した全期間にわたって増加しつづけている。とくに二〇〇二年度から〇七年度までの増加は著しく、実数ではこの間に五兆一七四六億円から一五兆四〇三二億円へと三倍になった。

この間には利潤の社内への溜め込みである「内部留保」も大幅に増加した。内部留保の最大部分をなす利益剰余金は、二〇〇二年度から〇七年度の間に、全産業（金融保険業を除く、資本金一〇億円以上の大企業）では、八四兆六五七八億円から一三五兆六七〇四億円に、また製造業では五五兆九七三億円から七六兆三六四〇億円に増えた（図1-11）。

広義には内部留保は利益剰余金に資本剰余金と各種引当金を加えた額を指す。労働総研が前出の「法人企業統計」から資本金一〇億円以上の大企業（金融・保険を除く）について試算したところでは、その総額は二

図1-12　労働分配率の推移（1990～2007年度）

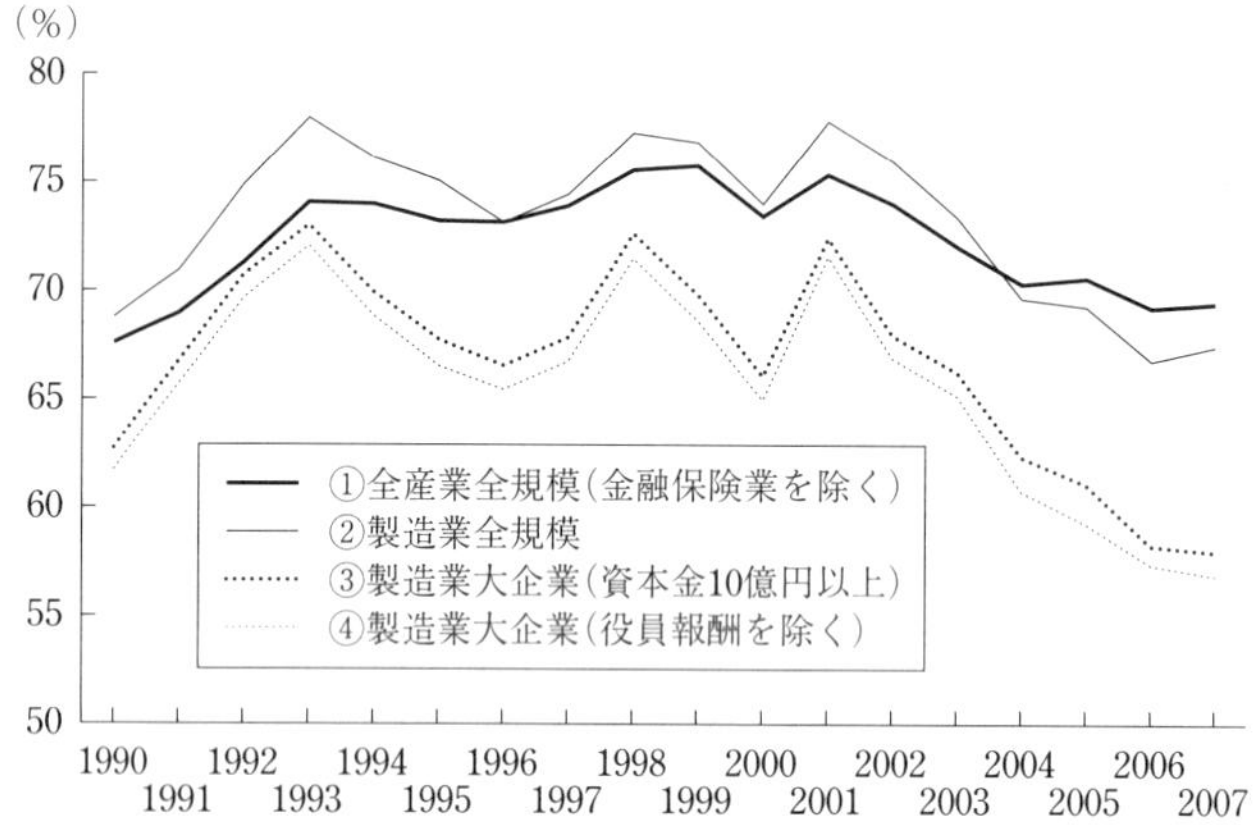

（出所）財務省「法人企業統計調査」時系列データ。
（注）労働分配率＝人件費÷付加価値×100。①②③は人件費＝役員報酬＋従業員給与＋福利厚生費，④は人件費＝従業員給与＋福利厚生費で労働分配率を求めた。

〇〇二年度の一六七兆円から〇九度の二五七兆円に膨らんでいる(25)。

結局、図1-12に示したように、二〇〇二年から〇七年の景気拡大過程においては、配当、内部留保および役員報酬が増大した一方で、人件費が削減された結果、労働分配率は顕著に低下した。二〇〇八年版『労働経済白書』は、この期間に労働分配率の低下がとりわけ大きかったのは製造業であることに関して、「主要産業の労働分配率の動きをみると、今回の景気回復過程では、製造業の低下が大きく、その水準は、高度経済成長が終焉した一九七〇年代以降では、最も低い水準にまで低下している(26)」と指摘している。

『労働経済白書』も指摘するように、労働分配率の低下は非正規労働者の増加によるところが大きい。非正規労働者の増加は、働いてもまともに生活できないワーキングプアを増加させるだけではない。一国の全労働者が受け取る賃金収入は、雇用者総数と

図1-13　延べ週間労働時間（非農林業）の推移（1987～2010年）

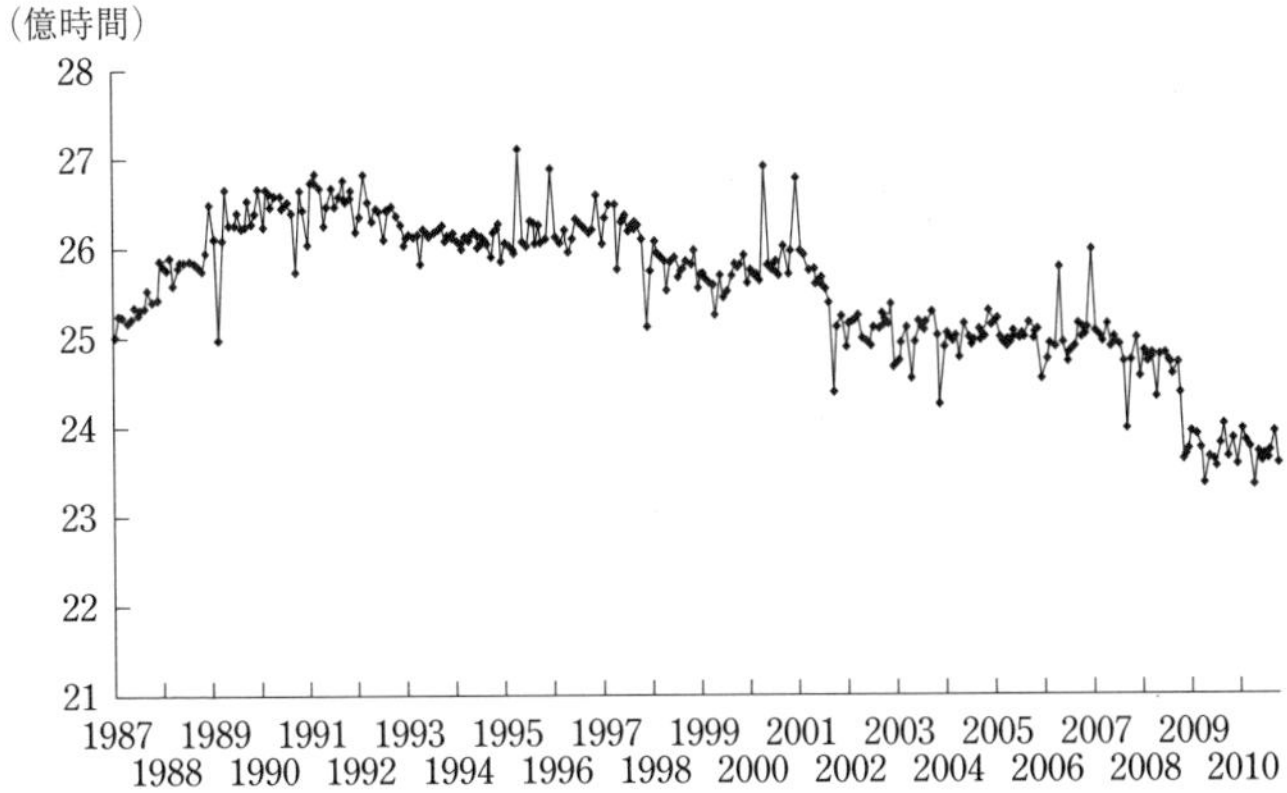

（出所）「労働力調査」長期時系列データ。

総労働時間と賃金率の積で決まる。最近の一〇年をみると、雇用者総数は、五三〇〇万人台から五五〇〇万人台の間にあって、横這いあるいは微増で推移しており、それほど大きな変化はない。他方、総労働時間は、「労働力調査」の延べ週間労働時間（非農林業）でみると、図1-13に示したように、長時間労働者が多い正社員の絞り込みとパート・アルバイトなどの短時間労働者の増加が反映して、二六億時間台から二三億時間台へ顕著に下降している。そのうえ賃金率（「毎月勤労統計調査」の現金給与総額／総実労働時間で表わした時給）も低下傾向を示している。ここからマクロ的には、近年の賃金収入の低下は、非正規労働者の増加にともなう総労働時間の減少と全般的な賃金の下落によるところが大きいと言いうる。

賃金収入の低下は、非正規労働者の増加の結果だけではない。企業は、人員が減って仕事が増えた正社員に対しても、年功制の見直しや成果主義の普及をはかって、人件費の抑制と削減を進めた。こうした賃金の抑制・下落とそれにともなう個人消費の停滞・縮小は、二〇〇八年恐慌にお

図1-14　1人当たり平均給与の推移（1995～2010年）

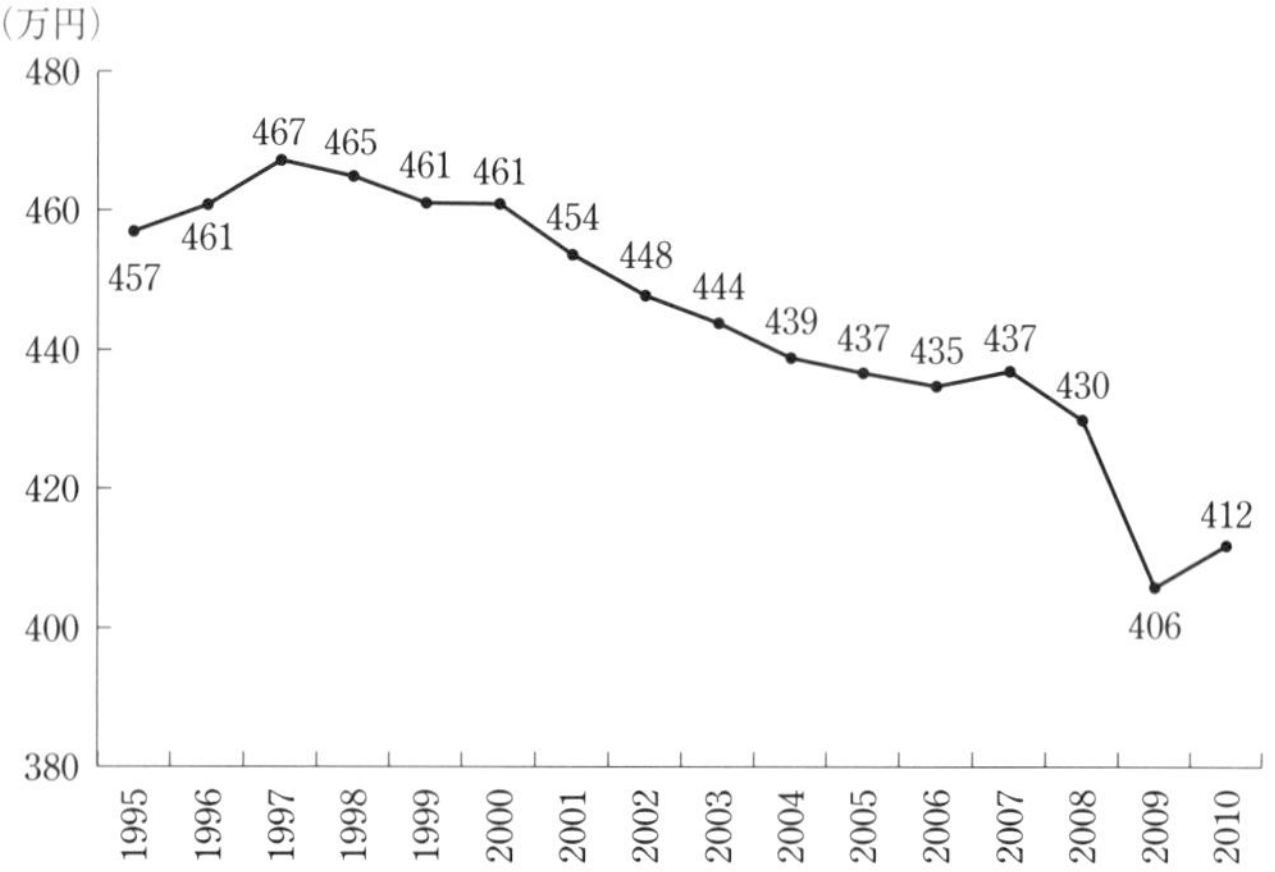

（出所）　国税庁「2011年 民間給与実態統計調査結果」。
（注）　1年を通じて勤務した給与所得者の平均給与年額。

ける販売と生産の落ち込みを大きくする一因ともなった。

国税庁「民間給与実態統計調査結果」によれば、図1-14におよその推移を示したように、二〇〇九年に民間の事業所に一年を通じて勤務した給与所得者は四五〇六万人で、その平均給与（給料・手当＋賞与）は四〇五万九〇〇〇円であった。これをピークだった一九九七年の四六七万三〇〇〇円と比べると、六一万四〇〇〇円も減少したことになる。なかでも下落幅が大きい二〇〇九年は、単年で二三万七〇〇〇円ものマイナスになっている。男性の落ち込みはこれよりもっと大きく、ピークの一九九七年から最近のボトムの二〇〇九年までに、五七七万円から四九九万七〇〇〇円へ、七七万三〇〇〇円も下がっている。女性は、二七八万九〇〇〇円から二六三万一〇〇〇円へ、一五万八〇〇〇円の下落にとどまる。二〇〇九年の一年間でみても、下落幅は男性三二万八〇〇〇円、女性七万九〇〇〇円と、男女で大きな

図1-15　年間賃金上昇率の国際比較（2000～2009年）　（2000年＝100）

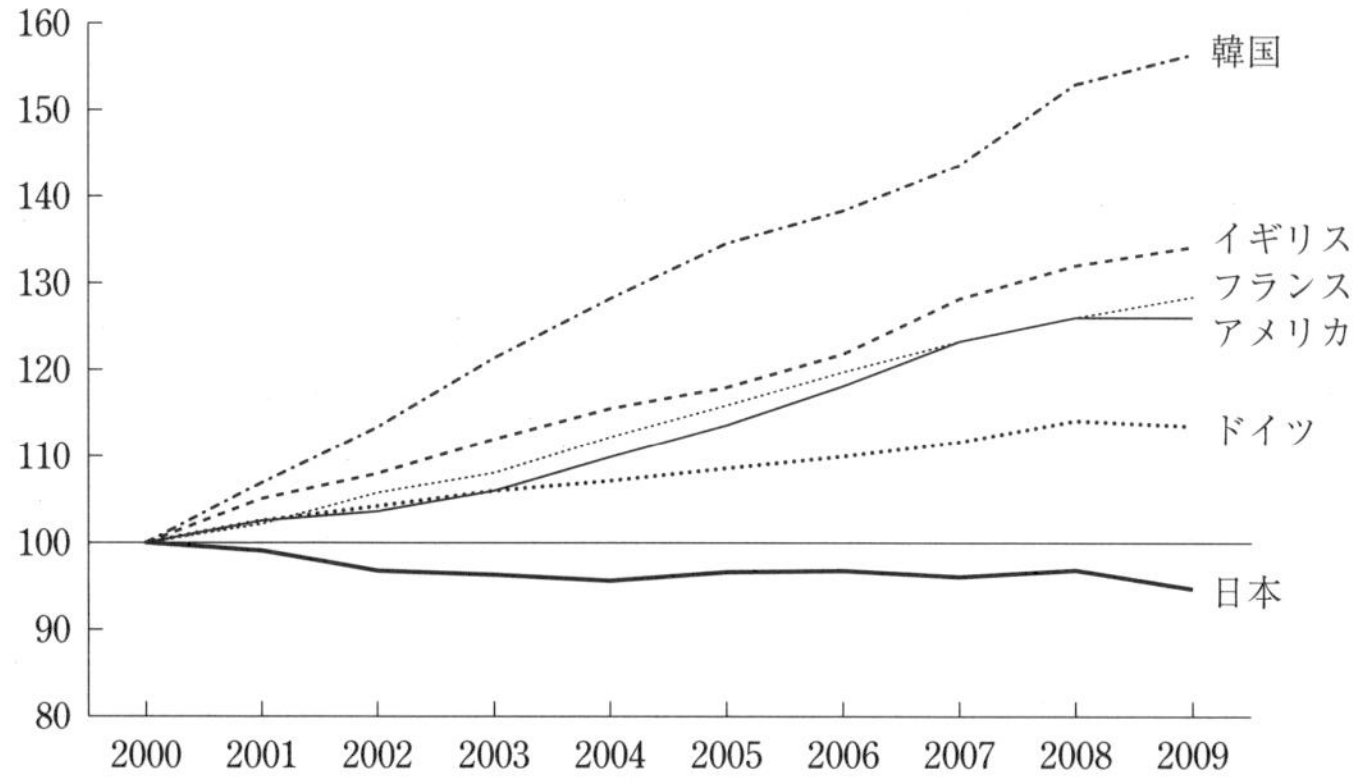

（出所）　OECD Stat Extract, Average annual wages.
（注）　年間賃金は各国とも2000年を100としたときの物価調整をしない名目賃金の動きを示している。

開きがある。これは男性に比べて女性は、パートタイム比率が高い、残業時間が短い、賞与を含む賃金水準が低いという事情に加えて、二〇〇九年については、とくに男性に影響の大きい残業手当と賞与が特別に減少したことを反映している。

内閣府の「国民経済計算」でみると、マクロの雇用者報酬（全雇用者の賞与を含む賃金に退職一時金と福利厚生費を合わせた額）は、一九九〇年代の半ば以降は今日まで長期にわたって減少傾向を示している。金額（名目）では過去のピークだった一九九七年から二〇〇九年までの間に、二七八兆二三四七億円から二四三兆三〇九五億円へ、三四兆九二五二億円も落ち込んだ。二〇〇九年は、恐慌の影響で一年間だけで一二兆四一三三億円も減少している。この動きは国際的に異例であって、図1-15からもうかがえるように、ＯＥＣＤ加盟の主要国のなかで年間賃金が長期的に低下している国は日本だけである。かつてはアメリカに次いで世界第二位であった一人当たり国民所得も、二〇〇九年には一九位にまで下がってしまった。[27]

「就業構造基本調査」によって、一九九七年から二〇〇七年までの全雇用者の所得階級別分布の変化をみると、この間に正規雇用者が四四四万人も減少したことを反映して、年収三〇〇万円未満の所得階層は、二三四一万人（四三・七％）から二七九七万人（五〇・二％）に増大し、その反対に年収三〇〇万円以上の所得階層は、三〇一四万人（五六・三％）から二六九〇万人（四九・四％）に減少した(28)。

二〇〇七年調査時点でいえば、年収三〇〇万円未満の雇用者の六割は年収二〇〇万円未満である。その数は、在学生を除いても、一七〇七万人（男性四二一万人、女性一二八六万人）にのぼる。これは一九九七年調査と比べて三二四万人の増加である。一七〇七万人のうちの一三五九万人（七九・六％）は非正規労働者であるが、正規労働者のなかにも年収二〇〇万円未満層が二〇〇七年現在で三五七万人もいることは注意を要する。この数字は非正規労働者が増えただけでなく、正社員の「多様化」も進んで、たとえば地域別最低賃金に準拠して地域別に異なる賃金を支払われる「エリア正社員」や、パートやアルバイトと同様に時間賃金で支払われる「時間給正社員」が増えて、ワーキングプアが拡がっていることを示唆している(29)。

前出の国税庁統計によれば、年収二〇〇万円未満の民間企業の通年勤務者は、二〇〇〇年には八二五万人であった。それがワーキングプアが問題になり始めた二〇〇六年には一〇〇〇万人を超え、リーマンショック後の二〇〇九年には一一〇〇万人に増加した。今日の日本には、かつて企業社会がしきりに議論された当時の「豊かな社会」の面影はない。一九八〇年代末から九〇年代初めに過労死が社会問題化した当時は、バブル経済による資産格差の拡大は言われたものの、労働所得格差は深刻な問題になっていなかった。しかし、いまでは、働きすぎと貧困、あるいは過労死とワーキングプアが併存するようになっている。睡眠・休息もまともにとれずに週六〇時間を超えるような超長時間労働によって、過労死・過労自殺に追い込まれる労働者が後を絶たない一方で、雇用があまりに不安定で賃金があまりに低いために、勤勉に働いてもまともに生活できないワーキングプアが増加するという奇妙な社会が出現したのである。

Ⅳ　大震災・原発災害にみる日本社会の構図

二〇一一年三月一一日に発生した東日本大震災と原発災害の影響で、大勢の人が職を失った。厚生労働省が同年六月八日に発表した「震災による雇用の状況」によると、震災を理由とした求職者は、六月三日現在、被災三県で四万四五七人（岩手七六九八人、宮城二万三九八二人、福島八七七七人）を数える。

また、三月一二日から六月五日までの、失業手当を受けるための「雇用保険離職票」の申請件数は、被災三県で、前年比二・三倍の一一万九七七六件にのぼっている。このうち、雇用保険受給資格決定人数は、前年比二・八倍の七万六七一九件であった。また三月二八日から六月五日までの被災三県の職業相談件数は三九万一八六人であった。その内訳は示されていないが、震災で失職した人々のなかには、雇用保険や労災保険の適用除外者である非正規労働者もいる。農業者、漁業者、商工業者で、震災によって就労や営業が継続できなくなり、新たに労働者として求職せざるをえなくなった自営業者や家族従業員も少なくない。

ちなみに、「就業構造基本調査」によれば、農林業の自営業者は、一九五六年には日本の有業者の一四・五％（五七七万人）を占めていたが、二〇〇七年には一・八％（一一八万人）にすぎなくなっている（漁業者九万人は含まない）。

今回の大震災と原発災害では、被災三県だけでなく、全国的に部品や電力の不足によって、経済活動に深刻な影響が生じた。また、また震災後の消費の落ち込みによる雇用の減少も、無視できない規模に達している。総務省が四月二八日に発表した三月の二人以上世帯の「家計調査」によると、一世帯当たりの消費支出は二九万三二八一円となり、物価変動を除いた実質で前年同月比八・五％（東北・関東は一〇・六％）減少した。この下げ幅は石油ショック直後の一九七四年二月（七・二％減）を上回る数字で、比較可能な一九六五年一月以降で過去最大の落ち込みとなった[30]。

大災害は、日頃隠されているか、見えない社会経済構造を明るみに出す作用がある。今回の大震災と原発災害では、日本が地震列島であるだけでなく原発列島でもあることを思い知らされたと同時に、今日の日本経済の姿は地方の犠牲のうえに都市が繁栄した結果であることを教えられた。これは首都圏の電力が東北の原発から供給されていることを意味するだけではない。一人当たりの県民所得をみれば、東京都に比した被災三県の一人当たり県民所得は、比較的好景気だった二〇〇七年度では東京都の五八％、恐慌の影響で大企業の収益が落ちた〇八年度でも六〇％であった。原発立地県の各種交付金への依存を生み出した背景にこの大きな格差があることは否めない。

原発災害は、原発作業に固有の多層的な下請構造をも照らし出した。『週刊東洋経済』（二〇一一年四月二三日号）によると、日本の原発作業員のうち、電力会社の社員は一万人弱なのに対して、下請労働者は七万五〇〇〇人（二〇〇九年度、原子力安全・保安院）に上る。福島第一原発でも、一一〇〇人強の東電社員に対して、下請労働者は九〇〇〇人を超えている。『朝日新聞』の記事（二〇一一年五月三一日付）では、福島第一原発の「雇用者数」は二〇一〇年七月現在で六七七八人、そのうち東電社員は一〇八七人で、残る五六九一人は四〇七社の「協力企業」と呼ばれる下請会社の労働者である。参議院予算委員会での日本共産党の田村智子議員の求めに応じて、東電が提出した資料によれば、福島第一原発で作業に従事する下請企業は五二一社にのぼり、うち福島県が一五九社、東京都が一四六社で、全体では二七都道府県に及んでいる。(31)『朝日新聞』が前掲の記事で「雇用者数」と書いているのは不正確である。下請労働者は下請会社が雇用しているのであって、東電が雇用しているわけではない。『週刊東洋経済』の記事には、通常、原発作業の現場を取り仕切っているのは、二次、三次下請の正社員たちだとある。下請企業の正社員でも東電からみれば外部雇用であることに変わりはない。また同じ記事によれば、震災前にハローワークに出されていた地元零細企業による福島第一原発の求人では、「日給九〇〇〇円から」、学歴、年齢、スキル・経験などは、すべて「不問」とされている。同じく『週刊東洋経済』の記事によれば、下請は五次、六次、さらには七次、八次であることもザラで、原発労働者の実態を撮り続けてきた写真家の樋口健二氏が言うには、東電が日当七万円で発注しても、末端の労働者は日当一万円にしかならず、ピンハネは八割にも及ぶ。樋口氏によれば、電力会社を頂点とする原発労働の下請構造においては、東芝、日立製作所、三菱重工の原発メーカーを元請として、その下に下請、孫請、ひ孫請、人夫出し（親方）とぶら下がっている。(32)被曝可能性の高い作業環境で働く労働者を集める最末端の「人夫出し業（親方）」は、最下層労働者を集めて自己の支配下に置き、人夫として鉱山や工場に送り込んだ戦前の組頭制度——戦後の職業安定法で禁止された労働者供給事業——を想起させる。

第Ⅱ節で、一九七〇年後半に労働組合運動の企業主義的・協調主義的な再編が進んだことを企業社会の確立の指標の一つとして取り上げた。その先頭に立ったのは、一九五〇年代の初めには闘う産業別労働組合とみなされていた電力産業の労働組合であった。(33) 福島第一原発の二号機から六号機の運転が開始されたのは一九七〇年代半ばから後半であるが、電力産業では七〇年代から八〇年代にかけて、企業・労組一体の原発推進体制が盤石のものとなり、東電は、福島第二の一—四号機、さらには柏崎刈羽（新潟県）の一—七号機の着工・運転へひた走ることができた。そうしたなかで、一九七六年に東電社長に就任した平岩外四は、経済審議会会長や産業構造審議会会長を歴任し、九〇年から九四年に経団連会長を務めた。

また、一九八六年東電労組書記長、八九年同委員長になった笹森清は、二〇〇一年から〇五年まで日本の労働組合のナショナルセンターである日本労働組合総連合（連合）の会長に就任した。彼は二〇一〇年一〇月から一一年六月四日に亡くなるまで、菅政権のもとで内閣特別顧問を務めた。ここから振り返って考えると、今回の福島の惨禍の背景には、原発を推進してきた政府、電力会社、原発メーカー、マスコミ、原発推進科学者の利益共同体があるだけではない。核エネルギーの危険について、正社員で組織された労働組合はなにも言わず、正社員の何倍もの未組織の下請労働者はなにも言えない電力産業の階層的雇用構造も、チェック機能喪失の一因として無視できない。

むすびにかえて

近年の日本では、グローバリゼーションと情報通信技術革命を背景に、新自由主義の政策イデオロギーが他の先進諸国以上に強く現実政治に浸透し、金融と雇用の規制緩和が進み、パート、アルバイト、契約社員、派遣などの非正規労働者が全労働者の三人に一人を超えるまでに増加した。その結果、非正規労働者だけでなく正規労働者の間でも、賃金の持続的な下落が生じ、一九九七年から二〇〇九年までの間に雇用者報酬が三五兆円近く減少し、同じ期間に男性労働者の年間給与が約七七万円も下落した。

これらのことは、労働所得の面でみるならば、往時の「豊かな社会」における「稼ぎ主である男性が妻子を養う男性片稼ぎモデル」は崩壊してしまったことを物語っている。しかし、他方で、「社会生活基本調査」によれば、最も新しい二〇〇六年調査時点で、男性正社員の週労働時間は五二・五時間であった。これは単純に一年を五二週で換算すれば、年間二七三〇時間も働いていることになる。こうした超長時間労働の実態からみれば、家事労働をほとんどせず、長時間のサービス残業も辞さず、過労死の不安と背中合わせに会社に尽くす「日本的な働き方の男性正社員モデル」は、いまだに保持されている。このモデルも、正社員の雇用の安定が失われ、賃金上昇が期待できなくなったいまでは、崩壊に瀕しているといえなくはない。しかし、それより重要なことは、このモデルこそが過労死とワーキングプアの併存に象徴される今日の企業社会日本の諸矛盾の根源であることが、いよいよ明らかになってきたことである。

企業社会であるがゆえに、貧困社会に行き着いた日本の困難を乗り越える鍵は、労働時間の短縮にある。労働時間の短縮はまた、今日の世界と日本をおおう経済危機と環境危機という複合危機を乗り越える道でもある。

二〇〇九年九月にアメリカのピッツバーグで開かれた金融サミットでは、行き過ぎた金融の規制緩和が世界的金融危機を招いた反省から、金融規制の強化と雇用の維持・創出を盛り込んだ声明が採択された。他方、同年九月にニューヨークの国連本部で開かれた気候変動サミットでは、地球温暖化対策の国際的枠組みの構築が共通の課題となった。このことは、私たちの前に、金融崩壊と雇用崩壊に象徴される世界の経済危機にいかに対応するかという課題と、地球温暖化問題に象徴されるエコシステムの危機にいかに対応するかという課題が同時に提起されていることを意味する。新自由主義に代わる二一世紀の社会システムを構想するに当たっては、今日の世界が直面する経済システムの危機と、エコシステムの危機をともども克服する新しいパラダイムが模索されなければならない。

この点に関連して、注目されるのは、環境危機の時代の新しい経済学の論理から「豊かさ」の転換を説いたジュリエット・ショアの新著『プレニテュード——新しい〈豊かさ〉の経済学』である。彼女が述べているように、二〇〇八年世界恐慌の勃発と相前後して発表された世界の気候変動に関する情報は、暗澹たるものである。北極の海氷は「これまでは想像ができないほどの速度で溶けている」。海面は、二〇〇七年の「気候変動に関する政府間パネル」（IPCC）報告が想定していた「最悪の可能性より二倍以上上昇している」。世界の温暖化ガス放出量は近年急上昇し、二〇〇九年二月には、NASAの気象科学者ジェームズ・ハンセンと彼の同僚は、「三五〇ppm以上の二酸化炭素濃度は、文明化が進展してきた地球とは相容れない」と警告した。しかし、二酸化炭素濃度はすでに三八五ppmの水準に達しており、さらに上昇をしつづけている。[34]

ショアによれば、地球のエコシステムにこのような危機が拡がっているにもかかわらず、経済学者や政策立案者たちは、私たちの経済システムは基本的には健全であるという仮定に立って、旧態依然の市場経済にほかならないBAU（Business As Usual）経済にしがみついて、環境破壊的・エネルギー多消費的な成長戦略を選択している。[35]

この点は、日本でも同様である。日本でも、近年、企業の社会的責任（CSR）が問われるなかで、大企業は競うように「地球にやさしい企業」を標榜するようになってきた。それとともに、市場には環境（Environment）と地球（Earth）の「e」を記号化した「エコマーク」を表示した製品が目につくようになってきた。それほどに今日の企業経営や経済活動は環境への配慮と切り離せなくなっていると言ってよい。政府は二〇〇九年五月に「エコポイントによるグリーン家電普及促進事業」を導入した。この制度は「地球温暖化対策の推進」を謳ってはいるが、基本的には、経済危機対策の販売戦略として打ち出されたものである。環境対策の観点からは、電力消費量や二酸化炭素排出量の大きい大型家電は、エコポイントに刺激されて買い急ぐより、できるだけ買わないほうがエコロジーの健全性に寄与する。その点は、時限的なエコカー補助金の制度にしても同様である。

鳩山―菅―野田の民主党政権の経済政策は、従来の自民党政権の経済成長優先戦略の巻き戻し版であった。看板に掲げられた「グリーン・イノベーションによる環境・エネルギー大国戦略」にしても、成長戦略の一環として位置づけられている。そこには、環境にやさしい持続可能な労働と生活を見通した社会システムの改革の展望はなんら示されていない。日本経団連にいたっては大震災後に策定された「成長戦略２０１１」において、「震災復興と成長戦略の一体的推進」を呼号している。

ショアの新著は、今日の環境危機と経済危機を克服する道を、Less, Less, More, More 戦略に求めている。Less は労働（work）と消費（spend）を減らすことにかかり、More は創造（create）とつながりを強めること（connect）にかかる。労働時間の短縮が進めば、人々の間に、所得よりも自由時間を、言い換えれば購入する商品の量よりも生活の質や自己実現を追求する志向が拡がっていくだろう。それとともに家族の触れ合いや、地域住民の間の交流や、近隣同士の助け合いが促進され、地域環境や自然環境に配慮したライフスタイルの実現を願い、そのために活動する人々が増え、情報とともに種々の生活手段や生産手段を共同利用する共有型経済（シェアリング・エコノミー）が拡大していくだろう。それだけでなく、そうなれば、従来の成長優先・大企業中心の経済とは打って変わって、自営業や協同組合を含む小規模生産が拡がるとともに、食糧栽培や食品加工などの自給的な家庭内生産活動が拡がるようになるだろう。これらの活動を促進するには政府や自治体にそれを支援する専門家を配置する必要があるが、そのための財政コストは、旧来型の環境破壊的な消費・成長パターンより少なくてすむだろう。

こうした社会システムへの移行を誘導するためにも、日本において急がれるのは、サービス残業解消型のワークシェアリングである。パートその他の非正規労働者にもサービス残業があるが、いま正規労働者約三三五〇万人が一人年間二五〇時間のサービス残業を行っており、その削減分がすべて雇用に向けられるとすると、新規に約四五〇万人の雇用が創出される。実際にはこれほど単純には進まないとしても、サービス残業をなくすことは、現状で考えうる財政負担の最も軽い新規雇用の大量創出策である。(36) これは大量失業とワーキングプアと過労死と環境悪化を同時解決する決め手といってよい。

私たちは、最近の日本経済において、二〇〇八年から〇九年にかけての世界恐慌による生産の落ち込みと、二〇一一年三月一一日以降の節電による生産・出退勤調整とで、状況に強制されてではあるが、二度の労働時間の短縮を経験した。節電の出勤調整は、家族の生活時間をほとんど配慮していない、残業の上限規制に踏み込んでいない、年次有給休暇の消化や連続休暇の取得も会社カレンダーしだいである、といった点で大きな問題を残している。とはいえ、この前例のない労働時間の短縮は、それでも経済は回り、暮らしは立ちいくことを証明する社会実験であったといえる。(37) この実験が、サービス残業の解消やワークシェアリングにつながるかどうかは、脱原発への転換と同じように人々の個人的および社会的選択しだいである。[38]

注

（1）企業社会というタームは、狭義には、経営組織と作業組織を基礎に一定の文化的背景や価値体系を共有する企業内のコミュニティを意味する。しかし、広義には、企業が狭義の企業社会の領域にとどまらず、地域社会や家族社会、さらには人々の個人生活にいたる社会生活全般を支配する社会、すなわち企業中心社会を指しても用いられる。本章ではもっぱら後者の広義の意味で「企業社会」を用いる。

（2）森岡孝二『日本経済の選択——企業のあり方を問う』（桜井書店、二〇〇〇年）一四九—一五〇ページ。

（3）渡辺治『「豊かな社会」日本の構造』（旬報社、一九九〇年）。渡辺のこの著作は、「豊かな社会」日本の構造を、経済的、社会的側面だけでなく、政治的、軍事的側面まで論じている点で教えられる点が多い。

（4）中島信吾「心病む悲しき会社人間たち」、『朝日ジャーナル』一九七八年一二月二二日。

（5）細川汀・辻村一郎・水野洋『現代の労災・職業病闘争の課題』（労働経済社、一九七五年）。

（6）鎌田慧「企業戦士たちの明日」、『法学セミナー　増刊』一九八七年八月。

（7）浜口武人「正社員でなくてもこんな権利がある——パート・臨時工の悩みとねがい」、『労働運動』第一三六号（一九七七年四月）。

（8）久本憲夫「正社員の意味と起源」、三菱ＵＦＪリサーチ＆コンサルティング『季刊 政策・経営研究』二〇一〇年第二号。

（9）『労働白書』における「正社員」の初期の用例をみると、パートタイム労働者に「一般労働者」を対置し、それを「一般社員」、すなわち「正社員」と言い換えていることがわかる。

(10) 熊沢誠『女性労働と企業社会』(岩波新書、二〇〇〇年)。
(11) 一九五〇年代後半から六〇年代の前半にかけては、短時間労働者の多くが「パートタイム労働者」あるいは「パートタイマー」と呼ばれていたわけではない。日本で短時間雇用者を「パートタイマー」として募集したのは、一九五四年一〇月に大丸百貨店が東京駅八重洲口の駅ビルに進出したときが初めてという。このときのパートは一日三時間勤務のいわゆる主婦パートであった。こうした形態でのパートの活用は、新しい小売業態であるスーパーマーケットの展開につれて、六〇年代に広まった(本田一成『主婦パート――最大の非正規雇用』集英社新書、二〇一〇年)。
(12) 参考までに、呼称上、女性「パート」が七六〇万人であった二〇〇九年についていえば、女性「アルバイト」は一七三万人を数える。このなかには週三五時間以上の者も含まれる。
(13) 森岡孝二『強欲資本主義の時代とその終焉』(桜井書店、二〇一〇年)。
(14) この表現は一九八〇年代の初めから過労死問題に取り組んできた松丸正弁護士から教えられた。
(15) 細川・辻村・水野、前掲書。細川汀『かけがえのない生命よ――労災職業病・日本縦断』(文理閣、一九九九年)。
(16) 「労働争議統計調査」は、「各都道府県労政主管課及び労政主管事務所の職員が調査担当者となり、労働争議の行われた個々の事業所あるいは組合ごとに、労働者側の代表者及び使用者側の代表者に面接し、両者の報告に基づいて所定の様式により調査票を作成する方法で調査」することになっている。この方法によっては、規模の小さな散発的な争議の件数や参加者数は適正に把握できていない可能性がある。
(17) 藤本武『国際比較 日本の労働条件』(新日本出版社、一九八四年)四三ページ。
(18) 渡辺、前掲書、三八ページ。
(19) 森岡孝二『企業中心社会の時間構造――生活摩擦の経済学』(青木書店、一九九五年)四三ページ。

(20) 同書、四五ページ。

(21) 同書、四六ページ。なお、JITシステムに象徴される日本的生産システムの特徴については、鈴木良治『日本的生産システムと企業社会』（北海道大学図書刊行会、一九九四年）を参照。

(22) 森岡孝二「株主資本主義と派遣切り」、『経済』二〇〇九年七月号。

(23) 森岡孝二「労働者派遣制度と雇用概念」、滋賀大学『彦根論叢』二〇一〇年一月。

(24) 厚生労働省『労働経済白書』二〇〇七年、一八八、一九三ページ。

(25) 労働運動総合研究所「内部留保をめぐるいくつかの議論について」二〇一一年六月。

(26) 厚生労働省『労働経済白書』二〇〇八年、二二七ページ。

(27) WHO, *World Health Statistics 2011*, pp. 152–159. 比較は二〇〇九年の購買力平価による。

(28) 森岡孝二『貧困化するホワイトカラー』（ちくま新書、二〇〇九年）。

(29) 「ワーキングプア」という用語は、日本では若干の先例を除けば、「格差社会」が流行語になった二〇〇五年に広まりはじめ、二〇〇六年に一般化した。これには D. K. Shipler, *The Working Poor: Invisible in America* が二〇〇四年に出版され、アメリカで貧困論議を再燃させたことが一つの触媒となっている（D・K・シプラー『ワーキング・プア——アメリカの下層社会』森岡孝二・川人博・肥田美佐子訳、岩波書店、二〇〇七年）。

(30) 『朝日新聞』二〇一一年四月二八日。

(31) 『しんぶん赤旗』二〇一一年六月一六日。

(32) 樋口健二「原発が葬り続けた被曝労働者たち」、『POSSE』第一一号（二〇一一年五月）。

(33) 木下武男「東電の暴走と企業主義的統合——労使癒着によるチェック機能の完全喪失」、『POSSE』第一一号（二〇一一年五月）。

(34) ジュリエット・B・ショア『プレニテュード——新しい〈豊かさ〉の経済学』（森岡孝二監訳、岩波書店、二〇一一年）七―八ページ。

（35）ショアは前掲の新著で、気候変動に関する論議から生まれたBAU（business-as-usual）という用語を、従来どおりの経済ルール、慣行、成長軌道、および生産と消費の仕方が今後も続く状態を意味する概念として使用して、それに"PLENITUDE"（「豊かさ」）という概念を対置している。プレニテュードは、市場労働時間の削減、高い生産性の自給への転換、低コスト・低負荷で高満足の消費生活、地域社会と社会的なつながりの再活性化といったキーワードで示される。これはエコシステムの危機を克服するポスト新自由主義の二一世紀パラダイムとして熟慮に値する。

（36）過重労働と過労死の防止に関連して注目されるのは、「全国過労死を考える家族の会」と「過労死弁護団全国連絡会議」の呼びかけでスタートした、過労死防止基本法の制定を求める運動である。二〇一〇年一〇月一三日には、一七名の国会議員と一六名の議員秘書を含む一六七名の参加を得て、議員会館で院内集会が開催された。一一年一一月一八日には、同じく議員会館で、二五〇名の参加で「過労死防止基本法制定実行委員会」の結成総会が開かれ、一〇〇万人署名運動を中心に幅広い取り組みを行うことが決められた。さらに、一二年一月二一日には全国主要都市で街頭署名が行われ、テレビや新聞で大きく報道された。

（37）この実験は、さきの大震災と原発事故が人々に電力消費の見直しを迫り、節電行動にとどまらない消費スタイルの変化を呼び起こしたことを想起させる（植田和弘・梶山恵司編著『国民のためのエネルギー原論』日本経済新聞社、二〇一一年、第一章参照）。

（38）本章は、法政大学の『経済志林』第七九巻第一号（増田壽男教授退職記念号、二〇一一年四月）に寄稿した森岡孝二「企業社会日本の成立と崩壊」を改稿したものである。

第二章　人材派遣業の膨張・収縮と経営実態

――近年の製造派遣を中心に――

高田好章

はじめに

きょうも工場の事務室の応対テーブルに、一人の若者が人材派遣会社の担当者に連れられて、工場の人事担当者の「面接」を受けるために座らされている。表向きは「面接」ではなく、「職場見学」、「作業服合わせ」と言われている。そこでは、派遣会社の担当者が工場の人事担当者に「どうですか」というサインを送り、若者には「大丈夫ですか」と作業見学の感想を聞いている。それはあたかも戦前の周旋屋を想わせるが、日本の製造現場では毎日のように繰り返される風景である。日本の製造現場でこのような風景が見られるようになったのはいつからであろうか。いや、実は昔からそのような風景が日本の工場では見られた。変わったのは、連れてくるのが派遣会社の担当者になったことである。これが、労働者派遣法の改正を受けて人材派遣が合法化された姿である。製造現場に派遣される労働者のほとんどは登録型である。

第一章では日本における企業社会の形成と貧困社会化への流れを追い、その重要な局面に人材派遣が関わっていることが示された。本章では、労働者派遣法の改正によって合法となった製造現場への人材派遣

（単位：万人，％）

2006	2007	2008	2009	2010
3,454（67.7）	3,483（66.8）	3,449（66.6）	3,420（67.0）	3,339（65.7）
1,647（32.3）	1,731（33.2）	1,732（33.4）	1,685（33.0）	1,743（34.3）
1,112（67.5）	1,165（67.3）	1,156（66.7）	1,128（66.9）	1,184（67.9）
120（ 7.3）	132（ 7.6）	131（ 7.6）	105（ 6.2）	90（ 5.2）
276（16.8）	295（17.0）	311（18.0）	318（18.9）	332（19.0）
139（ 8.4）	139（ 8.0）	134（ 7.7）	134（ 8.0）	137（ 7.9）

る割合。

を中心に、人材ビジネスの一業種としての人材派遣業の急成長、人件費の流動化、社会問題にまでなった「派遣切り」、さらには、これまであまり語られることのなかった人材派遣会社の構造と実像に迫ってみたい(1)。人材派遣業とはどのようなものであり、とくに製造派遣がその合法化から二〇〇八年恐慌までの五年間に急膨張し莫大な利益を上げた実態と、それが製造現場にどのような結果をもたらしたのか、またその違法な業務実態を明らかにしつつ、あわせて人材派遣正当化論についてもその批判を試みたい。

Ⅰ　製造派遣による人材派遣業の驚異的な伸び

最初に労働市場の最近の変化についてみておこう。総務省の「労働力調査」によると、一九八九年二月に八〇・九％（三四五二万人）であった正規労働者が、それ以降八割を割り込み、表2-1にみるように二〇一〇年には六五・七％（三三三九万人）まで減り、それにともなって非正規労働者は三四・三％（一七四三万人）と三分の一以上を占めるまでになった。非正規労働者の内訳をみると、パート・アルバイト比率の減少にともない、派遣労働者がそれに代わって増加して、二〇〇二年の三・三％（四六万人）から〇七年の七・六％（一三二万人）にまで増え続けたが、「派遣切

表 2-1　正規・非正規従業員の人数と割合

年	2002	2003	2004	2005
正規従業員	3,529（71.5）	3,445（69.9）	3,433（68.8）	3,408（67.7）
非正規従業員	1,407（28.5）	1,483（30.1）	1,554（31.2）	1,624（32.3）
パート・アルバイト	1,012（71.9）	1,069（72.1）	1,081（69.6）	1,108（68.2）
派遣社員	46（ 3.3）	46（ 3.1）	90（ 5.8）	102（ 6.3）
契約社員・嘱託	226（16.1）	240（16.2）	250（16.1）	281（17.3）
その他	123（ 8.7）	128（ 8.6）	133（ 8.6）	133（ 8.2）

（出所）　総務省「労働力調査」。
（注）　毎年４月～６月平均の数字。括弧内の数字のうち，パート，派遣，契約，その他は非正規に対す

り」直後の〇九年には六・二％（一〇五万人）、一〇年には五・二％（九〇万人）にまで減少した(2)。

いまでは日本の製造現場で派遣労働者が製造ラインに入っているのが当たり前の光景となった。二〇〇三年の労働者派遣法の改定により、翌年から派遣労働者が大手を振って正社員に混じって製造ラインで仕事ができるようになった(3)。これまでは、業務請負という名のもとで行われてきた製造ラインへの違法派遣が合法化されたのである。これは人材ビジネス業界にとっては大きなビジネスチャンスの到来を意味した(4)。

経済界は、これまでも製造現場での人材派遣を含め自由な派遣を求めてきた。それは同時に人材派遣だけでなく職業紹介の規制緩和がセットになっている。労働者派遣法の改定により派遣事業が原則自由化された一九九九年七月、同時に職業安定法も改定され、有料職業紹介事業の取り扱い職種が一部を除き原則自由化された。人材ビジネスがそれ以降、一大業界に発展してきた。人材ビジネスには、労働者への職業紹介、求人情報誌の発行、採用代行などがある。それら人材ビジネス領域のなかで一番急成長したのが、人材派遣である。二〇〇八年実績では七兆円産業にまでに急膨張した。

人材派遣業とは、「雇用」という形式をとって労働者を自己の支配下に

2003	2004	2005	2006	2007	2008	2009	2010
16,804	20,278	31,361	41,966	50,149	66,424	71,560	74,481
10,061	12,458	20,629	29,439	35,538	46,709	45,892	45,827
2,362,380	2,266,044	2,546,614	3,210,468	3,812,353	3,989,006	3,019,521	2,714,447
743,640	890,234	1,238,832	1,518,188	1,743,866	1,983,336	1,573,503	1,479,272
424,853	497,118	659,531	860,104	1,269,823	1,276,030	901,935	710,972
23,614	28,615	40,351	54,189	64,652	77,892	63,055	53,468
—	—	1,707	5,201	8,508	10,511	8,867	—
—	—	69,647	239,243	466,493	558,089	253,957	242,914

数，換算数＝常用換算派遣労働者数，派遣先数＝派遣先件数，売上(億円)＝労働者派遣事業に係る売上
事業所，製・労働者＝製造業務に従事した派遣労働者数。2005年の報告書から製造業務について労働者

おき、他人の指揮命令のもとで他人のために仕事をさせる人材ビジネスである。人材派遣には、人材派遣会社が正社員として継続的に雇用する場合（常用型派遣）と、他社に派遣されて仕事をする期間だけ雇用する場合とがある。後者は登録型派遣と呼ばれるように、人材派遣会社に氏名が登録されて、仕事があったときにその名簿から選別雇用されて働きにいく。人材派遣会社（派遣元会社）が労働者と雇用契約をし、派遣元会社と派遣先会社が派遣契約を結び、労働者は派遣先会社の指揮命令のもとで働く関係にはいる。[5]

人材派遣業の伸びについては、厚生労働省の「労働者派遣事業報告書集計結果」が詳しい（表2-2参照）。一九九六年には派遣労働者数（常用換算派遣労働者数）[6]が三〇万人弱、派遣先件数が二二万件、年間売上高が一兆一八二七億円だったものが、製造現場解禁直前の二〇〇三年度にはそれぞれ七四万人、四二万件、二兆三六一四億円となり、製造現場派遣解禁から五年目の〇八年度には一九八万人、一二八万件、七兆七八九二億円と、製造現場解禁以後に大幅に増加している。それが「派遣切り」が多発した直後の〇九年度には一五七万人、九〇万件、六兆三

表2-2　労働者派遣事業報告書集計表

年度	1996	1997	1998	1999	2000	2001	2002
事業所数	9,519	9,259	10,011	9,678	10,330	11,571	14,655
実績数	6,584	6,473	6,983	7,836	6,982	7,624	9,205
労働者数	724,248	855,330	895,274	1,067,949	1,386,364	1,747,913	2,129,654
換算数	298,530	340,059	306,914	394,502	537,063	612,096	693,418
派遣先数	221,885	278,281	285,049	264,439	293,217	345,842	363,215
売上(億円)	11,827	13,335	15,706	14,605	16,717	19,462	22,472
製・事業所	—	—	—	—	—	—	—
製・労働者	—	—	—	—	—	—	—

（出所）厚生労働省「労働者派遣事業報告書集計結果」各年度報告。
（注）事業所数＝集計事業所数，実績数＝労働者派遣の実績のあった事業所数，労働者数＝派遣労働者
高（億円），実績数＝労働者派遣の実績のあった事業所数，製・事業所＝製造業務への派遣を行った
派遣を行った実績を把握することが可能となった。製造業務の数字は6月1日現在である。

〇五五億円に減り、製造業務の派遣労働者は〇八年度の五五・八万人から二五・三万人に半減している。登録型派遣を行うには、一般労働者派遣事業の許可が必要である。毎月の一般労働者派遣事業所の許可数を業界雑誌『月刊人材ビジネス』各号でみると、二〇〇二年当時は毎月一〇〇件台であったものが、製造現場解禁後の〇四年には二〇〇件台になり、〇六年、〇七年には毎月三〇〇件台にまでなっている。しかし、〇九年に入ると急速に減少し、一〇年には三〇件台にまで極端に減っている。この数字の推移をみるだけで、五年間にわたる派遣事業の急膨張とその後の急速な縮小が見て取れる。

この五年間、日本経済はどうであったか。日本のほとんどの法人企業の経営状態を集計している「法人企業統計調査」によって、二〇〇三年度から〇七年度までの伸び率をみると、売上高は全産業で一・一八倍、製造業に限れば一・二三倍、経常利益はそれぞれ一・四八倍、一・五八倍であり、いずれも製造業の伸びが上回った（表2-3参照）。しかし、二〇〇八年度には経常利益の減少が著しく、とくに製造業は半分以下となっている。この間、日本の製造業は工場など現場への製造派遣解禁ととも

（単位：億円）

2008	2009	2010
15,082,072	13,680,196	13,857,426
4,450,526	3,812,155	4,033,137
10,631,546	9,868,041	9,824,290
354,623	321,188	437,275
101,844	91,102	158,083
252,779	230,086	279,192

に売上高を拡大したのち二〇〇八年恐慌に見舞われた。そのなかで、人材派遣業の売上高は二〇〇三年度比で三・三倍という驚異的な増大を示しているのである。このことは、企業の人件費部分がそれだけ人材派遣業へと流れ出たことを意味する。

このような人材派遣業における急速な伸びの要因は、上述のように二〇〇四年に解禁された製造現場への派遣であることは明らかである。『月刊人材ビジネス』が毎年発表している人材ビジネス業績ランキングによれば、人材派遣業の総売上高の上位はこれまでスタッフサービス、テンプスタッフ、パソナ、アデコ、リクルートスタッフィング、マンパワー・ジャパンの六社が占めていた。二〇〇四年以降、日研総業、日総工産、フルキャストなどの製造業務関連の人材派遣会社が上位に進出し始め、ついに二〇〇六年度にグッドウィル・グループが総売上高五〇〇〇億円で首位に立った。しかしその勢いは長く続かず、製造現場への人材派遣が三年間の期限となる二〇〇九年度には、大幅にランクを下げている。製造現場解禁前からすでに業務請負のかたちで行われていた人材派遣が解禁後急膨張したが、その勢いはわずか五年間限りであった。

Ⅱ　人件費の流動化と労働力の需給調整

では、派遣労働者を使うとはたして本当に人件費は安くなるのであろうか。キヤノンの複写機組立生産要員一人当たりの人件費を、請負、製造派

表2-3　法人企業の売上げ，経常利益

年度		2003	2004	2005	2006	2007
売上高	全産業	13,346,737	14,203,559	15,081,207	15,664,329	15,801,713
	製造業	3,849,499	4,096,885	4,349,949	4,503,358	4,717,091
	非製造業	9,497,238	10,106,673	10,731,258	11,160,970	11,084,622
経常利益	全産業	361,989	447,035	516,926	543,786	534,893
	製造業	150,863	194,725	217,842	238,066	238,903
	非製造業	211,125	252,310	299,084	305,720	295,990

（出所）「法人企業統計調査」。なお2009年度より標本が増やされ，また金融業・保険業が追加されている。

遣と直接雇用の期間社員、高卒正社員、大卒正社員別に比較すると、年間で請負が三九六万円、派遣が三二六万円なのに対し、期間社員は三二二万円とほとんど変わりはない（表2-4参照）。もう少し詳しく見てみよう。近畿地方にある従業員二〇〇名規模の工場で、製造ラインを担当している従業員と派遣労働者の比較を二〇〇九年三月までの一年間の集計で行ってみたところ（表2-5参照）、正社員（役職者を省く）の平均賃金（以下すべて時給換算）は、賞与・経費（福利厚生費・交通費・退職金引当等）を含めて二二四一円、一年契約の期間社員は一四七〇円、アルバイトは七六三円であった。製造ライン全体としては一七二九円となる。これに対して派遣料金は時間当たり一三五〇円である。この工場では派遣会社が三社入っているが、派遣料金は統一されている。むしろ三社を入れることで派遣料金を安く抑えているといえる。特徴的なことは、派遣料金には昇給がないということである。通常の従業員であれば、年一回の昇給がある。それが従業員の労働意欲の向上をもたらすものとなる。ところが派遣契約であるため、契約時に派遣労働者がどのような賃金を手にするかは派遣先企業には関係がない。派遣会社が自らの派遣労働者の賃金を決めるのである。したがって、派遣料金が上がらなければ、彼らの賃金が上がる余地はない。

表2-4　キヤノンの複写機組立生産要員1人当たりの人件費（年間）

（単位：万円）

	請　負	製造派遣	期間社員	高卒正社員	大卒正社員
労働者収入	238	216	268	301	319
会社管理費・取り分	158	110	—	—	—
福利厚生費	—	—	54	57	60
退職給付費用	—	—	—	32	34
合計	396	326	322	390	413

（出所）『週刊ダイヤモンド』2009年2月7日号，37ページより。
（注）文中では直接雇用（正社員，期間社員）には，採用コストが最低5万円必要という。

表2-5では、一人当たりの人件費は、高い方から正社員、一年契約の期間社員、人材派遣の順になっている。アルバイトはさらに安い。しかし、アルバイトが長期になると当然社会保険料などが必要となってくる。また、人材派遣が拡がるようになってからは、近隣でアルバイトを募集しても集まりにくくなっている。工場に派遣されてくる労働者はその工場の近隣から募集するため、一〇〇〇円程度の時給で募集すれば、そちらのほうに集まってしまう。働くほうにとってはどちらも結局は同じところで働くことになるから、当然時給が高いほうに集まる。三者のうち一年契約の期間社員と人材派遣が微妙に近い数字となっている。ここで問題なのは、賃金以外の要素である。雇用を一年間継続することができるかどうか、さらに一時的な労働力に頼って製品の品質を保てるかどうか、ということが問題となってくる。安いからといって、あまりに人材派遣に頼ってしまうと、製造ラインの質を一定に保つことが難しくなる。製造ラインの責任者の負担が重くなりすぎると、不良品の発生が増える可能性がある。そのように考えるならば、直接雇用の一年契約の期間社員で製造ラインを組んで、重要な場所には正社員を配置し、繁忙期あるいは増産時には人材派遣に頼る、という構図ができあがる。実際この工場の派遣会社への支払いを含めた労務費に対する派遣会社への支

表2-5　雇用形態別の時間給に換算した賃金の比較

（単位：円）

雇用形態	平均賃金	賞　与	経　費	合　計
正社員	1,314	495	432	2,241
期間社員	859	180	432	1,470
アルバイト	763	—	—	763
工場全体	978	319	432	1,729
派遣料金	1,350	—	—	1,350

（出所）ある工場の筆者調査による（2008年度集計データ）。

（注）1. 月給・日給月給・日給は時間給に換算：月20.25日，1日8時間。賞与は，4.5月分を時間給に換算。

2. 経費は，1年間の工場経費のうち，法定福利費，福利厚生費，旅費交通費，退職金関係費の人件費部分費を，工場人数と日数・時間から割り出した。

払いの割合は、二〇〇九年度の一年間の平均は一七・二%であるが、高い月は二七・一%、低い月は四・八%となっている。経理数字から単純に計算すると、忙しい月は製造ラインの四人に一人が派遣労働者であるが、暇になると二〇人に一人の割合となる。このように、製造量の多寡に合わせてうまく人材派遣を使うのが、労務担当者の手腕となっている。前出の例では、労務費中の派遣料金の比率は、二〇〇六年度から二〇〇八年度の間に、三・九%、四・六%、六%と、年度を追うごとに増えている。結局、製造現場への人材派遣が解禁されて、自ら労働者を募集する手間が省けて電話一本で手配できる構造ができあがったといえる[7]。

それは同時に品質面の危うさをはらんだものである。たしかに人材派遣のほうが若干安い。加えて募集や労務に関する費用がかからない、ややこしい労務対策もいらない、という面もあるが、製造会社にとって製品の品質は最優先項目である。ここを疎かにして製品が不良であった場合、市場クレームを起こすと莫大な費用がかかる。これが下請企業の場合、その費用をすべて負担させられれば、下請代金は吹っ飛んでしまうことにもなる。それでも人材派遣に頼るのは、不安定な受注数量に対応するためである。急な注文を受ける場合があり、それを断れば次回の注文はない。そこで無理をしてでも受注するが、通常の人員では足りなくなり人材派遣に頼ることとなる。人材派遣を利用することで、従業員の数をできるだけ少なくし、人件費部分を限りなく流動費にするという対応が製造会社にも定着したのである。

人件費部分を限りなく流動費にした結果、労働者はどのような状態におかれたのか。派遣労働者の状態については、すでに書いているので(8)、ここでは逆に人材派遣会社の社員、つまりコーディネイターと呼ばれる労働者の状態について述べることにする。コーディネイターは人材派遣会社の社員として、派遣スタッフや登録している人たちを管理して、派遣先への仕事の割当や、派遣先に派遣労働者を連れて行ったり、派遣労働者からの相談なども担当したりしていて、直接派遣労働者と接する仕事をしている。人材派遣会社側の人間であり、派遣労働者を自在に操っているようにみえる。しかし、彼らも結局は労働者であり、派遣労働者と同じ運命のもとで働かされている、といっても過言ではない。派遣先がなくなれば、派遣労働者を管理する仕事もなくなる。彼らの仕事がなくなれば、その雇用をめぐる状況も厳しさを増してくる。とくに、かつてのモバイルドットコムにみられるような、日雇派遣を担当しているコーディネイターは大変である。早朝六時には派遣スタッフからの出発コール（電話）を受け、昼間は営業担当者から派遣先への人数の打ち合わせと登録者への派遣要請の携帯メールと電話、夕方には派遣スタッフからの仕事終了コールが続々と入ってくる。そのあとは引き続き登録者への派遣要請を行う。必要な人数が集まらなければ、夜中の二時、三時まで電話をかけ続け、なんとか派遣スタッフを揃える。まさに手配師のごとく、派遣先への人数を埋めていく仕事は感情の入る余地のない「ゲーム感覚」となってきて、「スタッフさんを人間と見ていられない」というような感覚でないと仕事は務まらないという。早朝から夜中まで働きづめで、会社で三連泊、四連泊もあるという。それを時給に換算すれば高校生アルバイト以下になってしまうという(9)。

しかしながら、コーディネイターは派遣労働者にとっては頼られる存在なのである。派遣労働者からみれば、自分に仕事が回ってくるか、それもいい仕事が回ってくるかは、コーディネイターの思惑ひとつで決まる。当然、人と人とのつながりだから、いつも直に接触するコーディネイターは派遣労働者にとっては相談相手でもある。ここに派遣労働者が派遣会社に頼ってしまう理由がある。仕事を紹介してくれて、相談にも乗ってくれる。しかし、彼らは派遣労働者の味方にはなりきれない。彼らも派遣会社の社員としての立場があり、当然会社の方針に従わざるをえない。

Ⅲ　「派遣切り」にみる労働ダンピング

二〇〇八年一一月から翌年一月にかけて「派遣切り」の記事が連日のように新聞に載った。当初の新聞記事に載った「派遣切り」の主なものを拾ってみれば、電機ではシャープ福山工場が派遣労働者の九割約三〇〇人、三洋電機鳥取が二〇〇人、シャープ三重・天理・亀山工場が三八〇人、東芝が七〇〇人、NECが一二〇〇人。自動車ではマツダが一五〇〇人、日産が二〇〇〇人、トヨタ九州が一一〇〇人、スズキが八五〇人、ダイハツが五〇〇人など、相次いで派遣切りを強行した。他の産業分野でも同じような状況となり、日本列島に派遣切りの嵐が吹き荒れた。

厚生労働省が毎月発表している「非正規労働者の雇止め等の状況について」のうち二〇〇九年五月の速

報によると、〇八年一〇月から〇九年六月までの実施済みと実施予定の雇止めは、三五三六事業所、二一万六四〇八人で、そのうち派遣労働者が一三万五〇六五人（割合六二・四％）、契約・期間工が四万七一〇〇人（二一・八％）、請負労働者が一万六七九五人（七・八％）、その他一万七四四八人（八・一％）となっていて、圧倒的に派遣労働者が雇止めされている。雇止めされた派遣労働者一三万五〇六五人のうち、製造業は一三万一八七七人で九八％とその大部分を占めている。派遣労働者の雇止めの理由は、期間満了と中途解除がほぼ半数ずつであり、とくに中途解除が目につく。各月ごとの集計では〇八年一〇月から〇九年六月の九ヵ月間の雇止め合計に対して、〇八年一二月が二四・九％、〇九年三月が二三・七％と二ヵ月間だけで半数近くを占め、一二月と三月に集中している。各県別にみると、トヨタ系の自動車関連企業が集まる愛知県が二万四六〇人（派遣労働者だけ、全体では三万五九八六人）と、二位の長野県（それぞれ、七〇七七人、九六八八人）、三位の静岡県（それぞれ、五八一五人、八八四一人）と比べて突出している。雇止めされた派遣労働者で再就職できた人は、雇用保険の受給状況からの集計によるとわずかに二八％となっている。

派遣労働者の中途解除の状況について厚生労働省が二〇〇八年一一月から翌年四月中旬までに把握した三万六〇〇〇人について「労働者派遣契約の中途解除に係る対象労働者の雇用状況について」（二〇〇九年四月発表）で詳しくみると、中途解除された派遣労働者のうち、新たな派遣先などで雇用が継続されたものは一一％にとどまり、大部分の八三％が離職している。とくに、登録型派遣の派遣労働者の離職率は九一％で、そのほとんどが次の仕事が見つかっていない。雇用契約を解除されたときに派遣契約期間がまだ三ヵ月以上残っていた労働者は五割以上にのぼっている。ここで驚くべきことは、常用型派遣でも派遣期間中、期間雇用の者の九割近くが、期限の定めのない者も八割近くが契約の中途で解除されている事実である。結局、派遣労働者にとっては、登録型と常用型の違いはあっても派遣労働であるかぎり簡単に仕事がなくなる雇用形態であることに違いはないのである。会社間の商取引が雇用契約に直結していて、派遣契約が解除されれば、即労働者との雇用契約も破棄されるという、雇用の保護のない雇用形態なのである。これらの結果は、表2-2の「労働者派遣事業報告書」にみるように、派遣労働者数は二〇〇八年の三九九万人から〇九年の三〇二万人へと九〇万人以上減り、そのうち製造現場に派遣されていた労働者は五六万人から二五万人へと急減し、三〇万人以上が製造現場から排除されている。製造現場への派遣が三年間と法規上制限されていることから、二〇〇六年に大量に増えた派遣労働者がその期限を迎える二〇〇九年への対処が大きな問題として叫ばれ出したのだが（いわゆる「二〇〇九年問題」といわれた）、皮肉にも二〇〇八年恐慌の発生が大量の派遣切りを生み出すという結果をもたらし、労働者にとっては最悪のシナリオで決着をみた。

これまでも派遣労働者の労災等の安全衛生問題は指摘されてきた(10)。とくにそこで問題になったのは、住まいの問題である。派遣労働者には職が与えられるとともに、工場の近くに派遣労働者専用の宿泊施設が貸与される。仕事と住まいは密接に関連しているが、派遣労働者にとっては派遣先の土地での派遣契約期間だけの住まいとなる。仕事がなくなれば、当然住まいからも追い出される。いわゆる「住宅喪失者」の出現である。二〇〇八年の年末から翌年正月にかけて大きな社会問題となった派遣村やネットカフェ難民の問題である。さらに派遣切りが示しているように、契約期間中であってもいつでも契約解除できるということは、派遣労働者にとっては解雇を意味する。いつでも取り替え自由で、派遣先の会社にとって気に入らない派遣労働者がいれば、派遣会社に苦情を言いさえすれば代わりの労働者をすぐによこしてくれる。派遣会社と派遣先の会社との取引関係を考えれば、容易に想像できる事態である。直接雇用の従業員であれば、解雇と雇い入れという人事担当者にとっては非常に手間と困難がともなう仕事が、電話一本で簡単にすんでしまう。派遣労働者にしてみれば、いつでも簡単に契約解除、すなわち解雇されるということである。

このような派遣切りが起こったということは、派遣労働者にとっては生死にかかわる重大なことではあるが、逆説的に言えば、労働者派遣法が意図した短期的な雇用調整の方策として、すなわち労働ダンピングの方策としてはみごとに機能したといえるのである。あまりにみごとに機能したがゆえに、社会問題にまでなった。ここには企業経営者が雇用責任を回避しようとする姿勢がある。雇用責任を全うすることは経営者の責任である。企業は人でできている。その雇用責任を逃れる手段として登場したのが人材派遣である。派遣切りや労災隠しが問題となるが、これらはすべて経営者が雇用責任を回避しようとしたことから生じた問題である。

この局面で明確になったことは、派遣労働者とは、いつでも簡単に切れる労働者であり（派遣契約解除とは解雇と同義語である）、昇給させなくてもよい労働者であり、どれほど技能が上がろうが初任給程度で働かせることのできる労働者であり、自由に取り替え可能な労働者であり（派遣会社にとってお客様である派遣先会社が気に入らない派遣労働者の交換要求があれば、即刻応じる）、正社員に対する賃下げ圧力となる労働者であり、派遣先会社の労働組合から除外される労働者なのである。それは、正社員・期間社員・パート・アルバイト・派遣労働者という同じ働く場にいる労働者たちの間に格差による階層化をつくりだして、労働ダンピングの主要な手段となっている。

Ⅳ　派遣会社の経営実態と違法体質

1　製造派遣会社の売上げと利益の実態

商売をする際には儲かるところに店を出すことが鉄則である。それを実践するかのように、新しい事業が儲かるとなるとさまざまな業者が参入してくる。人材派遣業、とりわけ近年では製造派遣の群生である。机と電話だけでできる商売ならば、参入障壁は低い。厚生労働省による認可の基準では、事業所の面積は二〇平方メートル以上、資金は一五〇〇万円以上となっており、小さなマンション一室程度の広さで開業できる。表2-2にみるように、一九九九年度から二〇〇九年度までの一〇年間に事業所数が一万未満から七万事業所まで七倍にも膨れ上がっている。(11) もっとも、そのうちの四・五万事業所しか実際には派遣を行っていない。

ここに二枚のパンフレットがある。ひとつはダイレクトメールで筆者の会社に送られてきたもの、もうひとつは直接会社に営業マンが訪れて置いていったものである。驚いたことに、二つのパンフレットの内容はまったく同じである。違うのは印刷の刷色と会社の名前だけである。偶然だが同じ体裁のパンフレットが筆者の手もとに届いたのである。住所も同じ、社長も同じ、資本金も一〇〇〇万円でこれまた同じで、どちらも人材派遣業と有料職業紹介業の許可を得ている。なぜこのように会社を複数つくっているのであろうか。仕事が急速に膨張するなかで、極端にいうと人を派遣して派遣料を受け取り、給料を払う、という単純な利益構造であるため、それぞれの派遣先や地域ごとに別の会社にするほうが経営状態を管理しやすいということがある。

人材派遣業といってもさまざまな形態で業界に参入してきたのであって、その成り立ちから以下のように分類することができる。最初に、労働者派遣法が制定される前から事業を行ってきたパソナやテンプスタッフなどの先発グループ、日本市場に参入したアデコやマンパワー・ジャパンなどの外資グループ、派遣法制定以降に事業に参入した多くの後発グループ、旭化成アミダスや東レ・エージェンシー、東京海上日動キャリアサービスなどの人材派遣専業子会社グループ、そして本章で問題とする最後の参入組である製造現場への派遣を行うグッドウィル、フルキャスト、日研総業、日総工産などの製造派遣グループ、以上の五つのグループである。もっともスタッフサービスの子会社であるテクノサービスにみるように、別のグループから製造派遣に参入したものもある。以上のグループをすべて同じようにみることはできない。業界団体も、労働者派遣法で当初認められた職種である「専門二六業務」を中心にした日本人材派遣協会と、製造派遣・請負を中心とした日本生産技能労務協会およびアウトソーシング協同組合とに分かれている。これまで「専門二六業務」に限られ、事務系派遣を中心に行ってきた人材派遣業界に、まったく企業行動が異なる新参者として製造派遣が加わったのである(12)。

ここで、製造派遣を行ってきた主要な二つの企業を対象に、その売上げと利益を見てみよう。

（単位：百万円, %）

2008	2009
98,989	57,293
1,647	△682
1.6	—
1,530	△925
△2,443	△6,870
37,067	20,619
1,538	△365
4.1	—
17,306	6,662
167	△399
0.9	—
24,931	14,074
911	685
3.6	4.8
12,770	11,245
315	△44
2.4	—
6,914	4,693
△213	63
—	1.3

以降の有価証券報告書

表2-6　フルキャストの事業別利益（連結決算）

年		2002	2003	2004	2005	2006	2007
連結全事業	売上げ	26,319	37,945	49,688	67,212	90,163	108,301
	営業利益	1,511	2,455	3,255	4,560	4,715	2,081
	営業利益率	5.7	6.4	6.5	6.7	5.2	1.9
	経常利益	1,484	2,558	3,292	4,611	4,550	1,811
	当期純利益	346	1,196	1,511	1,885	2,942	△674
スポット事業	売上げ	16,391	22,205	30,814	39,749	49,982	53,634
	営業利益	1,748	2,269	2,863	3,510	3,931	1,628
	営業利益率	10.6	10.2	9.2	8.8	7.8	3.0
ファクトリー事業	売上げ	5,824	10,713	12,234	13,787	16,135	19,398
	営業利益	151	594	564	555	475	189
	営業利益率	2.5	5.5	4.6	4.0	2.9	0.9
テクノロジー事業	売上げ	3,284	4,313	6,212	7,707	15,169	18,715
	営業利益	△23	201	324	629	918	979
	営業利益率	—	4.6	5.2	8.1	6.0	5.2
オフィス事業	売上げ	—	—	—	5,211	7,377	11,837
	営業利益	—	—	—	452	363	690
	営業利益率	—	—	—	8.6	4.9	5.8
その他事業	売上げ	—	—	—	758	1,500	4,717
	営業利益	742	712	426	51	△75	△146
	営業利益率	—	—	—	6.7	—	—

（出所）有価証券報告書。
（注）いずれも9月締め。マイナスの営業利益には利益率の％を表示していない。なお，2010年9月期では，各事業の区分を変更しているため掲載を省略した。

フルキャストの有価証券報告書によると、連結決算でみると、売上げは製造派遣解禁前の二〇〇三年九月期に比べて、四年後の〇七年九月期には二・八倍に急増した（表2-6参照）。しかしその後はつるべ落としのように急減し、〇九年九月期に半分近くまで落ち、表にはないが一一年九月期現在は三四三億円と、解禁前の売上げに戻っている。

ここで注目すべきは、スポット事業（日雇派遣）とファクトリー事業（製造派遣）の動きである。〇六年九月期にはこの二つの事業だけで売上げの七割、営業利益の九割を占めている。とくにスポット事業が大きな役

表2-7　グッドウィルの利益　(連結決算)　(単位：百万円)

年	2002	2003	2004	2005	2006	2007	2008
売上げ	47,295	62,272	93,042	142,157	185,948	509,001	584,322
経常利益	3,657	4,814	5,539	4,320	6,704	6,794	△12,702
当期純利益	2,401	2,548	2,704	1,463	3,429	△40,708	△27,416

(出所)　有価証券報告書。
(注)　いずれも6月締め。

割を担っていて、営業利益率は一〇％近い数字を上げていた。結局、フルキャストの急成長はこの二つの事業に支えられていた。

グッドウィルも同様である(表2—7参照)。同社の有価証券報告書によると、連結決算で同様に製造派遣解禁前の二〇〇三年六月期と比べてみれば、〇六年六月期には三倍に売上げを増やし、〇六年一〇月のクリスタル買収後はさらに三倍近く上積みして、実に九倍という驚異的な増加をみせていた。しかし、この決算と同時に、違法行為が指摘されて日雇派遣事業からの撤退を表明し、社名もラディアホールディングに変更されたのだが、それにしても二〇〇四年から〇八年のわずか五年間に高利益を上げてきたことがわかる。それが違法行為や二〇〇八年恐慌による景気の減速、「二〇〇九年問題」などで急激に利益を減らし、市場から姿を消したのである。(13)

上記のような急激な売上高の上昇は、製造現場への派遣を行う日雇派遣がもたらしたものである。それを数字ではなく、グッドウィルの派遣のやり方をとおして見てみよう。グッドウィルが「モバイルドットコム」として日雇派遣を行っていた当時、派遣労働者に配布した『お仕事の予約から給与までの流れ』と題されている冊子がある。そこには、携帯電話で仕事を二日前に予約して当日の朝に出発コールを入れ、現場で作業をし、終了時に派遣先から就業確認票にサインをもらう、という手順が書かれている。仕事の内容には「仕分け、梱包等の倉庫内業務、工場製造ライン補助」などが並んでいる。給料は週三回、夕方に支払いがあり、そこには「所得税とデータ装備費は給与から控除させて頂きます」と明記されている。これが後に問題となった「データ装備費」である(14)。雇用契約には、「当社と登録会員の皆様との雇用形態は、その日毎の契約となります」とあり、継続的に仕事をするにしても一日ごとの契約となっている。しかしながら、この日給は不思議なことに「就業場所までの交通費一〇〇〇円との合計額」となっていて、別立てで交通費が支払われるかたちにはなっていない。交通費は本来実費としてかかった額を支払うべきであるが、これでは就業場所が遠ければ派遣労働者に負担を強いることになる。問題の「データ装備費」は福利厚生の箇所に次のように書かれている。

「「データ装備費」として勤務ごとに任意に二〇〇円を皆様から頂いております。データ装備費は、皆様個人の所持品として支給するユニフォーム、安全靴等の安全装備、情報管理、万が一の際の十分な補償を得るために、会社で一括加入している障害・物損の民間保険料の一部に充当するものです。」

福利厚生費は本来企業が負担すべきもので、そのために税務上経費と認められている。労災や損害に対する追加の保険も当然企業が責務としてかけるものである。さらに「禁止事項」が書かれている。「就業中に当社の取引先（お客様）と直接雇用関係（アルバイト含む）を結ぶことを禁じます。又、自分がもらっている給与金額について、お客様に言わないようにして下さい」とある。前半は当然のようであるが、後半はどういうことであろうか。同じ場所で働く人たちが違う雇用主のもとで、大幅に違う賃金で働いているということを認めているかのような文章である。これに対して、依頼主（企業側）へのグッドウィルの冊子『グッドウィルWebサイトの使い方』をみると、仕事の依頼主が、「見積り依頼」「お仕事依頼申し込み」をインターネットのサイトでできるようになっている。サイトに仕事の内容、仕事先住所、日時・依頼日、作業時間・残業の可能性を打ち込み、仕事を依頼する。すべてはインターネット上で簡単にできるのである。仕事をする側も、モバイルというように、簡単に携帯電話で仕事の依頼がくるようになっているのである。「簡単に」ということは、簡単に仕事がない状態になることも意味している。このように、簡単に売上げを伸ばしていったグッドウィルは、簡単に巨額の利益を上げて、簡単に市場から撤退していって、倒産してしまったのである。

2 製造派遣会社にみる違法体質

人材派遣に対する品質面での危うさとは別の危うさが、製造現場への人材派遣を行っている業界にはある。極論すれば、業界全体にコンプライアンスに欠ける体質がある。違法業務派遣が絶えず、人材派遣そのものが違法性と隣り合わせなのである。その原因は、人材派遣そのものが職業安定法上では違法であるにもかかわらず、既成事実を後追いするように労働者派遣法がつくられたことにある。同様に製造現場への人材派遣についても、偽装請負が摘発されるのを「防ぐため」に適法とされたのである。このように適法とされたにもかかわらず、各地の労働局による違法摘発が報道されている。東京労働局、大阪労働局、愛知労働局などのホームページを見れば、多くの事業改善命令、事業停止命令が発令されている。愛知労働局の「平成二一年度における労働者派遣事業所の動向と指導監督等の状況」よると、二〇〇九年度に指導監督を実施した事業所八六六件のうち、三八・八％の三三八事業所が是正指導を受けている。事業改善命令や事業停止命令は是正指導でも改められていない事業所に対するものであり、実際に指導監督が実施できていない事業所が多くあることを考えると、違法な事業内容の実態はもっと多くなるはずである。そのため、各地の労働局は毎年のように「派遣・請負適正化キャンペーン」を実施している。毎年のように行わなければならないこと、また各地の労働局が事業を始める業者に開業説明会を行って制度を説明しなければならないということは[15]、適法に事業を運営することが難しく、危うい業界であることを表している。

この事業改善命令や事業停止命令は、中小の業者だけでなく全国規模で展開している大手業者のクリスタル、グッドウィル、フルキャスト、スタッフサービス、高木工業に対しても出されている（表2-8参照）。

「異形の帝国」といわれたクリスタルは、一六〇社ものグループ会社で構成され、マスコミに姿を見せないオーナー社長林純一氏が裸一貫で年商三〇〇〇億円の企業群に育て上げた、といわれている。クリスタルのグループ会社コラボレートが二〇〇六年一〇月三日に大阪労働局から事業停止命令を受けて、そのまま一〇月三一日には事業をグッドウィルに売却した。翌年の〇七年八月三日にはフルキャストが東京労働局から事業停止命令を受けて日雇派遣からの撤退を表明した。つづいて、〇八年一月一一日にはクリスタルを買収したグッドウィル自体が東京労働局から事業停止命令を受け、六月二五日には人材派遣事業から撤退を表明して、大量の失業者出現への社会的懸念を惹起した。その後も、スタッフサービスが一〇年三月一日に東京労働局から事業改善命令を受け、また高木工業も同年三月二六日に同局から事業改善命令を受けている。結局、この間に突然現れ製造現場への人材派遣で大儲けをした企業が、違法行為を繰り返し行っていたことにより、業界から去っていたことになる。あとには行き場を失った大量の派遣労働者が残された。そもそも労働者派遣法自体が既成事実を追認するかたちの弥縫的なものであるために、事業を

表2-8　大手人材派遣会社における事業停止命令・改善命令・法律違反・不正など

クリスタル（グループ会社を含む）	2005年6月30日	東京労働局がタイアップ（グループ会社）に事業改善命令，事業所届出なし
	2005年7月29日	愛知労働局がシースタイル（グループ会社）に事業停止命令，労災事故
	2006年10月3日	大阪労働局がコラボレート（グループ会社）に事業停止命令，偽装請負
	2006年10月4日	工場内請負から撤退を発表
	2006年10月31日	グッドウィルに事業を売却
グッドウィル（ラディアHD）	2005年6月30日	東京労働局が事業改善命令，建設現場への違法派遣
	2006年10月31日	クリスタルを買収
	2007年6月4日	訪問介護のコムスン（子会社）に厚生労働省が行政処分，事業譲渡へ
	2007年8月23日	データ装備費天引き分全額返還集団訴訟を東京地裁に提訴
	2008年1月11日	東京労働局が事業停止命令，港湾荷役業務への違法派遣，二重派遣
	2008年6月3日	グッドウィルの課長らを二重派遣幇助で逮捕
	2008年6月25日	日雇派遣の廃業を発表
	2008年7月31日	グッドウィル（日雇派遣）が廃業
	2008年10月1日	社名をグッドウィルグループからラディアホールディングに変更
	2008年10月24日	グッドウィルの支店長などが未払い残業代支払いを東京地裁に申し立て
	2009年3月2日	ラディアホールディングが製造業派遣から完全撤退と発表，子会社を6月までに売却
	2009年5月13日	データ装備費訴訟の26人との和解成立
	2009年10月2日	子会社の元会長をインサイダー取引で逮捕
	2009年12月8日	クリスタル買収での脱税で逃亡の公認会計士を逮捕
	2010年4月30日	ラディアホールディング・プレミアム（旧クリスタル）が株主総会で解散を決議
	2010年5月21日	ラディアホールディング・プレミアム（旧クリスタル）の特別清算開始決定

フルキャスト	2006年8月12日	神奈川労働局より是正指導，建設業務への違法派遣
	2006年10月19日	派遣スタッフの容姿情報の無断登録が発覚
	2007年1月12日	仙台南警察署より渋谷本社，仙台支店，仙台北支店が労働者派遣法違反容疑で家宅捜査を受ける
	2007年3月27日	東京労働局より事業改善命令，建設・警備への違法派遣
	2007年7月6日	「業務装備費」を創業期に遡り全額返還を表明
	2007年8月3日	東京労働局が事業停止命令，港湾荷役業務への違法派遣
	2007年8月31日	フルキャストスタジアム宮城のネーミングライツ契約辞退を発表
	2008年10月3日	東京労働局が事業停止命令，事業停止期間中に新規派遣
	2008年10月3日	日雇派遣を2009年9月末に撤退発表
スタッフサービス	2005年3月25日	大阪労働局が大阪地検に書類送検，サービス残業の疑い
	2007年8月6日	熊本労働局が立ち入り検査，派遣契約を偽装，同一業務直接雇用逃れ
	2010年3月1日	東京労働局が事業改善命令，期間制限違反
ヒューマンリソシア	2010年3月1日	東京労働局が事業改善命令，期間制限違反
高木工業	2006年11月7日	社員寮の光熱費水増し天引き，労働局が事実関係を調べる
	2010年3月26日	東京労働局が事業改善命令，港湾荷役業務への違法派遣
フジワーク	2009年10月21日	大阪労働局が事業改善命令，派遣契約不備
パソナ	2010年6月中旬	京都労働局がNTTコム，パソナ子会社などに文書是正指導，偽装請負
アデコ	2009年2月23日	東京労働局より事業改善命令，期間制限違反
シモムラ	2005年9月30日	東京労働局が事業改善命令，深夜労働に未成年を派遣
	2006年10月	労基法違反で起訴され，有罪判決が最高裁で罰金20万円確定
	2006年12月28日	刑の確定で，事業許可取り消し，準大手で初めて，日通グループに事業譲渡

（出所）　各労働局の報道発表資料，『月刊人材ビジネス』，新聞記事等から作成。

進めれば進めるほど、違法な状態に陥りやすいのである。

この章の冒頭で述べた場面と同様に、事前面接が「職場見学」、「打ち合わせ」と称して大手自動車会社でも行われていることが明らかになった[16]。人材派遣会社が制作した製造現場への派遣マニュアル本には、ミスマッチを防ぐためには、職場見学をすることが望ましいと書かれている[17]。違法すれすれの無理なやり方をしなければ、人材派遣は営めないのである。事前面接は製造現場でごく普通に行われている[18]。

このような人材派遣業界全体を包み込んでいる違法体質は、そもそも労働者派遣法による人材派遣の合法化が内包する矛盾に起因している。労働者派遣法は、労働基準法・職業安定法が禁じている労働者供給業での既成事実を合法化するために、脱法的に制定されたものであり、そのために業務や事前面接などに矛盾した規定を設けざるをえないことになってしまっている。

V　人材派遣正当化論批判

労働者派遣法は、労働基準法と職業安定法の精神・趣旨を逸脱したものであり、とくに登録型派遣は脱法的行為といえる。商取引としてなされる派遣契約は労働契約ではなく、最初から正規労働者との格差を前提に労働者の就業条件が派遣契約として商取引で決められる[19]。これは法のもとの平等、均等待遇原則を踏みにじるものである。

労働者派遣法は事業法である。正式名称は「労働者派遣事業の適正な運営の確保及び派遣労働者の就業条件の整備等に関する法律」であり、運営、許可、派遣契約、派遣元・派遣先の措置が書かれているだけであって、派遣労働者の保護に関する項目はない。そのような背景があるから、各地の労働局が違法な人材派遣を行っている事業所を摘発しても、結局、そこで働いていた派遣労働者はなんらの保護も受けられずに、路頭に迷うこととなる。だから違法行為があった場合には、派遣先との間の擬制的労働関係を認め、自動的に直接雇用を義務づけるべきである。[20]労働者派遣法の事業法としての限界は明らかなのである。脱法的な法律であるからこそ、労働者の保護を欠いていると言わざるをえない。それが製造現場への派遣が解禁されて以降、違法行為が多発して大きな問題となった原因である。

人材派遣をキャリア形成の場と捉える流れがある。[21]佐藤博樹氏は人材ビジネスによる特定の企業枠を超えた新しいキャリア形成支援という観点から、登録者自身が派遣という働き方を選択した以上、キャリア形成を支援してくれる人材派遣会社を選択するように促している。はたして登録者はそのように派遣という働き方を選択したのであろうか。また、そのような人材派遣会社を容易に見つけられるのであろうか。これまでの事例をみると容易には首肯できない。製造現場への派遣は佐藤氏の観点からは最も遠いところにある。佐藤氏もそれを暗に認めていて、市場での選択によって人材派遣会社がキャリア形成を支援するよう枠組みの整備を主張している。[22]しかし、業界への参入障壁の低いところでは、市場の選択はより安価な方向へと進む。市場競争のなかで、無駄な経費をかけている人材派遣会社は淘汰されてしまう。それが市場の選択である。小さなマンションひと部屋ほどの広さの事業所ではこの事務所に登録している派遣労働者に職業教育ができる広さがない。大手の業者でも同じである。[23]毎日違う現場に出て行って、彼／彼女らのキャリアが形成されるというのは机上の空論でしかない。小野晶子氏による派遣労働者のキャリア形成に関する実地調査では、いろいろな派遣先を移動するよりも、ひとつの派遣先にいるほうがキャリア形成の可能性が高いと結論づけている。[24] これは人材派遣事業の矛盾である。一つの派遣先にとどまるほうがキャリア形成ができるならば、派遣労働ではなく正社員のほうがいい。ましてや、いろいろな派遣会社を渡り歩くともっと条件が悪くなる。厚生労働省の二〇一〇年の「就業形態の多様化に関する総合実態調査」によると、派遣労働者が現在の就業形態を選んだ理由を複数回答で三つまであげているが、トップは「正社員として働ける会社がなかったから」の四四・九％（二〇〇七年調査では三七・一％）であり、「専門的な資格・技能が活かせるから」は二一・一％（同前一八・五％）でしかない。

佐藤氏はそのような事情をわかっているかのように、登録型派遣ではなく専門業種にしぼって正規雇用されたかたちで派遣される特定労働者派遣事業に、キャリア形成支援の可能性を語っている。[25] しかし、専門業種の派遣であっても、実際に派遣される労働者自身には、それがキャリアとして認められないという実態がある。たとえば、研究職として労働者派遣法の二六業務に規定されている「研究開発の業務」で派遣された経験を持っていても、いざ正社員になろうとした場合、採用過程でそれがキャリアとしては認められない。派遣される労働者も採用しようとする会社も「研究開発の業務」として派遣された現場では、担当する業務の内容が本来の研究開発業務でないことを知っているからである。実際、機器の操作や試験の下働きに終始して、補助的な業務しか任せてもらえず、一番肝心な研究開発業務には携わっていない。だから、彼／彼女らはこのまま派遣労働者として働き続けても未来が開けないことを知っていて、正社員として早く研究職に就くことを望んで求職活動を行っているのである。企業にとっても、今後生き延びていくために、一番大切な開発業務を外部の人間に担当させるのはリスクが高い。会社の将来がかかっている一番大切な業務だからこそ、企業内部の人間が行うのである。そのように専門業務であるとはいっても、一番大切な専門業務は正社員が担うことになる。また、「専門二六業務」の大半が単純業務で、そもそも専門性が疑わしいことは、これまでも指摘されてきた[26]。人材派遣の最も進んだアメリカでは、労働者供給について法的な規制がなく、労働者派遣や従業員リースなど人材供給サービスが一般的に行われているが、その結果は短期の不安定な就労のもとで、正社員との格差を前提とした低賃金に甘んじ、スキル形成も十分にはできず、とくに男性労働者は製造業でも危険な仕事についている[27]。企業は自らにとって使い勝手のよい「フロー」な人材を、安く簡単にいつでも供給できる存在を求めているのであって、けっしてキャリアを積んだ人を求めて人材派遣に頼るのではない。

おわりに

これまでの考察で、人材派遣業がいかに問題の多い業種であるかをみてきた。そもそも職業安定法で禁止されてきた労働者供給事業である人材派遣が違法状態を追認する形で認められ、とくに製造派遣解禁によって労災の激増や派遣切りなど大きな社会問題を引き起こすまでになった。製造業は人材派遣に安易に頼ることによって、雇用責任をまぬがれた。しかし、足元の製造現場では仕事の技能や熟練だけでなく、さまざまな共同作業のノウハウが継承されなくなった。他方、人材派遣によるキャリア形成の呼び声にもかかわらず、派遣労働者はそこから一番遠いところにいる。とくに製造派遣業界はこのような問題を抱え込むかのように、違法・脱法行為を繰り返してきた。

いまこそ製造派遣と登録型派遣を禁止する方向で、派遣法を抜本的に改正することが求められている。

その際、実際には大半が単純業務であるいわゆる「専門二六業務」も、登録型派遣の禁止から除外するべきではない(28)。

多人数を雇用する企業においては結合労働＝協業が一般的である。とくに製造現場では共同作業が多く、ともに仕事を達成することに喜びがある。互いに知らない者同士では円滑な仕事はできないし、短期間に人間関係を築くこともむずかしい(29)。製造ラインは専門的な仕事ではなく単純労働といわれている。しかし、製造現場で学ぶことは多くある。共同作業のなかで人はその仕事を覚えていく。それに対して、派遣労働ではその場その場の仕事で、共同作業の相手がいつも変わってしまうため、人が育っていかない。その人の能力を活かさないのは社会の損失である(30)。従業員の能力の向上が企業にとっても力となる。企業がその人を活かさなければそれは損失である。仕事が人をつくる。仕事をすることによって人が成長していく。それも一人ではなく、仲間とともに働くことで成長し発達していく。製造派遣は、その可能性を摘み取る働かせ方である。

注

（1）人材派遣会社に関する研究は、派遣労働者に関する研究と比べて、批判的立場からのものはとくに少ない。水谷謙治「アメリカ・人材派遣業の研究」（『立教経済学研究』第四六巻第四号、一九九三年三月）、同「アメリカ・人材派遣業の研究（続・完）」（同誌、第四七巻第一号、一九九三年七月）、仲野組子『アメリカの非正規雇用――リストラ先進国の労働実態』（桜井書店、二〇〇〇年）、とくにその第四章、佐藤飛鳥「財務分析を通じたアメリカにおける労働者派遣事業の問題点」（『労務理論学会誌』第一三号、二〇〇四年二月）、同「アメリカスタッフィング産業の利益獲得構造とコンティジェント・ワーク」（同誌、第一七号、二〇〇八年五月）。以上はいずれもアメリカに関する研究である。日本の人材派遣業については、水野有香「資本系派遣会社の事業展開の一考察――親会社との関係から」（『経済学雑誌』第一〇九巻第四号、二〇〇九年三月）があるが、資本系の派遣子会社に限定される。人材派遣会社を肯定的に扱っているものの代表に、佐藤博樹・佐野嘉秀・堀田聡子編『実証研究　日本の人材ビジネス――新しい人事マネジメントと働き方』（日本経済新聞社、二〇一〇年）がある。

（2）派遣労働者数については、「労働力調査」は世帯調査であり、あとでみる「労働者派遣事業報告書集計結果」は事業所調査であるため、労働者数が異なっている。

（3）人材派遣業の成立過程と製造現場への人材派遣の詳しい経緯については、高田好章「雇用の外部化と製造業における派遣・請負」（森岡孝二編『格差社会の構造』桜井書店、二〇〇七年）を参照。

（4）製造現場への人材派遣が解禁された当時、小泉内閣の一員であった竹中平蔵氏は、その後、人材派遣会社大手のパソナの役員となっている。特別顧問から取締役になり、二〇〇九年八月二六日にはパソナグループの取締役会長に就任している。

（5）この雇用と派遣契約、使用の関係を人材派遣の解説書では三角形の図式で表すが、その図式の欺瞞性と人材派遣が労働者供給であることについては、森岡孝二「労働者派遣制度と雇用概念」（『彦根論叢』二〇一〇年一月）四八ページを参照。

（6）「常用換算派遣労働者数」とは、「常用雇用以外の労働者の年間総労働時間数の合計を当該事業所の常用雇用労働者の一人当たりの年間総労働時間数で除したもの」、つまり、登録派遣の労働者数を、登録人数ではなく常時働いていると想定して割り出した人数と、常用雇用の労働者数の合計である。

（7）製造ラインにおける生産計画と派遣労働者の配置、派遣会社とのやり取りについては、高田好章「人事・労務二〇年――中小企業の役員からみた労働現場」(『職場の人権』第五二号、二〇〇八年五月)を参照。

(8) 高田、前掲「雇用の外部化と製造業における派遣・請負」を参照。

(9) 増田明利『今日、派遣をクビになった――一五人の底辺労働者の実態』(彩図社、二〇〇九年)一七二―一七六ページを参照。このような状態について、人材派遣会社パソナグループの南部靖之社長は、「ほとんどの派遣会社がスピードを追い求めるあまり『手配師』同様になっている」と認めている(『週刊東洋経済』二〇〇八年二月一六日号、三九ページ)。

(10) 労災隠しについては、高田、前掲「雇用の外部化と製造業における派遣・請負」九九ページを参照。さらに派遣労働者の健康管理にも大きな問題がある。矢野栄二編著『雇用形態多様化と労働者の健康』(労働科学研究所、二〇〇八年)によると、「派遣労働者一般に言えることであるが、作業内容変更時の安全衛生教育が派遣先任せになっていること、派遣労働者の健康管理について派遣先が把握していない例が少なからずあることなど、派遣元と派遣先との間で派遣労働者の安全衛生管理が見逃されてしまう可能性を示唆する結果が見られた」(栗原伸公「第七章　既存研究のレビュー　報告書――製造業における業務請負および派遣労働者に係る安全衛生管理の実態」一四四ページ)、また「さまざまな就業形態が混在する労働現場において、派遣・パート・アルバイト等非正社員は、その就業時間は正社員とほとんど変わらない一方で、彼らに対する健康管理等の産業保健活動には正社員と比べて大きな差が見られた」(栗原伸公「第一一章　事例研究――派遣労働者の生活と意見」二三一ページ)と述べている。

(11) 日本人材派遣協会の「許可・届出事業所数推移」集計によると、人材派遣会社の事業所数は二〇〇八年一二月以降八万件を超えている(同協会ホームページによる)。なお、事業所数は企業数ではなく、全国展開の企業であれば、地方に置いた派遣先近くの事務所が事業所となる。

(12) 事務系派遣の開拓者テンプスタッフの篠原欣子社長は、フルキャストが事業停止命令を受けたときの雑誌インタビューで「同じ〝派遣〟という言葉でくくられがちですが、グッドウィルやフルキャストのような軽作業請負と、私たち事務系の人材派遣とは業種が全く違います。仕事も違えば、やり方も異なりますから」と発言している（『月刊BOSS』二〇〇七年一一月号、五六ページ）。

（13）グッドウィルは人材派遣の中核事業を二〇〇六年末にクリスタルから買収したが、その後違法派遣が摘発され、ラディアホールディング・プレミアムと名前を変えている。しかし業績は回復せず、とうとう二〇一〇年四月三〇日に解散決議をし、同年五月二一日に東京地裁から特別清算開始の決定を受けた（『日本経済新聞』二〇一〇年六月二日）。

（14）「データ装備費」問題とは、明確な根拠なしに給料の一部を天引きした問題であり、それが後日、日雇派遣への批判の的となり、人材派遣会社はその追加払いに追い込まれた。グッドウィルに対して二六人が天引き分の返還を求めた集団訴訟（『朝日新聞』二〇〇七年八月二四日に詳しい）は、二〇〇九年五月一三日に東京地裁で和解が成立した（『日本経済新聞』二〇〇九年五月一四日）。

（15）大阪労働局では、「有料職業紹介事業・労働者派遣事業を始めようと考える方への説明会」を毎週開催していた。二〇一二年二月現在は月二回開催している。

（16）日産が二〇〇九年五月に労働者派遣法違反で是正指導を受けた（『日本経済新聞』二〇〇九年六月一〇日）。職場の対応マニュアルには、「面接」ではなく「職場見学」「面談」「打ち合わせ」という言葉を使うように書かれている（『毎日新聞』二〇一〇年八月一八日）。

（17）「派遣会社に対して、業務内容を正確に把握してもらうには、可能な限りで職場見学をさせることが望ましいといえます。また、派遣を希望するスタッフが、自主的に派遣先企業の事業所を訪問することまでは禁止されていません。実際の仕事の様子、職場の音やにおいといった環境を派遣スタッフ自身に見てもらい、できそうかを本人に判断してもらえば、派遣されてきたものの、こんなはずではなかった……というミスマッチは相当程度防げるでしょう」(スタッフサービス・ホールディングス編『製造派遣活用バイブル』朝日新聞出版、二〇〇八年、六一ページ)。

(18) 武田りお氏は、「私の知る限り、これ(事前面接――引用者)を行っていない派遣会社はないのではないかと思うほどごく普通に行われています」(『ハケン道』扶桑社、二〇〇七年、二四ページ)と明快に述べている。

(19) 大橋範雄『派遣労働と人間の尊厳――使用者責任と均等待遇原則を中心に』(法律文化社、二〇〇七年)一三ページ参照。

(20) 擬制的労働関係については、大橋、前掲書、三五―三七ページ、また、同『派遣法の弾力化と派遣労働者の保護――ドイツの派遣法を中心に』(法律文化社、一九九九年)四一ページ以下を参照。

(21) このような流れを代表する本である佐藤博樹・佐野嘉秀・堀田聡子編、前掲書の「はじめに」には、この本が派遣会社大手であるスタッフホールディングの奨学寄付金により東京大学社会科学研究所に設置された人材ビジネス研究寄付研究部門の研究成果であることが明記されている。

(22) 「人材ビジネスが就業者に対する社会的機能としてキャリア形成支援を実現する方向に事業を展開するようにするためには、第二類型(キャリア形成を継続的に支援する派遣会社――引用者)のような派遣事業を展開する派遣会社が市場で選択され、成長するような枠組みを整備することが必要となろう」(佐藤博樹「人材ビジネスと新しいキャリア形成支援」、佐藤・佐野・堀田編、前掲書、一七ページ)。

(23) 小野晶子氏は、大手の人材派遣会社が登録型派遣労働者にほとんど研修を行っていないことを、派遣会社の聞き取り調査から明らかにしている(小野昌子「人材派遣会社におけるキャリア管理――ヒアリング調査から登録型派遣労働者のキャリア形成の可能性を考える」労働政策研究・研修機構『労働政策研究報告書』一二四号、二〇一〇年、二一六ページ参照)。

(24) 同右、七二ページ参照。

(25)「特定型派遣の派遣会社は、通常、派遣社員のキャリア形成支援を重視する経営戦略とそれに対応した人事戦略を選択せざるを得ないのである」(佐藤、前掲「人材ビジネスと新しいキャリア形成支援」一七ページ)。

(26) 高田、前掲「雇用の外部化と製造業における派遣・請負」八七―八八ページを参照。

(27) 石井久子「アメリカにおける労働者派遣の拡大――その実態と展望」(『高崎経済大学論集』第四三巻第二号、二〇〇〇年九月) 四〇ページを参照。

(28) 二〇〇八年から〇九年にかけて「派遣切り」が社会問題となり、それを受けて労働者派遣法の改正案が二〇一〇年に国会に提出された。しかし、審議はいっこうに進まず、肝心の製造業務および登録型派遣の「原則禁止」が法案から削除されるなど、骨抜きにされて継続審議となった後、ようやく二〇一二年三月八日衆議院を通過し、参議院に送られ、三月二八日可決、成立した。その間に派遣法の改変の方向を先取りするように、製造業では派遣から請負への回帰と派遣切りが実施されてきた。また、二〇一一年三月一一日の東日本大震災によって生じた失業でも、派遣労働者は真っ先に切られる立場におかれている。なかには派遣先企業が被災していなくても、震災の影響を理由に派遣契約を打ち切られ、派遣元から解雇される事例もある。

(29) 正社員と派遣労働者がなかなか交わらないことについては、高田、前掲「人事・労務二〇年」(四五ページ)に、食堂で別々に食べるエピソードが描かれている。

(30) 派遣労働者が、新聞の投稿欄に「何年後か何十年後かに昔の職場を懐かしいと思い出すだろうか。同僚と呼べる人がいるだろうか」(『朝日新聞』二〇一〇年七月一五日「声欄」) と書いている。

第三章　パートタイム労働市場と女性雇用

中野裕史

はじめに

一九八〇年代後半以降、新自由主義的な規制緩和政策が日本の労働市場において猛威をふるい、パート・アルバイト、派遣、契約・嘱託といった非正規雇用の労働者が急速な勢いで増加してきた。今日、非正規労働者は低賃金と細切れ雇用、あるいは短期契約の反復という形で不安定就業を余儀なくされながらも、企業の周辺部門および中枢部門の基幹労働力として、企業にとって必要不可欠な労働力として労働過程に組み入れられている。非正規労働者が不安定就業である点は、厚生労働省『労働経済白書』（二〇〇九年版）などでも認められているところである。とくに同白書が二〇〇八年恐慌以後における雇用調整の実施を「見過ごせない」問題ととらえて、臨時・季節的労働者やパートタイム労働者の再契約停止および解雇の増加を挙げていることは、事態の深刻を表している(1)。

しかしながら、一方では非正規雇用の拡大を「働き方の多様化」と称し、劣悪な労働条件を放置したままその拡大を推奨する見解が、未だに一定の影響力を保持していることも事実である。本章の目的である女性のパート就労に関わって言えば、政策形成の場においては、自由度の高さや仕事と家庭の両立が可能といったパート労働の肯定的側面が過度に評価されるばかりで、改善策が取り上げられる場合も、賃金格差の納得度の上昇や苦情処理機関の設置といった、彌縫策を示すことに終始している感が強い。しかも、賃金については労使自治を基本とし法的な強制力のない「均衡処遇」に活路を見出している点で、そもそも大幅な労働条件の改善を志向しているとはいえない(2)。

本章では、近年拡大しつつある雇用の非正規化が特に女性に対して否定的な影響を与えているとの認識から、女性非正規の代表格であるパートタイム労働に焦点を当て、パートタイム労働市場や女性の働き方にどのような変化が生じたのか、あるいは生じなかったのかを明らかにする。まず、第Ⅰ節では一九九〇年代以降の雇用の非正規化とパート化の実態を分析し、第Ⅱ節でこれを女性のライフステージと働き方の選択という観点から省察する。そのうえで、第Ⅲ節で女性の選択として未だ多数派を占めるパートタイム労働が賃金の点でどの程度差別的な扱いを受けているかを検討する。最後に、第Ⅳ節では日本のパートタイム労働をどのように改革していくべきかを論じ、今後の働き方の展望を探ってみたい。

Ⅰ　雇用の非正規化とパート化

近年の日本における雇用のあり方を示す言葉として、しばしば「働き方の多様化」という概念が使用されてきた。労働政策研究・研修機構が二〇〇七年に発行した『多様な働き方の実態と課題』は、雇用・就業形態の多様化（=働き方の多様化）が急速に進展しているとして、パート労働者や派遣労働者といった非正規労働者の増大、正社員の労働時間の柔軟化や副業、雇用の範囲を超えた個人業務請負を担う労働者の増加を挙げている[3]。ここで含意されているのは、労働者にとって正社員以外にも多様な選択肢が拡大し、労働者が個人のライフステージに合わせた働き方を選択できるようになったということである。しかし、結局のところ、厚生労働省の審議会や研究会等でも頻繁に用いられている「働き方の多様化」の概念は、企業にとっての雇用の非正規化とほとんど同義の「働かせ方の多様化」にほかならない。

それでは、働き方の多様化は労働市場にどのような影響を与えたのだろうか。総務省「労働力調査詳細結果」によれば、直近の二〇一〇年で正規労働者（「正規の職員・従業員」）は三三五五万人、非正規労働者（「パート・アルバイト、派遣事業所の派遣社員、契約社員、嘱託、その他」）一七五六万人で、役員を除く雇用者総数五一一一万人に占める非正規労働者の割合は三四・四％となっている。しかし、これを性別でみると、男性は五三八万人（一八・九％）であるのに対し、女性は一二一七万人（五三・八％）と、二人に一人強は非正規雇用での就労を余儀なくされている。他方、正規労働者は、実数では男女ともに一九九〇年代半ばまで増え続け、九〇年代末以降から減少に転じているが、比率でみると女性については七〇年代から、男性については八〇年代末から減少し続けており、二〇〇〇年代に入ると男女とも減少のテンポを速めてきた。

図3-1および表3-1は、先の総務省「労働力調査詳細集計」を用いて、非正規労働者とそのうちのパート・アルバイトの推移をそれぞれ性別に示したものである。同表には合わせて総務省「労働力調査」の週三五時間未満労働者（以下、短時間労働者または時間パートと略記）の数値も示した。

パートタイム労働者とは、字義通りに解釈すれば短時間労働者ということになる。しかし、日本におい

図 3-1　非正規労働者，短時間労働者およびパート・アルバイトの推移

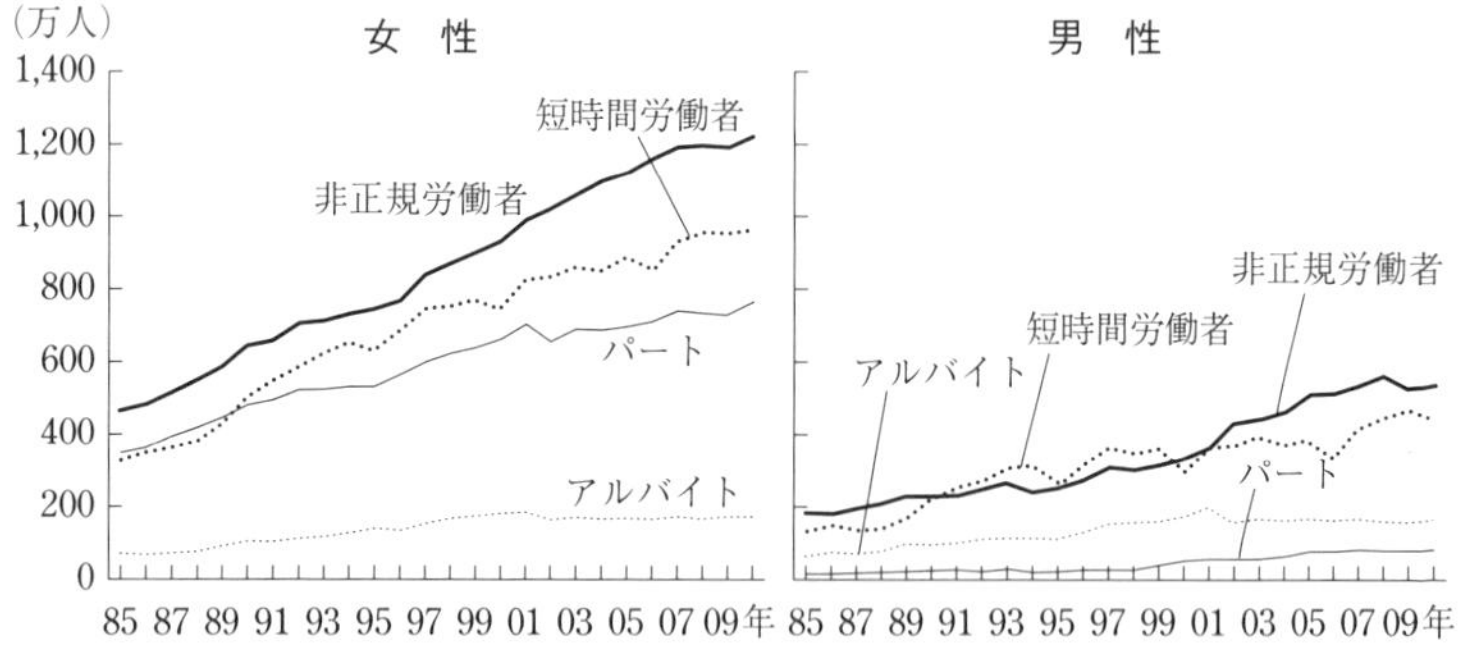

（出所）非正規労働者，パートおよびアルバイトは総務省「労働力調査詳細集計」，短時間労働者（週35時間未満労働者）は総務省「労働力調査基本集計」より作成。非正規労働者にはパート・アルバイトの数値も含まれている。

ては短時間概念ではとらえきれないフルタイムパート（疑似パート）の存在がしばしば指摘されてきた(4)。そのため、図表にはまず、①非正規労働者の合計を掲載し、その内訳として、②短時間労働者（時間パート）、③勤め先での呼称「パート」、④勤め先での呼称「アルバイト」について、それぞれの推移を示すこととした。詳細集計ではパートやアルバイトの中にフルタイムの労働者がどの程度の割合で含まれているかが明らかでない。参考までに厚生労働省「パートタイム労働者総合実態調査」（二〇〇六年）の数字を挙げると、同調査が定義する「パート等労働者」のうち男性の二八%、女性の一二%は、週間の所定労働時間が正社員と同じかそれ以上となっている。

図3-1は一九八五年を起点にとっているが、女性における時間パート、および呼称パートの増加は一九六〇年代後半に始まる。女性労働者のあいだの時間パートが一五%を超えたのは一九七四年のオイルショック時であった。その後、時間パート比率はほぼ一貫して上昇を続け、二〇〇九年には四三%まで高まっている。これに対して、男性の非正規化は、

表3-1　各指標の数値　　（単位：万人，%）

	1988年			1998年			2008年		
	労働者数	総数に占める比率	男女比	労働者数	総数に占める比率	男女比	労働者数	総数に占める比率	男女比
短時間労働者（計）	534	12.0	100.0	1112	21.1	100.0	1407	26.1	100.0
男性	148	5.3	27.7	357	11.2	32.1	450	14.3	32.0
女性	386	23.6	72.3	755	36.4	67.9	957	42.6	68.0
パート（計）	443	10.7	100.0	657	13.2	100.0	821	15.9	100.0
男性	24	0.9	5.4	34	1.2	5.2	82	2.8	10.0
女性	419	26.9	96.6	623	30.7	94.8	739	33.0	90.0
アルバイト（計）	156	3.8	100.0	329	6.6	100.0	331	6.4	100.0
男性	80	3.1	51.0	161	5.5	48.9	166	5.7	50.2
女性	77	5.0	49.0	168	8.3	51.1	165	7.4	49.8
非正規労働者（計）	755	18.3	100.0	1173	23.6	100.0	1760	34.1	100.0
男性	210	8.1	27.8	304	10.3	25.9	559	19.2	31.8
女性	546	35.1	72.3	869	42.9	74.1	1201	53.6	68.2

（出所）　非正規労働者，パートおよびアルバイトは総務省「労働力調査詳細集計」，短時間労働者は総務省「労働力調査基本集計」より作成。非正規労働者にはパート・アルバイトの数値も含まれている。

時間パートで見ても、呼称パートで見ても、女性ほど顕著には進行していない。とはいえ、表3―1の起点にとった一九八八年から男性のパート比率が高まりはじめ、それ以降、二〇〇八年までの約二〇年間に五・三%から一四・三%へ上昇している。

また、非正規比率を「労働力調査」でみると、一五歳から二四歳までの若年労働者（役員を除き、在学中を含む）は、二〇一〇年現在、男性四六・〇%、女性五四・四%で、男性も女性並みに非正規化が進んでいる。

図3―1および表3―1に関連して注目すべきは、二〇〇二年以降、それまで増え続けてきた呼称パートおよびアルバイトが、横這いないし減少に転じていることである。この点は同年から調査方法の変更があったことと無関係ではない。総務省統計局の説明では、「労働力調査詳細集計」の〇一年八月調査よ

り、選択肢として「契約社員・嘱託」が新設されたことにより、これまでパートやアルバイトを選択していた労働者が新項目をマークするようになったのではないかとされている。また、〇三年の労働者派遣法の改定によって（〇八年秋以降の派遣切りまで）製造業の現場作業その他で日雇派遣などの派遣型アルバイトが増えたという事情もある。

二〇〇三年から〇八年に限って呼称でみれば、パート比率は男女計で一五・一%から一五・九%と〇・八%の微増にとどまり、アルバイトにいたっては六・九%から六・四%へと比率を下げている。こうした変化は、同時期に契約社員・嘱託、その他が七・四%から九・一%へ一・七ポイント、労働者派遣事業所の派遣社員が一・〇%から二・七%へ一・七ポイント高まったことによるところが大きい。

これに関連して、呼称で見たパート・アルバイト総数と非正規労働者総数の開差を算出すると、一九八五年から九〇年代中葉まで、男性では一〇〇万人程度、女性については五〇万—九〇万人前後を保っていたものが、それ以降からは徐々に拡大をし始める。特に、二〇〇二年以降からはその開差がこれまで以上に大きく拡大し、男女双方でさらに一〇〇万人ほど差が開くことになる（〇八年の開差は、男性三一一万人、女性二九八万人）。これはパート・アルバイト以外の非正規労働者の拡大を示唆するものである。

Ⅱ　女性の就業選択とパートへの誘引

1　M字型カーブの変化と就業選択

第Ⅰ節でみてきたように、働き方の多様化が正社員の絞り込みと相対的な非正規雇用の増加という趨勢を示すものであることは、多言を要しない。では、働き方の多様化を女性労働者のライフステージという観点から捉えたとすれば、一九九〇年代以降から今日にいたるまでどのような変化がみられるのだろうか。

女性の働き方については、未婚率の上昇や子どもを持たない世帯が増加している傾向を看過できないにしても、多くの女性はライフステージの転換期として、結婚および子育てを経験する。特に日本においては、同時期における仕事との関わり方について、就労の継続、雇用形態の転換、仕事そのものからの撤退など、多くの女性がさまざまな選択を行うことは広く知られている事実である。

図3-2と図3-3は、総務省「就業構造基本調査」を用いて作成した、一九九二年と二〇〇七年時点での各年齢階級における雇用形態比率の推移である。両図を比較して第一に注目すべきは、女性の若年者における就業構造の大幅な変化であろう。もちろん男性でも若年者の変化は大きく、一九九二年に二五―二九歳で八三・四%ときわめて高かった男性の正社員比率はその頂点を三〇―三四歳に移行し、その比率を七五・五%まで低下させている。とはいえ、女性の変化はなおいっそう著しい。一九九二年に二〇―二四歳で六〇%近い比率を占めた正規の職員・従業者は、二〇〇七年に頂点を二五―二九歳に移し、その比率は四二・八%にまで低下した。そのうえで、パートやアルバイト、派遣労働者や契約社員といった他の非正規雇用などが入り乱れる形で、女性の働き方の多様化が男性以上にドラスティックに進行した。

第二に注目したいのは、二〇代後半から四〇代にかけての女性の有業率の落ち込みである。一般的に、この現象は「M字型カーブ」や「M字型就労（雇用）」などと呼ばれ、欧米の先進諸国にはない日本女性の働き方を表す現象と言われてきた(5)。これは、結婚・出産を期に一時的に労働市場から退出する女性が多いためで、女性が出産期に入る二〇代後半から三〇代前半にかけて大幅に有業率が低下し、出産後には労

図 3-2　就業形態別にみた年齢構成の変化（1992年，2007年，男性）

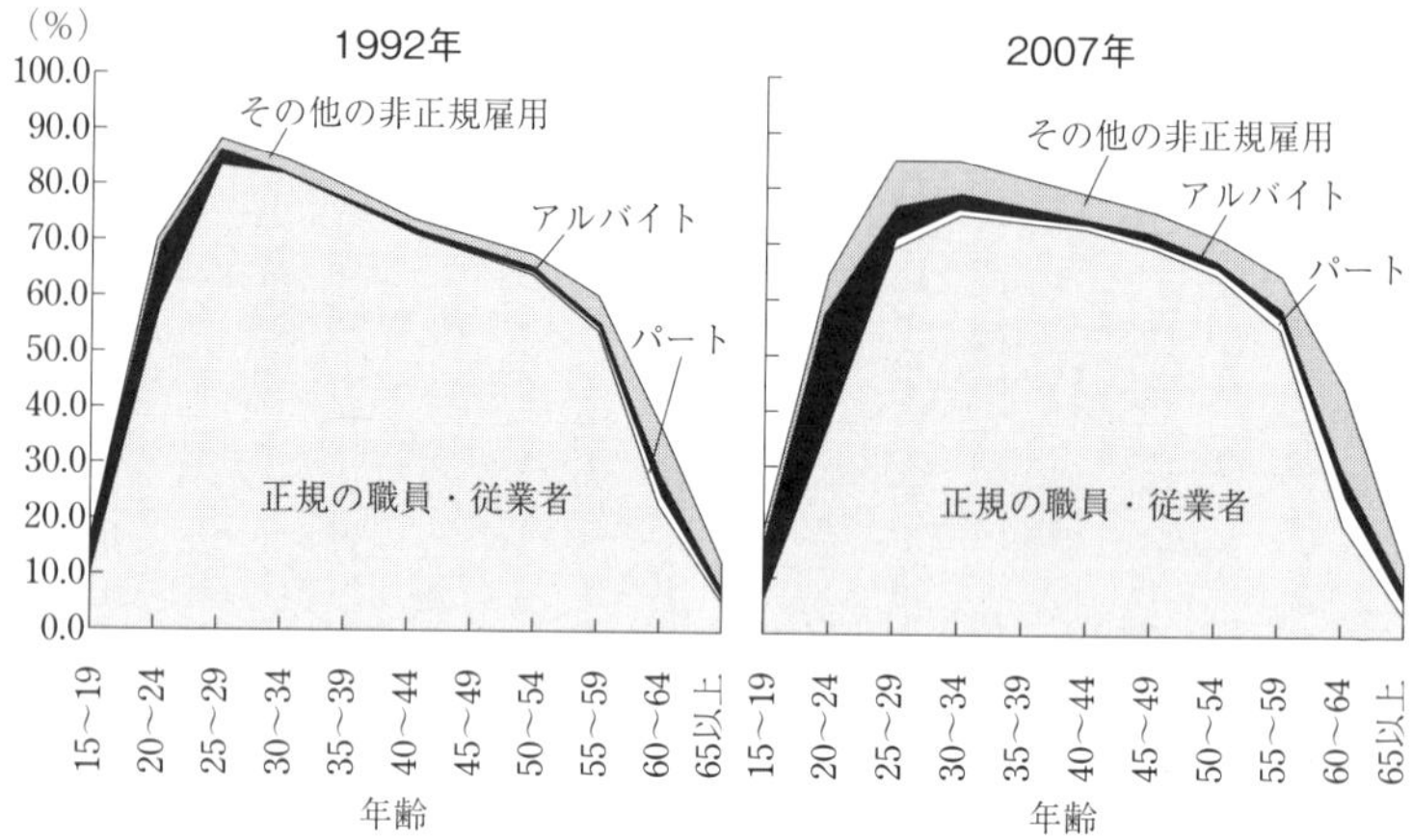

（出所） 総務省「就業構造基本調査」(1992，2007年）より作成。

（注）「その他の非正規雇用」とは，会社役員を除いた雇用形態のうち，1992年は「派遣社員」，「嘱託」，「その他」を，2007年は「労働者派遣事業所の派遣社員」「契約社員・嘱託」，「その他」をそれぞれ一括した数値である。

図 3-3　就業形態別にみた年齢構成の変化（1992年，2007年，女性）

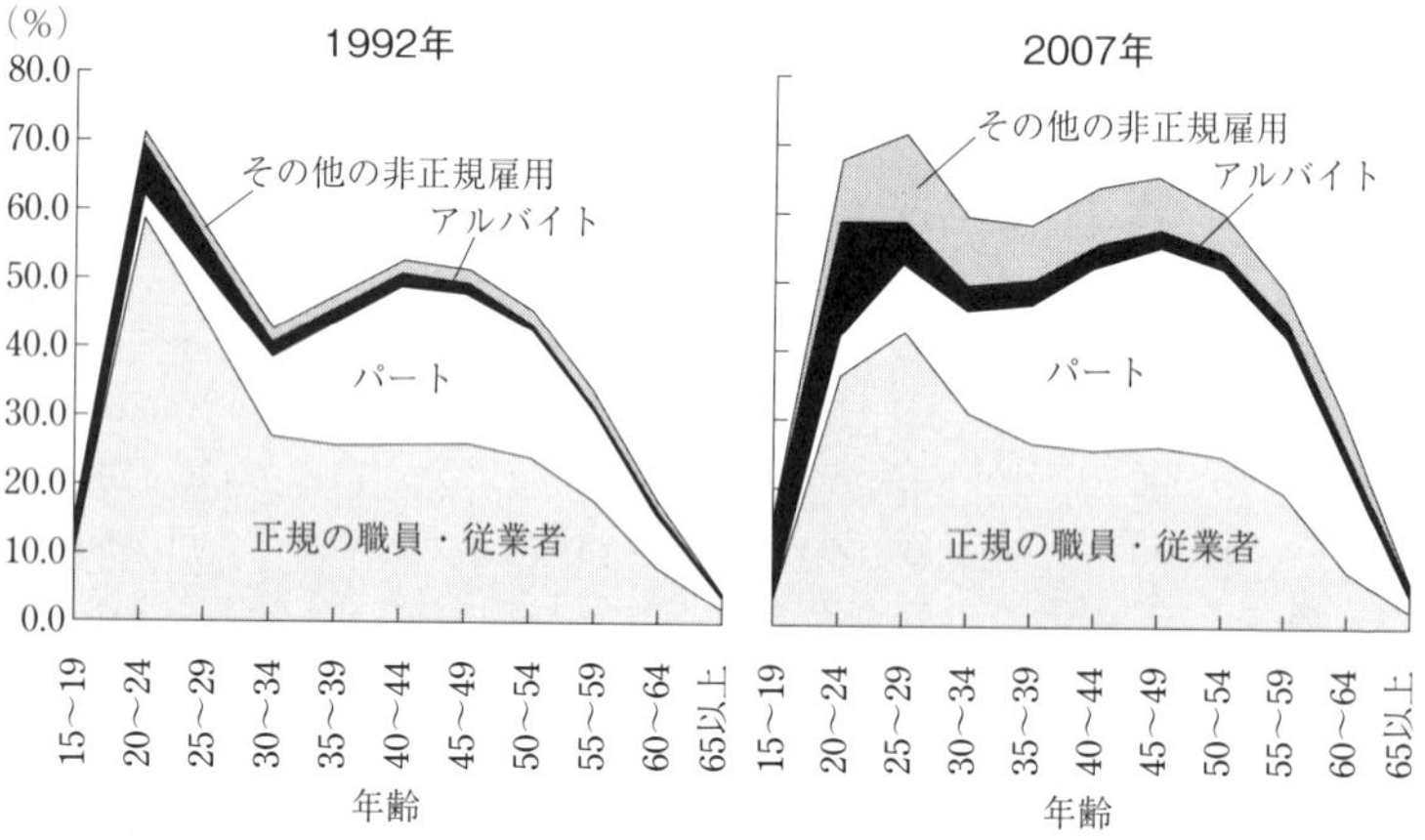

（出所）（注）とも図 3-2 に同じ。

働市場から退出するという選択を行う女性が増加する。その後、一度落ち込んだ有業率が徐々に回復するのは、子育てを一段落した後に女性が労働市場に再参入するためであり、第二子以降の出産や家庭の状況に応じて差異はあるものの、中高齢期には再び有業率が増加する。

一九九二年と比較して、一見すると日本女性のM字型カーブは大きく変容を遂げたようにみえる。自営業および家族従業者なども含めて、三〇―三四歳で五三・六％と最も大きく落ち込んでいた有業率は、二〇〇七年には六三・三％と約一〇ポイント上昇した。また、役員を除く雇用者に限ってみれば、一九九二年の四二・八％から二〇〇七年の五九・四％と一六・六ポイントも増加している。

近年では晩婚化や出産の高齢化によって、各個人の労働市場からの退出時期も多様性を帯びているため、M字型カーブの底が持ち上げられるのはむしろ当然とも言える。厚生労働省「人口動態統計」によれば、一九九五年に二六・三歳であった女性の平均初婚年齢は二〇〇七年には二八・三歳となり、また第一子出産の平均年齢も二七・五歳から二九・四歳へと上昇した。そうなれば、結婚あるいは出産が三〇歳台にずれ込む女性が増加していることは容易に想像ができ、有業率が三〇歳台前半で上昇してもなんら不思議はない。

とはいえ、これを年齢階級ではなく女性の出産後における就労選択に絞ってみれば、M字型カーブはなお強固に存在していることが理解される。厚生労働省「二一世紀出生児縦断調査」は平成一三年（二〇〇一年）から開始され、同一客体を長年にわたって追跡するというユニークな縦断調査である。同調査によれば、調査対象者の出産一年前の有職率（有業率と同義）は五四・四％であったが、子を出産した後（出産半年後）の有職率は二五・一％まで大きく低下しており、多くの女性が出産の時期には離職している。その後、有職率が出産一年前の水準に回復するのは第七回調査（五五・六％）である。この場合、第七回調査時の

図 3-4　母の就業状況の変化

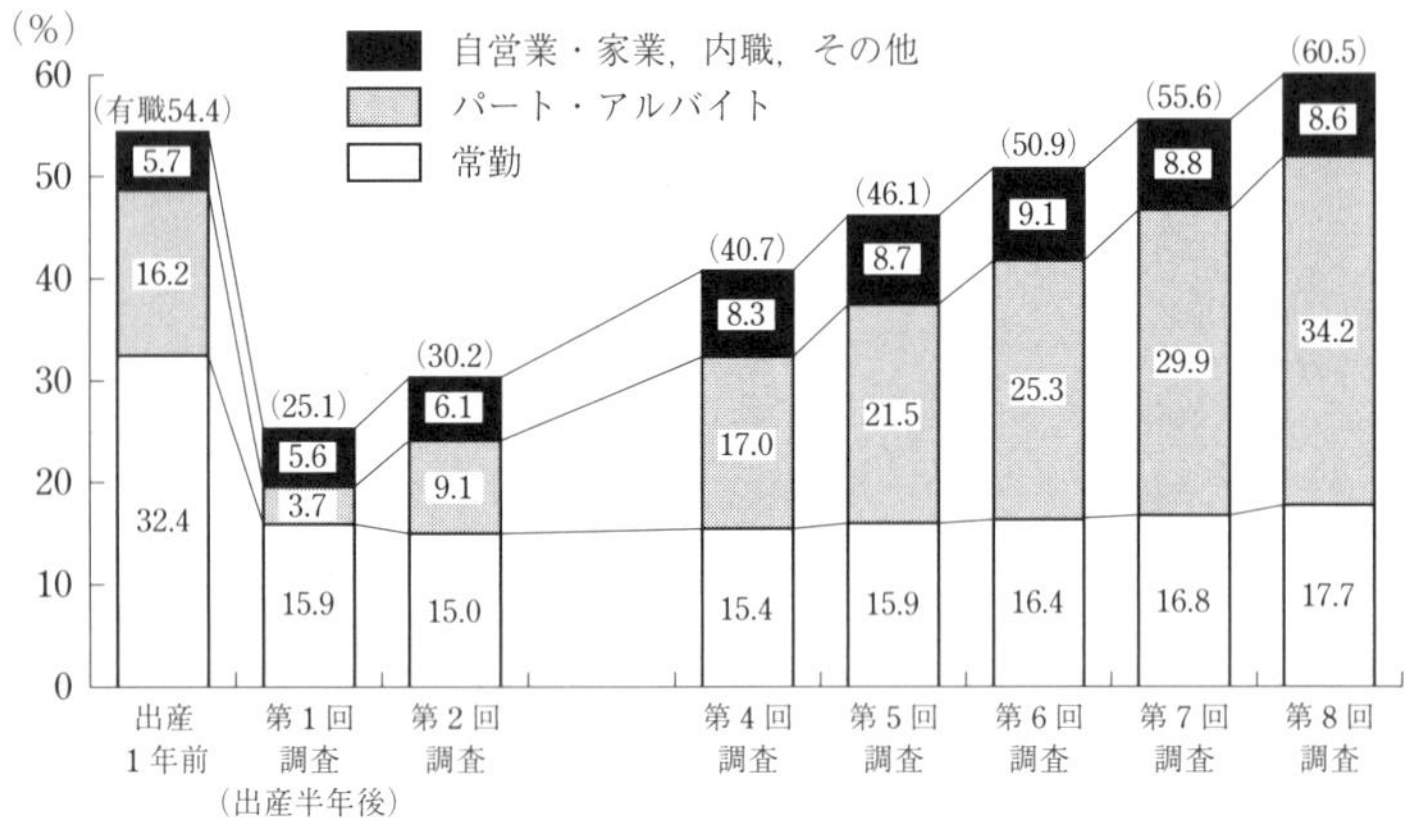

(出所)　厚生労働省「第8回21世紀出生児縦断調査」(2009年) より再掲。
(注)　1．母と同居している，第1回調査から第8回調査まで回答を得た者（総数31,920）を集計。
2．第3回調査は母の就業状況を調査していない。
3．「常勤」は「勤め（常勤)」,「パート・アルバイト」は「勤め（パート・アルバイト)」である。

出生児年齢が七歳であることから、出産前の有職率水準へ の回帰は約八年を要することになる。これを雇用者のみについてみれば、出産前の雇用者比率への回帰はさらに遅れて第八回調査を待たなければならない。

本調査に関わっていまひとつ、母の就業状況について出産前と出産後の雇用形態に注目すると、出産後に有職者となった女性のうち、パート・アルバイトで働く女性の割合は年々増加している。出産一年前でもともと一六・二％であったパート・アルバイト比率は、第八回調査の段階では二倍以上の三四・二％に達している。しかも、出産半年後にすぐに仕事に復帰した女性のうち、一五・九％は常勤（正社員とほぼ同義）で就労しており、第八回調査の段階でも一七・七％と大きな変化はない。この結果は、復帰が遅れれば遅れるほど常勤での復職は困難となり、その後の選択はパート・アルバイトによるほかないことを示している。

ここで再び図３-３に目を向けると、いま述べた母の就業状況の変化と共通して、二〇〇七年において三〇代後半以降からほとんど正規比率は上昇しておらず、パートタイム労働者の増加が際立っている。このような傾向は、一九九二年と比較して若年者のパートが増加した点を除いて、ほとんどその形を維持している。一九九二年から二〇〇七年にかけて、派遣や契約社員などの雇用労働者が増加していることは図から明らかであるにしても、現在でもパートタイム労働が中高年女性の選択として大きな比率を占めているといってよい。しかも、第Ｉ節でみたパートの増大傾向を反映して、二〇〇七年では四〇歳以降のほぼすべての年齢階級で正規雇用を凌駕するほどにパートが主流的地位を占めるにいたった。働き方の多様化や派遣労働者の増加が声高に叫ばれながらも、なお中高齢期の非正規雇用内部での女性の選択はパートタイム労働であって、しかもその選択肢は女性が高齢化するとともにさらに狭隘化する。

2　なぜ女性はパートなのか？

なぜ女性のパートタイム労働はこれほど大きな勢力を維持し続けているのか。また、なぜ女性はパートタイム労働へと誘導されるのか。

本田一成氏は主婦パートを「アリ地獄」型雇用と名づけ、出産後の女性が家事・育児などの家庭責任を全うするために地域に縛られパートを選択せざるをえないこと、半世紀以上も継続してきたこの雇用形態が分解されてこなかった点を踏まえれば、主婦パートが別の雇用形態に代替される可能性も低いと指摘した。(6) 本田氏が主婦パートの形成要因として挙げるのは、一九六一年に導入された配偶者控除で「一〇三万円の壁」と呼ばれる税制度、一九八五年の年金制度改革における主婦の国民年金への包摂（第三号被保険者の創設)、いわゆる「一三〇万円の壁」である。その結果、パートで働く女性は両者の賃金ラインを意識し就業調整を行うこととなった。企業もまた雇用調整の制度的基準としてこの二つの賃金ラインを利用した。言い換えるならば、収入の制約によって女性＝妻の経済的な自立が妨げられ、パート就労を行う妻が家庭責任を担いつつ働くよう、制度的に半ば強制されたのである。

これらの点は、就業調整および社会保険料負担の免除がパートの労務コストを押し下げる要因となり、企業は条件さえ合致すれば女性パートの募集を率先して行う。そのことを、本田氏は企業がパートを雇用することの「うまみ」と述べ、家事や育児などの家庭責任によって主婦パートが企業につけ込まれ、低賃金での就労や残業（時には無償のサービス残業）の要請に応じざるをえなくなると批判した。

筆者は本田氏の指摘の多くを共有しつつ、いまひとつ労働市場における女性差別の一端として、年齢による差別が女性をパートに誘引する装置として働いていることを付け加えておきたい。女性が出産後に一定の期間を経て仕事を再開するとき、早期に正社員への復帰を果たさなければパート以外に選択肢がないことはすでに述べた通りだが、これは一般的には「三五歳定年説」や「三五歳の壁」などと言われてきた。女性の正社員への採用は三五歳までとする採用活動が平然と行われてきており、かつては求人広告に「三五歳以下」などと記載される場合も少なくなかった。

労働者の採用に関しては、二〇〇七年に改正された雇用対策法によって年齢による差別の禁止が規定されている。同法によれば、事業主は労働者が有する能力を正当に評価するため、募集・採用そのほか雇用管理の方法を改善するよう措置を講ずることが明記されており、労働者の年齢に関わりなく均等に雇用機会の確保が図られるよう努めなければならない。今日において、以前に存在した求人広告への年齢制限の記載はほとんどみられなくなったものの、同法は罰則規定をともなうものではなく、企業の採用における差別的な取り扱いそのものの抑制に寄与するとは言い難い。

また、職場の「慣行」に名を借りた、妊娠・出産を理由としたパートへの転換や退職勧奨（マタニティ・ハラスメント）[7]、あからさまなセクハラ、男性には任される仕事を女性には任せないといった職務配置の差別など、女性差別の事例は枚挙にいとまがない[8]。事態は派遣労働などでも同様で、三〇歳台後半になると二〇―三〇歳台前半と比較して選択できる仕事が減少し、場合によっては派遣登録を断られることもあるという。人材派遣会社の担当者からは、「部下として使いやすい三五歳以下を指定する企業がほとんど」という声も聞かれるほどである。年齢による差別は「派遣先の現場ニーズ」というやむをえない理由として正当化されるのである[9]。

このような女性に対する差別のありようは、長時間労働に明け暮れて家事・育児をほとんどしない男性と、雇用労働に従事していても家事・育児のほとんどを受け持つ女性という、女性が家事・育児の専担者で仕事を優先しないという性別役割分業にもとづく労務管理政策と密接に関連している。厚生労働省「雇用均等基本調査」（二〇〇九年）の企業調査はこの点を如実に示しており、女性の活躍を推進するうえでの問題点として、五〇・四％の企業が「家庭責任を考慮する必要がある」と答えている。また、「女性の勤続年数が平均的に短い」との回答も三六・一％、「時間外労働、深夜労働をさせにくい」が三三・三％と、これら三つの回答が上位を占める。いずれも、女性は家事・育児など仕事以外の責務を負い、長期的なキャリア形成も期待できないと企業が否定的に見ていることの表れでもある。

他方で、出産・育児期に働き続けたいと女性が考えているとしても、就労継続の条件は保育所や託児所

図3-5　年齢階級別パート労働を選択した理由（主な理由）

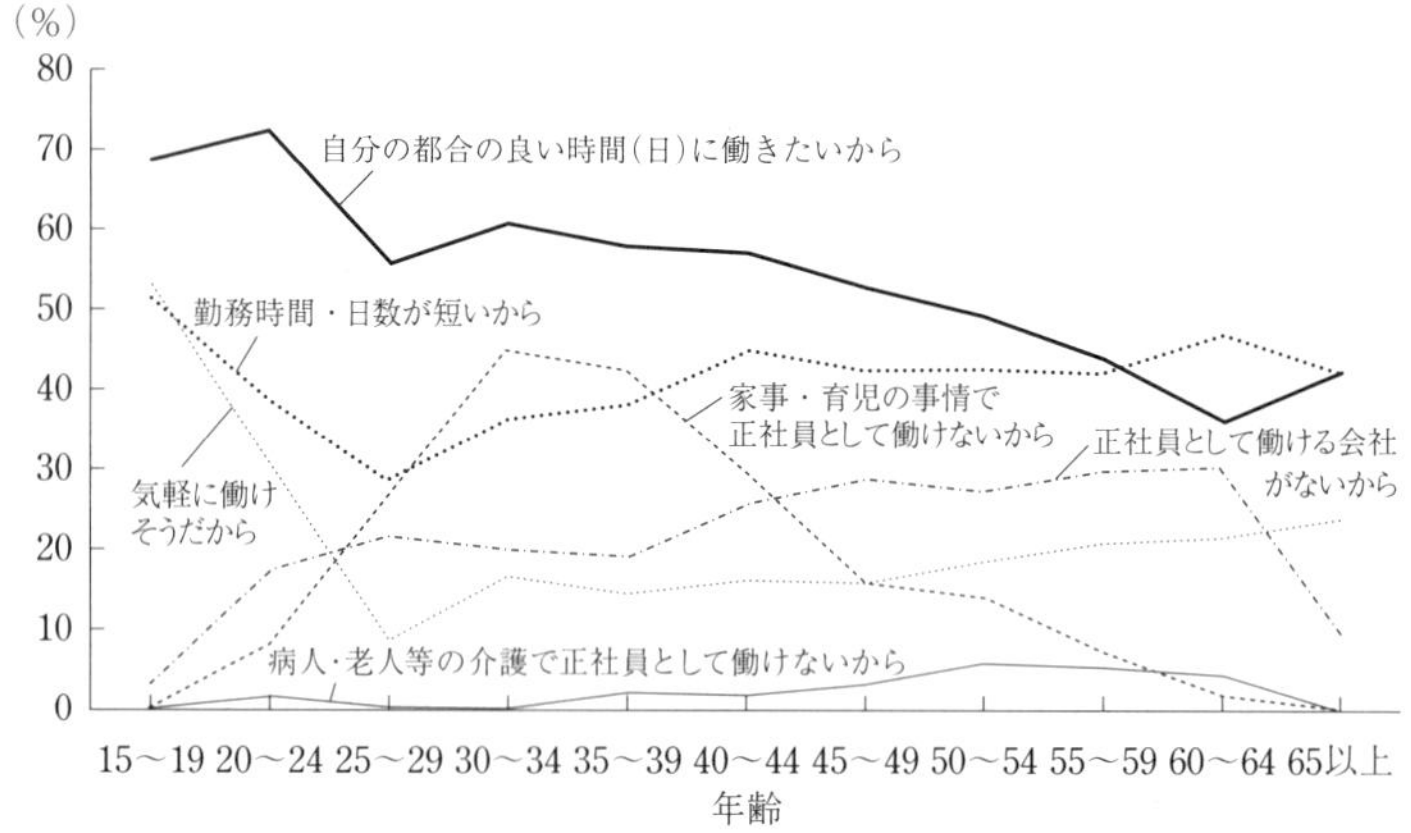

（出所）　厚生労働省「パートタイム労働者総合実態調査」（2006年）より作成。

といった育児支援施設の利用、あるいは夫や親族の育児参加といった負担の軽減に加え、職場の労働環境や空気にも大きく依存する。内閣府「男女の能力発揮とライフプランに対する意識調査」では、出産・子育てを行いながら就業継続が可能となった理由として、実に七〇・四%の女性が「仕事と家庭を両立して働き続けられる制度や雰囲気があった」をあげている。

しかしながら、現実には女性＝母親に偏った育児負担が正社員などのフルタイムでの就労を妨げ、母親が育児と仕事の両立からパートを選択する場合も多い。厚生労働省「パートタイム労働者総合実態調査」によって作成した図3-5によれば、三〇―三九歳の女性パートの約四割が「家事・育児の事情で正社員として働けない」と回答している。また、妊娠・出産・育児と就労の実態を克明に描いた『ルポ職場流産』で小林美希氏が紹介する事例によれば、子供の発熱による保育所からの呼び出しに対応するため、母親が自宅や保育所に近い勤務地でパート就労を行うケースもある[10]。つまり、労働時間のみならず通勤時間等の短縮という観点からも、パートタイム労働は母親にとって最も容易な選択肢となる。

以上の点から、一見するとパートで働くという選択は、仕事と家庭生活の調和をもたらすという意味で合理的な働き方であるかのように思われるが、性・年齢および出産・育児に対する差別を残存させた労務管理のあり方や、育児に関する妻への負担過多を前提とすれば、パートタイム労働が女性にとって真に自由で多様な働き方を提供する雇用形態であるとは言えない。

Ⅲ　パートタイム労働者の賃金格差と性差別

1　パート賃金の低位性と格差構造

前節でみたように、税制や社会保険などの制度的・政策的要因に加え、家庭責任を女性にのみ問う差別的な職場慣行によって、女性の選択はパートへと誘引される。さらに、育児などの家庭責任から徐々に解放される四〇歳台以降では、強固な「三五歳の壁」という圧力によってパートとしての就業継続はもはや決定的となる。しかも、このような雇用選択のパートへの偏在化は女性の低賃金化および貧困化の拡大を意味し、それは女性の経済的社会的自立をも阻害する要因となる。

パートタイム労働者の賃金および処遇については、正社員とは別種の取り扱いがなされており、これまでにも研究者や労働運動家、あるいは当事者自身からパートの処遇は「身分」的な差別であると批判されてきた(11)。しかし、他方で企業から見れば、パートタイム労働は低賃金の労働力としても雇用の調整弁としても「うまみ」のある雇用形態であり、だからこそ企業はパートの基幹労働力化を積極的かつ強力に推進してきた。

　厚生労働省「パートタイム労働者総合実態調査」（二〇〇六年）によれば、パートの雇用理由として最も数値が高いのは、「人件費が割安なため（労務コストの効率化）」で、調査産業計で七一％の事業所が回答している。経年調査ではないので単純比較はできないにしても、前回調査が行われた二〇〇一年と比較して五・七ポイント、一九九五年に行われた前々回調査との比較では三一・七ポイントも増加している。しかも、パートタイム労働者の人件費のうち割安だと思う内容は何かという問いに、賃金や賞与と答えている事業所は実に七割にのぼる。なによりも賃金の低さがパート需要の強力な梃子になっている。

図3-6　女性一般労働者とパートタイム労働者の賃金格差の推移（男性一般＝100）

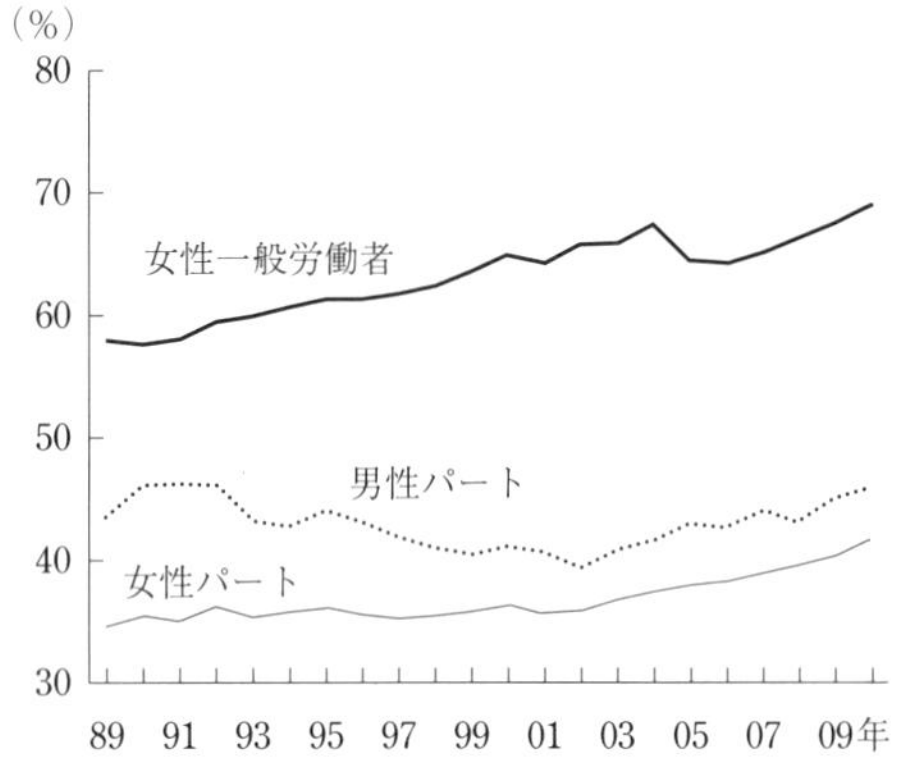

（出所）　厚生労働省「賃金構造基本統計調査」（各年）より作成。

　図3-6は、厚生労働省「賃金構造基本統計調査（賃金センサス）」を用いて作成した、女性一般労働者と男女のパートタイム労働者の賃金格差の推移である。一般労働者とパートの賃金格差は、所定内給与のみの比較ではその実態を正確に反映したものとはならないため、賞与その他の特別給与を加味した数値による比較が肝要である。なお、同調査によれば、パートタイム労働者は短時間労働者とされており、「同一事業所の一般の労働者より一日の所定労働時間が短い又は一日の所定労働時間が同じでも一週の所定労

図3-7　雇用形態別にみた年間所得格差（2007年）

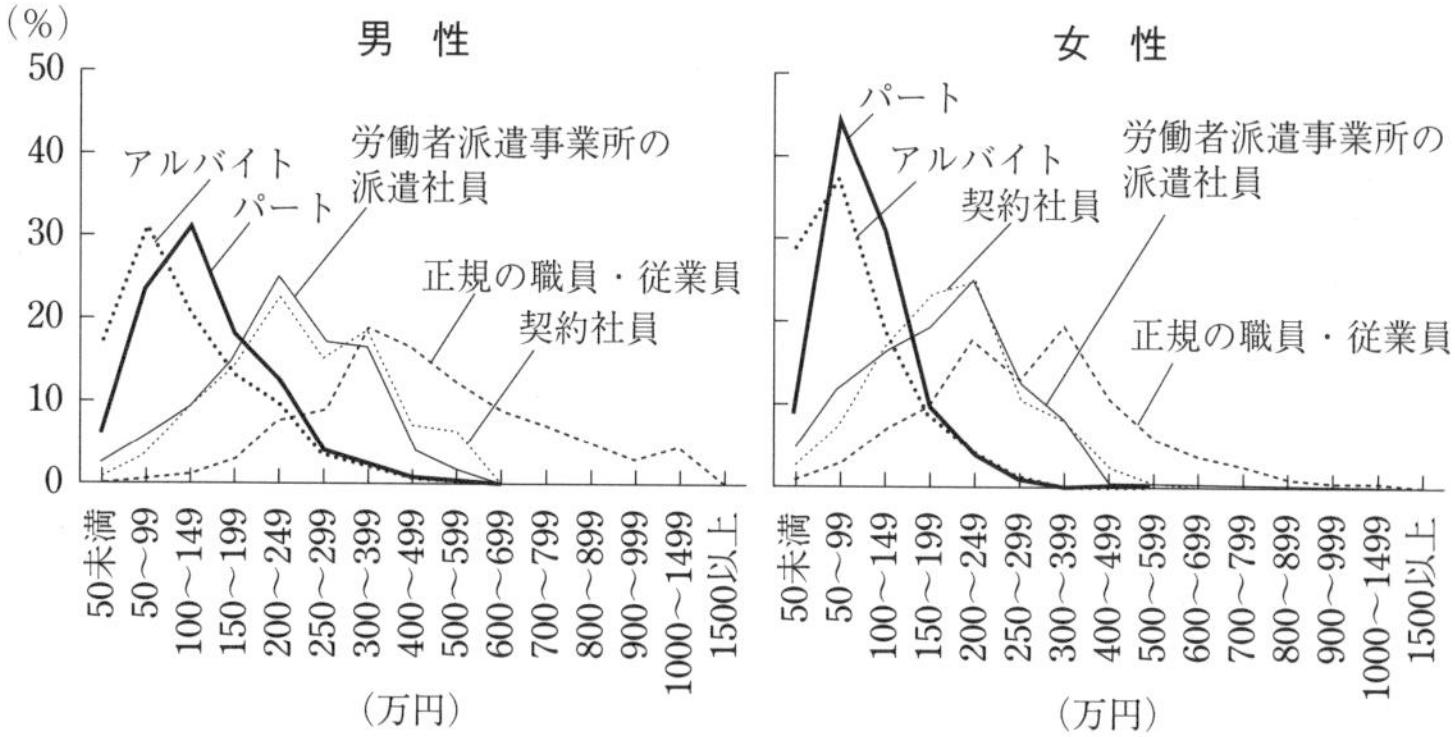

（出所）　総務省「就業構造基本調査」（2007年）より作成。

働日数が少ない労働者」と定義される。

一九八九年の時点では、男性一般労働者の時給を一〇〇とした場合、男性パートは四三・八、女性パートは三四・八となっており、女性の方が九ポイントも低い。その後、男性パートは二〇〇〇年初頭まで低位化が進み、女性パートはきわめて低位のまま格差が維持されてきた。しかし、二〇〇二年以降から男性パートの格差拡大傾向は緩やかながら解消傾向に転じ、男女双方で男性一般労働者との賃金格差の縮小が見受けられる。それでも、二〇一〇年の段階で男性パートは四五・七%、女性にいたっては四一・一%とようやく四割を上回る程度でしかない。しかも、二〇〇〇年以降の格差縮小は、男性一般労働者の年間賞与等その他特別給与額が急激に低下し始めたことによるものであって、パート賃金の上昇が寄与した程度はごくわずかにすぎず、なんら歓迎すべきことではない。

パート賃金の低位性は他の雇用形態との比較において、なおいっそう際立ったものとなる。労働政策研究・研修機構が二〇〇六年に行った「多様化する就業形態の下での人事戦略と労働者の意識に関する調査」が示すところでは、非正社員比率を高めた理由として「人件費の総額を削減できた」と回答した事業所が七八・三%、また「正社員の数を減らすことができた」と回答した事業所が六二・七%と、ともに高い比率を示した。そのうえで、多様な非正社員形態のなかで、パートタイム労働者を雇用した理由として人件費削減を挙げた事業所の比率はきわめて高く、契約社員三六・三%、嘱託社員一九・一%、派遣社員三八・七%に対して、実にパートでは六三・九%にものぼる。

「月給」に回答あり			「歩合給・その他」に回答あり		
労働者割合（%）	労働者数（万人）	平均額（円）	労働者割合（%）	労働者数（万人）	平均額（円）
4.9	46.8	152,797	1.9	18.2	126,743
8.6	21.0	174,127	4.4	10.7	144,674
3.6	25.6	134,458	1.0	7.1	100,980
35.2	67.8	209,981	1.9	3.7	329,603
37.4	35.5	232,653	2.8	2.7	372,633
33.1	32.3	185,120	1.0	1.0	204,784

この雇用形態間格差は、労働者の年間所得でみるとさらに拡大する。図3-7は総務省「就業構造基本調査」により作成した、雇用形態別の年間所得階級分布である。みられるように、男女双方とも、パートおよびアルバイトの年間所得は派遣社員や契約社員の年間所得よりも圧倒的に下位に集中している。特に女性では、パートのうち五三・五%は〇—九九万円であり、〇—一四九万円以下までを含めれば八四・五%に達する。女性アルバイトについても同様で、〇—九九万円で六六・四%、〇—一四九万円以下となると八五・一%とやはり低所得に押しとどめられている。

以上の点は、他の雇用形態と比較してパート・アルバイトの多くが低時給の短時間労働者であるがゆえに、年間所得での低賃金化を招いていることを意味する。このように考えるならば、短時間就労

表3-2　パート等労働者の賃金支払形態および平均賃金額（2006年）

	労働者計（%）	「時間給」に回答あり			「日給」に回答あり		
		労働者割合（%）	労働者数（万人）	平均額（円）	労働者割合（%）	労働者数（万人）	平均額（円）
パート総計	100.0	89.4	854.3	880	3.9	37.3	8,407
男性	100.0	76.9	187.8	991	10.2	24.9	9,380
女性	100.0	93.7	666.5	848	1.7	12.1	6,287
その他総計	100.0	46.6	89.8	951	16.3	31.4	8,589
男性	100.0	37.9	36.0	1,019	21.9	20.8	9,244
女性	100.0	55.1	53.8	905	10.8	10.5	7,252

（出所）厚生労働省「パートタイム労働者総合実態調査」（2006年）より作成。

でのパートおよびアルバイトという選択は、なんらかの形で生活の基盤を支える援助者としての親や夫の存在を不可欠とするような、シングルでは自活してゆくことがむずかしい就労形態であると述べることもできよう。そして、パートやアルバイトという雇用形態でフルタイム就労を希望する労働者も、このようなパート＝低賃金労働者という強力な下方圧力の影響を受けて、賃金水準の低い労働者としての就労を余儀なくされている。

2　パートタイム労働者内部での性別賃金格差

現時点においても著しく低いパートタイム労働者の賃金について、賃金支払い方法、賃金平均、賃金分布および集積の実態を性別ごとに詳しくみると、パートの賃金が低いばかりでなくパート雇用内部においても著しい男女格差が存在している。

表3-2は、厚生労働省「パートタイム労働者総合実態調査」（二〇〇六年）にもとづいて作成した、パートタイム労働者の賃金支払い方法の割合と平均賃金額である。本調査におけるパートタイム労働者の定義は、まずパート全体を「パート等労働者」としたうえで、これを「パート」と「その他」に分類する。「パート」とは「正社

員以外の労働者（パートタイマー、アルバイト、準社員、嘱託、臨時社員）で呼称に係らず、一週間の所定労働時間が正社員より短い労働者」となっており、正社員以外の短時間労働者がこれにあたる。これに対して、「その他」は「正社員以外の労働者で一週間の所定労働時間が正社員と同じか長い者」とされており、およそフルタイムパートに近い。以後、呼称の煩雑さを避けるため、「パート」を短時間パート、「その他」をフルタイムパートと呼ぶ。なお、これらの定義に派遣の労働者は調査の対象事業所と雇用関係がないために含まれていない。

一般的な認識では、パートタイム労働者に対する賃金支払いは時間給である。表3‒2でみても、この点は明確に示される。短時間パートで時間給による支払いを受けている者は八九・四％（八五四・三万人）、これを女性でみると九三・七％（六六六・五万人）と女性短時間パートの大多数が時間給である。同パートの男女計でみた時給平均は八八〇円となっているが、男性短時間パートでは九九一円と一〇〇〇円に迫る金額であるのに対し、女性の平均は八四八円ときわめて低い。

これがフルタイムパートになると、時間給での支払い形態を適用される者が少なくなり、月給適用者が増加する。短時間パートでは男女計で四・九％とわずかであった月給適用者は、フルタイムパートになると三五・二％と大きく増加し、男性女性ともに月給適用者の比率は拡大する。しかしそれでも、女性については依然として時間給の適用を受ける者が多く、女性フルタイムパート全体のおよそ半数強となる五三・八万人がやはり時間給による支払いである。しかも、その賃金平均は九〇五円と男性短時間パートにも及ばない。そして、ここで注目すべきは、すべての賃金支払い形態でみても賃金平均額は男性よりも女性の方が明らかに低いという事実である。

表3-3　パート等労働者の時間給分布（2006年）　（単位：%）

	パート			その他		
	計	男性	女性	計	男性	女性
総数	100.0	100.0	100.0	100.0	100.0	100.0
～　699円	8.0	7.0	8.1	3.8	1.6	5.2
700～　799円	26.6	13.4	30.4	16.5	7.8	22.3
800～　899円	35.2	36.3	34.9	29.8	25.0	33.0
900～　999円	14.0	19.4	12.4	17.8	17.4	17.6
1,000～1,099円	7.1	9.1	6.5	9.4	15.1	5.6
1,100～1,199円	2.1	4.6	1.4	6.1	9.5	3.7
1,200～1,399円	2.2	3.1	1.9	7.6	11.2	5.2
1,400～1,599円	1.6	2.7	1.3	5.1	8.8	2.6
1,600円以上	1.6	3.7	1.1	1.2	1.3	1.1
不明	1.7	0.7	2.0	3.1	2.3	3.6

（出所）　厚生労働省「パートタイム労働者総合実態調査」（2006年）より作成。

このような女性パートの平均賃金の低さは、どのような要因によって引き起こされているのか。表3−3は最もパートが集積する時間給適用者について、さきの「パートタイム労働者総合実態調査」を用いて賃金階級ごとにパート労働者の構成比を示したものである。同表によれば、パート労働者が最も集積しているのは八〇〇―八九九円層で、短時間パートの男女計で三五・二%、フルタイムパートの男女計で二九・八%である。これは、性別でみてもほぼ同様の傾向である。

しかしながら、八〇〇―八九九円層に次ぐ賃金集積をみると、男性では短時間パートでもフルタイムパートでも九〇〇―九九九円層であり、しかも一〇〇〇円以上の時間給適用者も比較的多いことが賃金平均の押し上げに貢献している。これに対して、女性では短時間パートとフルタイムパートの双方で七〇〇―七九九円層が第二位の賃金階級となり、しかも男性と比較すると下方に分厚い。八九九円以下の時給である女性短時間パートを合計すると実に七割程度、フルタイムパートでも六割を超えており、性別格差が色濃く反映されている。つまり、男性パートの一部が下層の賃金階級からの脱出をはかっているのに対し、女性はそのようなパートが男性と比較して少ないうえに、下層の分厚い労働者群が女性パート賃金の死錘となっていることが、女性の平均賃金を大幅に押し下げる要因となっている。

3　企業のパート依存と女性の貧困化

企業の経営戦略・経営目的のひとつである利益管理の観点から見れば、総額人件費削減＝労務コストの圧縮は企業にとって最大の関心事であり、正社員よりも賃金の低い非正規労働者の活用が企業の浮沈を左右するといっても過言ではない。それゆえ、一九九〇年代以降からはパート・アルバイト労働者の活用のみならず、派遣労働などの間接雇用を含めた非正規雇用の活用が進行し、徹底的な正社員の絞り込みが行われた。

パートタイム労働者の賃金の低さは、パートが他の非正規雇用よりも企業にとって安価な雇用形態であることを意味する。そのうえ、女性パートが男性と比較していっそう「安上がり」であるとすれば、企業による女性のパート需要もそれだけ拡大し、女性パートへの依存度がいっそう高まることになる。

このパート依存の一端は勤続年数にも表れている。厚生労働省「パートタイム労働者総合実態調査」(二〇〇六年)によれば、短時間パートの平均勤続期間は男性三・五年に対して女性は六・〇年、フルタイムパートで男性三・五年、女性五・三年である。しかも、パートの平均通算勤続期間、つまりパートとして何年働き続けているかという問いに対して、短時間パートの男性が五・五年であるのに比べて女性は一〇・二年と非常に長く、フルタイムパートでも男性六・一年、女性八・七年と回答しており、女性は長期にわたってパート労働者として労働市場に定着化しているかのように見える。

しかし、そのことはむしろ、企業が女性パートをいつでも雇い止め可能な有期契約の労働力として、解雇権を留保したまま長期にわたって反復雇用していることを表している。さきの「パートタイム労働者総合実態調査」の二〇〇六年調査は、なぜか雇用契約期間の更新回数についての項目がないため、二〇〇一年調査で確認すると、雇用期間に定めがあるパート等労働者のうち約八割が「更新あり」と答え、その平均更新回数も男性短時間パートで五・七回、女性で八・三回、男性フルタイムパートで四・八回、女性で七・六回である。しかも、図3-8にみられるように、女性では短時間パートとフルタイムパートの双方で高齢化が進行するとともに平均更新回数も増加している。女性パートタイム労働者の低賃金化・不安定化・貧困化は、現在においても維持され再生産されているというべきであろう。

図3-8　パート等労働者の年齢階級別平均更新回数

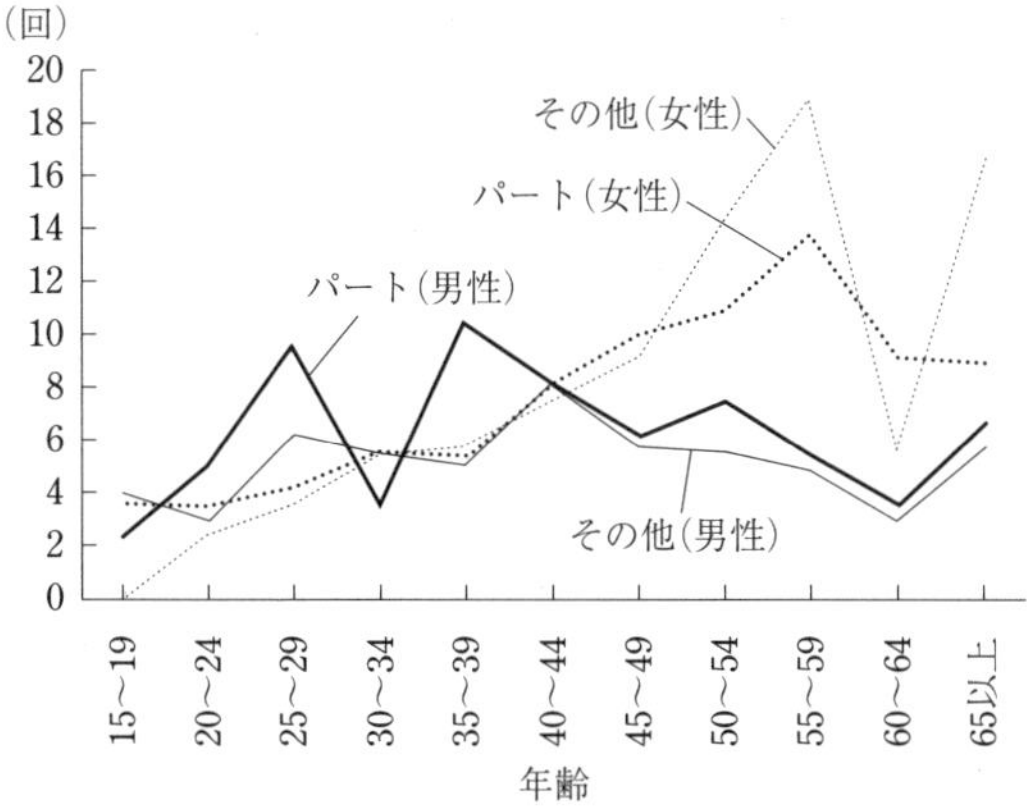

(出所)　厚生労働省「パートタイム労働者総合実態調査」(2001年) より作成。

Ⅳ　日本のパートタイム労働をどう改革するか?

1　賃金格差をどう解消するか

これまで、雇用の非正規化とパート化の実態について、いまだM字型カーブが残存するなかで結婚・出産を機に女性がパートタイム労働へと追いやられていること、その賃金も正社員と比較して著しく低いだけでなく、契約社員や派遣などの非正規雇用形態と比較しても低く、女性パートはきわめて不安定な雇用関係のもとに、最下層の低賃金労働者として労働市場に進出していることを明らかにした。

それでは、パートタイム労働者の待遇改善には何が必要か。いうまでもなく、雇用形態の枠を超えた均等待遇の確保が問題解決の鍵となる。ここで均等待遇とは、「等しきものは等しく扱え」という平等原則であり、ＩＬＯ一七五号条約でもパートタイム労働者であることをもって通常の労働者との差別的取り扱いが禁止されている。日本のパートタイム労働者の身分的格差の現状を踏まえると、さしあたって当面の課題は、①一般労働者とパートの賃金を時間賃率で同一化・平等化すること、②正社員とパートの転換権を確保すること、③有期雇用ではなく無期雇用を原則とすることが求められる。

そのうち、賃金の平等化に関しては、やはり同一価値労働同一賃金（ペイ・エクイティ）のパートへの適用が急がれる。同原則は、異なる職務・職種であってもその価値が同等であれば、同一の賃金支払いを求める原則であり、ＩＬＯ一〇〇号条約にも掲げられている男女間の賃金差別を是正する考え方である。(12) ペイ・エクイティの具体的な方法は、技能、肉体的・精神的な負担、労働環境、職責といった項目について、労働者個人の仕事の度合いに応じてそれぞれを点数化することで職務評価を行うものであり、労働者間の仕事上の能力・負荷を測るいわば「ものさし」の役割を果たす。これによって、不公平な格差や差別的な取り扱いを可視化させ、使用者に対する賃上げ要求の根拠を提示することが可能となる。

しかしながら、この職務評価も点数化を行う過程で必ず労働者側と使用者側での対立が生まれ、「ものさし」が使用者の基準によって大きく屈折させられる可能性も否定できないため、いかにして労働者側が決定権を獲得し、主導権を握るかが課題となる。[13] また、職務の価値を計測した結果、パート労働者が比較される正社員と同等の職務をこなしていると判断されれば問題はないものの、パート・アルバイトは単純労働や軽作業を優先的に担わされ、正社員に付随する責任もまぬがれているとみられがちである。[14] このことが、かえって待遇格差を正当化する根拠を使用者側に与えてしまうことにもなりかねない。そうであるとすれば、パートタイム労働者の賃金平等化には、以上の取り組みと同時にパートと正社員との間での、職務配置の平等化も並行して進めていく必要がある。パートやアルバイトが単純労働や補助労働の専担者となるのではなく、勤続年数等に応じて習熟度が上がると同時に誰もが新しい仕事を担い、職務もローテーション制にするなどして、パートであっても正社員であっても同様に賃金が上昇する仕組みを構築していくことが望ましい。

賃金の平等化についてもう一点、パートタイム労働者の賃金は、そもそも仕事内容とは無関係に、事業所の周辺地域における賃金率によって決定されている場合が多く、正社員とは全く異なった基準で賃金が決定されている。[15] 厚生労働省「パートタイム労働者実態調査」（二〇〇六年）でも、パートの採用時に何によって賃金を決定したかという問いに対して、「同じ地域・職種のパートの賃金相場」と答えた企業が七一・七％と最も多く、仕事に関わる項目である「仕事の困難度」で三一・四％、「経験年数」でも二六・一％ほどでしかなく、「同じ職種の正社員の賃金」と答えたのも一四・四％とわずかである。

現在の日本では、同一価値労働同一賃金が労働者や労働組合が独自に取り組むことのできる対抗戦略として位置づけられさまざまな試みがなされているが、ただでさえ低いパートの賃金水準の全体的な底上げなしには、上記の取り組みは困難をきわめる。その点では、現行ではやはり低水準の法定最低賃金を引き上げ、賃金の下支えをすることが目指されるべきもうひとつの戦略である。しかもその水準は、労働者が安定して生活できる賃金（Living Wage）レベルであること、また著しい地域間格差を排する必要があることから、生計費を基準とした全国一律最低賃金制の確立こそが最大の課題となるだろう(16)。

2　パートタイム労働に内在する積極的契機

パートタイム労働を労働者諸個人のライフステージに応じた多様な働き方の一つとしてみれば、男性がパートを積極的に選択することも大いにありうる。しかし、今日の日本において、夫である男性が正社員である場合、残業もいとわず家庭責任を放棄して働かざるをえないのが現実であり、長時間労働が職場における就労の前提とされている。総務省「就業構造基本調査」（二〇〇七年）によれば、週六〇時間以上働く男性の割合は一八・五％と五人に一人は長時間労働であり、四九―五九時間の男性を含めれば四二・九％と半数に迫る勢いである。また、その男性正社員の家事関連時間は、一日でおよそ三〇分程度ときわめて短時間であり（総務省「社会生活基本調査」二〇〇六年）、労働時間および生活時間という観点からみた男性正社員モデルは今日においても健在である(17)。

ここでより重要な問題は、これまで長時間労働と家事・育児・介護等といったケア労働不在の男性といういわば「ケアレス・マン」的働き方が正社員の一般的標準とみなされ(18)、企業における賃金体系や査定のあり方に決定的な影響を及ぼしてきたことである。つまり、企業は長時間労働に対応できない、あるいは家庭責任を放棄できない者を劣った労働者として、標準的な賃金カーブや企業内福利厚生から排除してきたのである。このような正社員の標準型から排除された人々のなかで、最も差別的な取り扱いがなされてきたのが、ケア労働のほとんど多くを引き受ける大多数の女性パート＝妻であった。

とはいえ、身分的差別の問題を別とすれば、相対的に労働時間の短いパートタイム労働という働き方そのものは、ケア労働に加えてボランティアや趣味・スポーツといった社会的活動時間の確保が可能な、仕事と家庭生活の調和（ワーク・ライフ・バランス）を可能にする働き方であることも確かである。すでにヨーロッパにおいては、EUパートタイム労働指令（一九九七年一二月）にもあるように、フルタイム労働とパートタイム労働の転換権が権利として確保され、賃金の時間比例原則にもとづく均等待遇も一定程度実現されている。この原則を基礎として、ヨーロッパのパートタイム労働は、ライフステージの一時期に必要に応じて仕事と家庭生活の両立を可能にするための、あるいは家事や育児といったケア労働を平等に負担するための、男性と女性に共通のごく標準的な選択肢として確立している。長時間労働を常としケア労働を行わないフルタイム雇用は、そもそも標準的な働き方とはみなされていない。

このように考えるならば、日本の男性正社員に代表される「ケアレス・マン」的働き方を改革するには、現在の長すぎる労働時間の見直しに加え、ケア労働を重視する働き方を雇用の標準的形態として位置づけること、男女が共通して必要に応じてパートタイム労働を選択できるようにすることが肝要である。その点では、たとえば夫婦がともにパートであっても生計を立てることが可能となるような賃金水準の確保が望ましいことから、やはりさきに述べた正社員とパートの、あるいは雇用形態の枠を超えた時給格差の解消が前提条件となるだろう。

注

（1）厚生労働省編『平成二一年版 労働経済白書』（全国官報販売協同組合、二〇〇九年）二一四ページ。

（2）以上の代表的な見解を示す文献として、佐藤博樹・小泉静子編『不安定雇用という虚像』（勁草書房、二〇〇七年）を参照。

（3）労働政策研究・研修機構編『多様な働き方の実態と課題――就業のダイバーシティを支えるセーフティネットの構築に向けて』（労働政策研究・研修機構、二〇〇七年）。

（4）たとえば、大沢真理『企業中心社会を超えて』（時事通信社、一九九三年）を参照。大沢氏は、統計調査の定義や類型化を検討し、「日本の『パート』は労働時間の短さで定義することがむずかしく、結局、事業所での『取り扱い』、つまりいわば『身分』として把握するほかない」（八二ページ）と指摘している。

（5）先進諸国でも以前には日本と同様にM字型カーブが形成された時期があったものの、一部の国を除いてこのようなカーブはすでに解消されほぼ台形型となっている。この点については、厚生労働省雇用均等・児童家庭局編『平成一六年版 女性労働白書』（21世紀職業財団、二〇〇五年）第Ⅱ章を参照のこと。

（6）本田一成『主婦パート 最大の非正規雇用』（集英社新書、二〇一〇年）第二章および三章を参照。

（7）とくに女性の妊娠期における差別を論じたものとして、杉浦浩美『働く女性とマタニティ・ハラスメント』（大月書店、二〇〇九年）を参照。

（8）女性に対する差別の歴史は、結婚退職制や差別定年制、賃金および昇格差別をめぐって闘われた一連の女性賃金差別裁判がすべてを物語っている。さしあたって、森ます美『日本の性差別賃金』（有斐閣、二〇〇五年）で分析されているさまざまな事例、森岡孝二『貧困化するホワイトカラー』（ちくま新書、二〇〇九年）第四章を参照されたい。

（9）『日本経済新聞』二〇〇四年八月一六日夕刊、『朝日新聞』二〇〇五年八月三日朝刊。

（10）小林美希『ルポ職場流産』（岩波書店、二〇一一年）第三章の橋本桂子氏の事例を参照。
（11）パートの身分性については、大沢真理氏の一連の著書・論文に加え、伊田広行『21世紀労働論』（青木書店、一九九七年）などが詳しい。
（12）同一価値労働同一賃金の手法とその試みについては、森ます美、前掲書を参照。
（13）笠井弘子「『同一価値労働同一賃金』への理解を求めて」、『LANN』二〇一〇年冬号、二六ページ。
（14）近年では、パートの基幹化に関する研究がおこなわれ、正社員が遂行する職務をパートに担わせる企業が増加している点も指摘されている。これについては、本田一成『チェーンストアのパートタイマー』（白桃書房、二〇〇七年）を参照。とはいえ、産業や職業による違いはあるにしても、相対的に面白みに欠けるような単純労働や補助的労働を優先的に担うのは、やはり正社員よりもパートやアルバイトであるということを看過すべきではない。
（15）鬼丸朋子「日本のパートタイム労働者の基幹化と低賃金問題」、女性労働研究会編『賃金の崩壊と対抗戦略（女性労働研究）』第四六号（二〇〇四年）、七一ページ。
（16）小越洋之助『終身雇用と年功賃金の転換』（ミネルヴァ書房、二〇〇六年）三四〇ページ。
（17）森岡孝二「労働時間の二重構造と二極分化」、『大原社会問題研究所雑誌』第六二七号（二〇一一年）を参照。
（18）久場嬉子「『男女雇用機会均等法』から『男女共同参画社会基本法まで』」、北九州市立男女共同参画センター〝ムーブ〟編『ジェンダー白書２　女性と労働』（明石書店、二〇〇四年）一九ページ。

第四章　法人実効税率引下げ論の虚構と現実

大邊誠一

はじめに

日本経済団体連合会（以下、経団連と表記）は、かねてより政府に対して法人実効税率の引下げを要求してきた。その行方が注目されるなかで、政府は、二〇一〇年一二月一六日、二〇一一年度の「税制改正大綱」を発表した。焦点となっていた法人減税問題は、実効税率を五％引き下げることで決着し、大綱概要では次のように表現された。

「我が国企業の国際競争力の向上や我が国の立地環境の改善等を図り、国内の投資拡大や雇用創出を促進するため、国税と地方税を合わせた法人実効税率を五％引き下げる（四〇・六九％⇒三五・六四％）。このため、法人税率を三〇％から二五・五％へ四・五％引き下げる」。

二〇一一年度税制改正大綱におけるこの引下げ案は、経団連にとっては満額回答ではなかったにせよ、当時の状況ではほぼ満足できるものであったと思われる。とはいえ、二〇一一年三月一一日に発生した東日本大震災と原発事故を受け、法人税率の引下げを一時停止し引下げ分を復興財源に充てるべきだという意見が出されたものの、経済界の意を受けて「税と社会保障の一体改革」の名のもと引下げを強行する可能性が高くなっている。

本章は、政府の税制改正大綱に盛り込まれるにいたった経団連の法人実効税率引下げ論を批判的に考察することを目的とする。

議論の順序として、第Ⅰ節では、法人税に関する基礎的タームを解説し、実効税率の意味を確認する。その際、実効税率よりも相当程度低いといわれる税負担の実態についても検討する。

第Ⅱ節では、経団連の提言の具体的な内容を考察し、提言の根拠や背景をみる。

第Ⅲ節では、高い法人税率は多国籍企業を中心とする大企業の海外移転を誘発するという見解を検討する。ここでは、受入れ国のあいだで誘致競争が起こり、その政策手段の一つとして税制上の優遇措置がとられるようになったことに留意して、各国政府を巻き込んだ法人税率の引下げをめぐる租税競争に触れる。

第Ⅳ節では、大企業と業種別団体等で構成される経団連が、グローバル化した現代においてどのような社会的責任を果たすべきかを考察する。とくに、日本では他国にはみられない規模の財政赤字を抱えていることを重視し、財政赤字の原因の面からも経団連や企業の社会的責任を考える。

筆者は、本書に先行する『格差社会の構造』(桜井書店、二〇〇七年)で、経団連の税制提言をとりあげ批判的な考察を試みた(1)。そこではそれを企業活力と経済成長を最優先したものであり、国民生活や財政状況への責任を回避したものとして批判した。本章はその続編である。

Ⅰ　大企業の法人税負担の実態

まず基本的なテクニカルタームの説明から始めよう。法人税とは何か。自然人ではないが、社会的な必要から法が人格を付与した組織や団体が納税者になる。ⓐ普通法人、ⓑ協同組合等、ⓒ公益法人等、ⓓ人格のない社団等が法人税法上の納税義務者として規定されている(2)。

法人税の対象となるのは事業年度ごとの法人所得であり、図４-１のような仕組みによって課税所得金額が決定される。所得額の計算は企業会計と基本的に同じであるが、税法独自の規定により会計上と税法上の所得額が異なってくる(3)。両者の異なる部分の修正（加算と減算）を申告調整という。税率は原則三〇％となっている。小規模法人には軽減された税率が適用される。

税制の論議になると必ず登場するのが「法人実効税率」である。「実効」という用語は実際の負担率（額）であると思われがちである。使う側もそうした理解を期待しているふしもあるが、法人に課税される地方税のなかに法人税法上の損金（必要経費）に含めることのできるものがあるので、単純に国税である法人税と地方税を合計しても正確な負担率にはならない。単に表面上の税率を調整して表示しているにすぎない。

それでも、法人に課される税の国際比較には欠かせない指標となっている。ちなみに、現在の日本の法人実効税率は四〇・六九％（東京都の場合は、国二七・八九％、地方一二・八〇％で合計四〇・六九％）とされている(4)。

図4-1　法人税の計算の仕組み

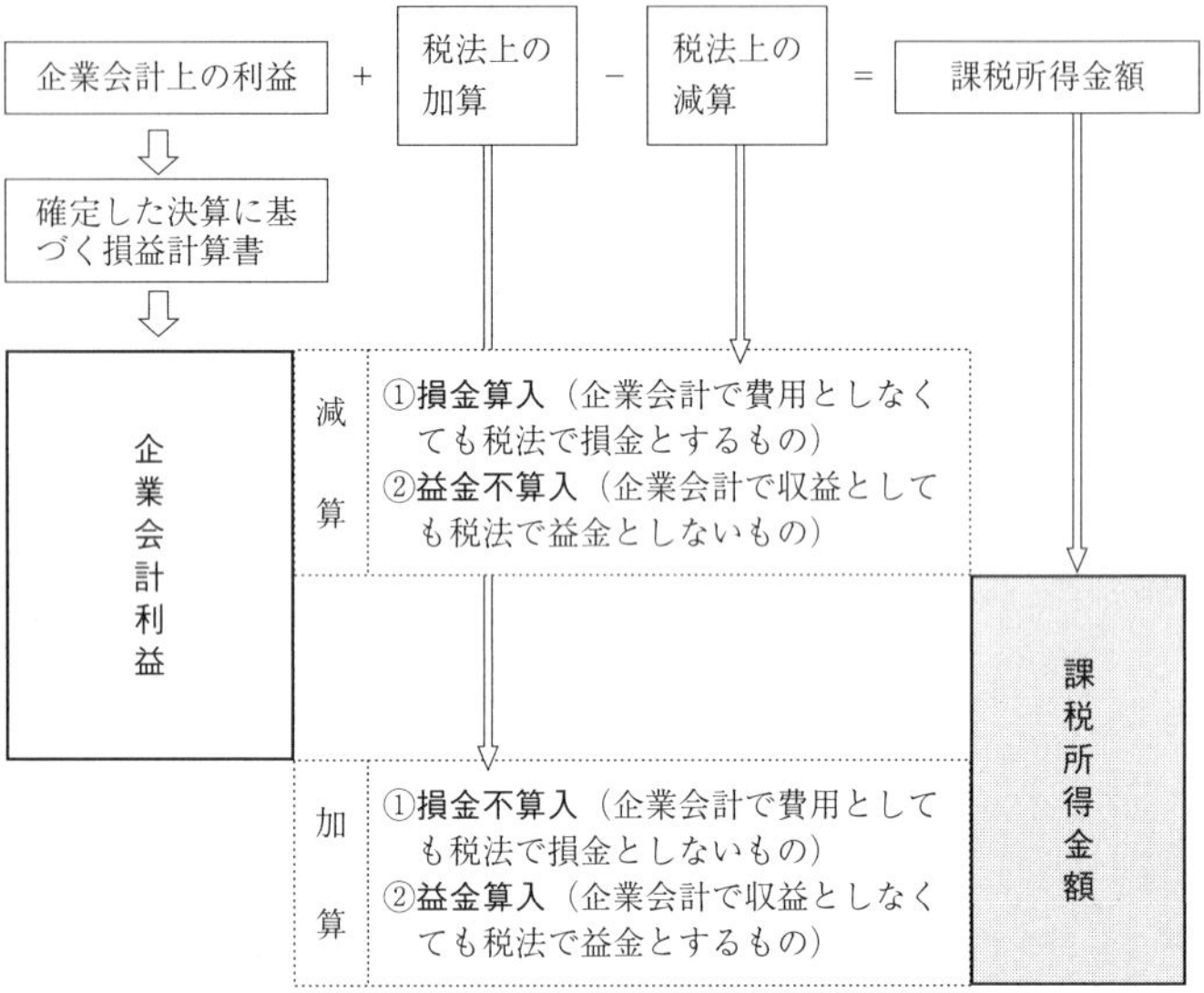

（出所）　国税庁ホームページ，税務大学校講本「法人税法」(2010年，25ページ)。

ＯＥＣＤ各国の法人実効税率は表4-1[5]のとおりであるが、低下傾向の著しいことがすぐにみてとれる。グローバル化のもとでの国家戦略としての企業誘致競争が背景にあるので、この傾向は簡単には終わりそうにない。二〇〇八年の世界的経済危機の後、租税競争は各国の財政上困難な問題を引き起こす一因となっていることが広く自覚されはじめている。この問題は各国政府、国際機関の今後の大きな課題として議論が始まったところである。

所得金額と税額算定においては、いくつかの「特別な減税制度」がある。それは、とくに条件を備えたときだけ損金に入れることができ、特定の収入（たとえば配当等）だけは益金として算入しなくてよいという制度や、特定の支出があれば税額計算のなかでいったん決まる税額から控除でき

表 4-1　OECD各国の税率推移表

年 国名	2009	2008	2007	2006	2005	2004	2003	2002	2001	2000	1999	1998	09–98 平均
オーストラリア	30.00	30.00	30.00	30.00	30.00	30.00	30.00	30.00	30.00	34.00	36.00	36.00	31.33
オーストリア	25.00	25.00	25.00	25.00	25.00	34.00	34.00	34.00	34.00	34.00	34.00	34.00	30.25
ベルギー	33.99	33.99	33.99	33.99	33.99	33.99	33.99	40.17	40.20	40.20	40.17	40.17	36.57
カナダ	31.32	31.72	34.09	34.07	34.36	34.42	35.95	38.05	40.51	42.57	42.87	42.94	36.91
チェコ	20.00	21.00	24.00	24.00	26.00	28.00	31.00	31.00	31.00	31.00	35.00	35.00	28.08
デンマーク	25.00	25.00	25.00	28.00	28.00	30.00	30.00	30.00	30.00	32.00	32.00	34.00	29.08
フィンランド	26.00	26.00	26.00	26.00	26.00	29.00	29.00	29.00	29.00	29.00	28.00	28.00	27.58
フランス	34.43	34.43	34.43	34.43	34.95	35.43	35.43	35.43	36.43	37.76	40.00	41.66	36.23
ドイツ	30.18	30.18	38.90	38.90	38.90	38.90	40.22	38.90	38.90	52.03	52.03	56.05	41.17
ギリシャ	25.00	25.00	25.00	29.00	32.00	35.00	35.00	35.00	37.50	40.00	40.00	40.00	33.21
ハンガリー	20.00	20.00	20.00	17.33	16.00	16.00	18.00	18.00	18.00	18.00	18.00	18.00	18.11
アイスランド	15.00	15.00	18.00	18.00	18.00	18.00	18.00	18.00	30.00	30.00	n.a.	n.a.	19.80
アイルランド	12.50	12.50	12.50	12.50	12.50	12.50	12.50	16.00	20.00	24.00	28.00	32.00	17.29
イタリア	27.50	27.50	33.00	33.00	33.00	33.00	34.00	36.00	36.00	37.00	37.00	37.00	33.67
日本	39.54	39.54	39.54	39.54	39.54	39.54	40.87	40.87	40.87	40.87	40.87	46.36	40.66
韓国	24.20	27.50	27.50	27.50	27.50	29.70	29.70	29.70	30.80	30.80	n.a.	n.a.	28.49
ルクセンブルク	28.59	29.63	29.63	29.63	30.38	30.38	30.38	30.38	37.45	37.45	n.a.	n.a.	31.39
メキシコ	28.00	28.00	28.00	29.00	30.00	33.00	34.00	35.00	35.00	35.00	35.00	34.00	32.00
オランダ	25.50	25.50	25.50	29.60	31.50	34.50	34.50	34.50	35.00	35.00	35.00	35.00	31.76
ニュージーランド	30.00	30.00	33.00	33.00	33.00	33.00	33.00	33.00	33.00	33.00	33.00	33.00	32.50
ノルウェー	28.00	28.00	28.00	28.00	28.00	28.00	28.00	28.00	28.00	28.00	28.00	28.00	28.00
ポーランド	19.00	19.00	19.00	19.00	19.00	19.00	27.00	28.00	28.00	30.00	34.00	36.00	24.75
ポルトガル	26.50	26.50	26.50	27.50	27.50	27.50	33.00	33.00	35.20	35.20	37.40	37.40	31.10
スロバキア	19.00	19.00	19.00	19.00	19.00	19.00	25.00	25.00	29.00	29.00	40.00	40.00	25.17
スペイン	30.00	30.00	32.50	35.00	35.00	35.00	35.00	35.00	35.00	35.00	35.00	35.00	33.96
スウェーデン	26.30	28.00	28.00	28.00	28.00	28.00	28.00	28.00	28.00	28.00	28.00	28.00	27.86
スイス	21.17	21.17	21.32	21.32	21.32	24.10	24.10	24.42	24.70	24.93	25.09	27.80	23.45
トルコ	20.00	20.00	20.00	20.00	30.00	33.00	30.00	33.00	33.00	33.00	n.a.	n.a.	27.20
イギリス	28.00	28.00	30.00	30.00	30.00	30.00	30.00	30.00	30.00	30.00	30.00	31.00	29.75
アメリカ	39.10	39.25	39.26	39.30	39.28	39.31	39.33		39.26	39.34	39.39	39.44	39.30

（出所）OECD, Tax Database, Corporate and capital income taxes, OECD, Tax Database のデータを筆者が加工・作成。

表 4-2　OECD各国のマクロ指標等

年 / 国名	人口 2008（千人）	GDP 2007（10億米ドル）	1 人当たり GDP（米ドル）	実質 GDP 成長率 98～07	FDI 流入額 02～07合計額（百万米ドル）	実質 GDP 成長率 2009
オーストラリア	21,016	794.6	37,565	3.55	68,336	
オーストリア	8,338	308.7	37,119	2.54	59,048	－3.9
ベルギー	10,693	375.8	35,382	2.27	230,720	－2.8
カナダ	33,095	1269.6	38,500	3.32	234,670	
チェコ	10,262	248	24,027	3.57	42,372	－4.1
デンマーク	5,473	196.3	35,961	1.95	26,243	－5.2
フィンランド	5,307	183.6	34,718	3.60	32,911	－8.2
フランス	61,840	2078.0	32,686	2.35	445,261	－2.6
ドイツ	82,772	2829.1	34,391	1.74	223,848	－4.7
ギリシャ	11,218	318.1	28,423	4.08	11,319	－2.0
ハンガリー	10,035	188.6	18,754	4.07	29,712	－6.7
アイスランド	315	11.1	35,697	4.45	11,943	－6.9
アイルランド	4,250	196.2	45,027	6.78	34,827	－7.6
イタリア	58,851	1802.2	30,381	1.59	147,241	－5.2
日本	127,568	4295.9	33,626	1.18	42,205	－6.3
韓国	48,607	1201.8	24,801	4.40	26,697	0.2
ルクセンブルク	471	38.3	79,793	5.27	642,963	－3.7
メキシコ	106,683	1479.9	14,004	3.64	125,762	
オランダ	16,390	642.4	39,225	2.59	205,833	－3.9
ニュージーランド	4,268	114.8	27,431	3.19	19,000	
ノルウェー	4,765	251.7	53,477	2.45	19,297	－4.7
ポーランド	37,927	609.4	15,989	4.20	67,490	1.7
ポルトガル	10,620	242.0	22,815	2.03	31,763	－2.5
スロバキア	5,393	108.4	20,079	5.48	18,807	－4.8
スペイン	44,311	1417.4	31,586	3.81	195,171	－3.7
スウェーデン	9,195	334.8	36,603	3.23	80,297	－5.3
スイス	7,617	308.6	41,101	2.06	88,874	－1.9
トルコ	74,767	960.3	12,993	4.15	57,566	－4.5
イギリス	61,412	2168.1	35,669	2.91	606,558	－4.9
アメリカ	303,598	13741.6	45,489	2.86	886,229	－2.6

（出所）OECD Factbook 2009 掲載データより作成。2009年実質成長率のデータは Eurostat より引用。
http://www.oecd-ilibrary.org/economics/oecd-factbook-2009_factbook-2009-en
http://epp.eurostat.ec.europa.eu/portal/page/portal/eurostat/home

る制度である。これらの減税制度は現行法人税制を批判的にみる立場からは「特権的減免税」と呼ばれることがある。しかし、どこまでの範囲を特権的な減免制度とみるかについては論者によって異なる。一番狭い見方では（それが財務省の公式見解であるが）、租税特別措置法に規定があるものだけに限定されることが多い。

近時、よく議論の対象となる研究開発税制は租税特別措置法の第四二条の四で規定されている。研究開発の特別控除制度は損金として計上したうえに、その総額の一定割合を税額から引くことができるもので、二度引きの効果をもたらす。税制調査会（税調）の資料によると、二〇〇六年度五八〇〇億円、〇七年度六三〇〇億円、〇八年度二九〇〇億円にものぼることが明らかになっている(6)。

二〇一〇年に、前年度からの法人税の減税の穴を何で埋めるかの議論をした際、財務省から提出された財源案の項目は次のとおりである(7)。このリストの意味するところは、結果的に減税されているからそれを元に戻すというのと同じことになる。言い換えると特別な減税措置の一覧表ということになる。

［法人税法上の措置］

・減価償却制度の抜本的見直し　※定額法のみとする場合　増収見込額　六〇〇〇―八〇〇〇億円

・貸倒引当金・返品調整引当金の廃止・縮減　※全廃、四年で繰り戻す　二〇〇〇―二五〇〇〇億円

・欠損金の繰越控除の制限　※控除前所得の五〇％に制限　四〇〇〇―五〇〇〇億円

［租税特別措置法関係］

・特別償却・割増償却の廃止・縮減　※全廃の場合　一二〇〇―一四〇〇億円

・準備金（一三措置）の廃止・縮減　※全廃の場合　一三〇〇億円

・研究開発税制の大幅縮減（重点化）　※総額型の全廃の場合　二七〇〇―五一〇〇億円

Ⅱ　経団連の税制改正要求の内容

経団連は、二〇一〇年九月一四日に、二〇一一年度（平成二三年度）税制改正に関する提言を公表した。(8)そこでは次のとおり要求している。

「世界各国で法人税率の引下げ競争が行われる一方、日本の法人実効税率は約四〇％と世界最高水準に貼りついたままとなっている。……日本としては、まず、先行して少なくとも五％程度の法人税率引下げを行うとともに、早期に法人実効税率を三〇％まで引き下げるべきである。その後も、さらにアジア近隣諸国と均衡する水準まで、速やかに引下げるべきである」。

過去にもほぼ同様の提言をしているが、年度により表現は多少異なる。その前年度に要求が実現した項目は取り下げられ、要求する順序が戦略上の配慮から変わることもある。提言で一貫しているのは四〇％の高税率では国際競争に勝てないと強調することであり、減税は経済の（大企業の）活力維持のためという理由づけである。

法人税率の引下げ論は、たいていの場合、消費税率の引上げ論と一体となっている。経団連の税制改正要求はその点できわだっており、消費税の増税について、時期を明示して税率の大幅な引上げを具体的に要求していることが重要な特徴点となっている。たとえば、二〇一一年の提言では、次のように述べている。

「景気動向に注視しつつ、速やかかつ段階的に（例えば毎年二％ずつ引き上げ）、少なくとも一〇％まで早期に引き上げるべきである。その後も、安心で持続可能なセーフティネットを確立するためには、国民の合意を得つつ、二〇二〇年代半ばまでに、消費税率を欧州諸国なみの一〇％台後半、ないしはそれ以上へ引き上げていかざるをえないと考えられる」。

遡ると、経団連は、二〇〇九年に「今後の財政運営のあり方」と題したまるで政府政策のような文書をまとめ、それを受けて、二〇一〇年度提言では、「二〇一五年度までに消費税率五％分（合計一〇％）の財源を確保する必要がある……。さらに、高齢者医療・介護の公費負担割合の引上げ、基礎年金の税方式化など、望ましい社会保障制度の姿を完成するためには、二〇二五年度までにさらに七～八％分（合計一七～一八％）の安定財源の確保が求められる……」としていた。菅内閣のもとで二〇一一年二月に設置された「社会保障改革集中検討会議」に向けた要求(9)では、将来的には二〇％以上にしなければならないと主張している(10)。

高い利益を上げ内部留保が増加する一方の大企業には法人税率の引下げで負担の軽減をはかり、最低生活をかろうじて維持している貧困層には消費税率の引上げで必需的な出費を切り詰めさせる。このことの問題性はいくら強調してもしすぎることはない。

経団連が消費税の増税を求める理由としては、徴収上の効率のよさと税収の大きさ（一％上げると二兆五千億円の増収になる(11)）もあるが、輸出については免税となる結果、払ったかたちをとる消費税が還付される制度もあるからだと言われている(12)。

消費税の引上げを強く求めてきた経団連には、生存権を保障した憲法二五条（「すべて国民は、健康で文化的な最低限度の生活を営む権利を有する」）や、租税の応能負担の原則という概念はまったく念頭にないようにみえる。また、「国際競争力」をつけるためには法人税の引下げが必要だと言うが、これは競争には終わりがない以上、引下げにも終わりがないと言うに等しく、その意味でいわば永遠の論理として通用することがわかっていて毎年使っていると思われる。(13)

経団連は、法人実効税率が高いと外資企業は撤退するし、日本企業も海外に出ていかざるをえないと主張している。そうなると、雇用はさらに減少し、日本経済は衰退するという。これは脅迫の論理である。しかし、ここ数年の度重なる税制改正において研究開発税制が大幅に拡充されて企業の実質的な税負担を下げていることが広く知られるようになってきている。そこで税制の研究者などの間で、実質的な税負担率がどの程度であるかを計測する試みが数多く行われるようになった。

しかし、実質的な税負担率を求めるといっても多様な方法が考えられる。とくに外国との比較が前提となっていることもあり、実際には各種の困難がつきまとう。以下に比較の基礎となる数値をどのように求めるかの類型を示してみよう。

(1) 特別措置法に規定される税額控除に限定。法人税法自体の規定は減免税とはみない。

(2) 特別措置法の規定以外にも課税ベースを狭めていると批判される受取配当など益金不算入制度なども含めて軽減項目として、あるべき課税ベースを広くとる考え方。

(3) 企業が負担する公的なものとして、租税のほかに社会保険の負担も考えられるので、これも含めてより正確な負担を出そうとするもの。社会保険料負担も経済学的には租税と変わらない負担とみなされている。また外国では租税として扱われている例もある。

(4)　租税負担に所得課税だけでなく土地保有に係る租税も含める。当然、社会保険料負担も含めることになる。

(5)　企業が負担する民間医療の保険料負担も含める。とくに公的保険が未発達であるアメリカとの比較において重要になる。

(6)　経済のマクロ統計からの検討でＧＤＰに対する法人負担の税額の割合を比較する。

以下で試算のいくつかを紹介する。

第一に、垣内亮氏の試算は、[14]⑵のタイプの比較論である。垣内氏は会計と税制の違いから単年度では正確な税率は算定できないとして複数年（二〇〇三―二〇〇九年度）を検証の材料としている。[15]結果だけを示すと、トヨタ自動車三〇・四％、キヤノン三四・八％、本田技研工業二四・五％、ソニー一二・九％となる。試算を示した論文では、経済産業省の公表した税制検討資料に意図的な表示があるとも指摘している。分析表によると、トヨタ自動車が表面的な実効税率が四〇・一％であるにもかかわらず低い率（三〇・一％）で納税している。この差は七年間の合計額では六〇〇〇億円以上にもなるが、その一番大きな理由は試験研究費税額控除の効果の三五〇〇億円にあるとされる。外国税額控除は三一〇〇億円と試算されている。

第二は、同じく⑵にもとづいて、富岡幸雄氏が示した「真実実効税率」[16]を検討された田中里美氏の試算である。[17]これは、法人税額（法人税額相当額）／企業利益（推定企業利益相当額）という算式で導きだされる。結果は資本金規模別算定結果として表4‐3[18]のように示されている。さらに資本金規模一〇〇〇億円以上の大企業の真実実効税率と法定実効税率の推移（一九六三―二〇〇七年）も提示しているが、一九九八年以降急激に税額が減少している。その要因としては三〇％への引下げ、二〇〇三年の研究開発減税制度の

表4-3　資本規模別実効税率算定結果

資本規模	実行税率
100億円以上	18%
50億円以上	23%
10億円以上	27%
5億円以上	29%
1億円以上	27%
5000万円以上	29%

導入などがあげられている。

第三は、(1)による税制調査会資料（二〇一〇年四月七日提出）の試算である。[19]これは税調自らが行ったという点でめずらしい試算である。しかし、特別措置の範囲もきわめて限定的で不十分なものである。『会社四季報』（二〇一〇年第二集）に掲載された「研究開発費ランキングの上位五〇社」の有価証券報告書における税効果会計の内訳に、「試験研究費の税額控除」の記載がある企業を対象に、税調事務局が集計して作成した表が収録されている。この表によるとA社（医薬品）▲六・四%、C社（医薬品）▲一二・三%、D社（輸送用機器）▲八・八%、E社（医薬品）▲八・〇%、F社（機械／輸送用機器）▲七五%が法人税等の引き下げ効果があるとされている（A社のみ二〇〇九年一二月期、他社は二〇〇九年三月期）。特定の法人の情報は保護すべき秘密にあたるという理由から企業名は明らかにされていないものの、税調の場で、実質負担がかなりの割合で低くなっていることを公的にも認めたという点で意味がある。

第四は、井立雅之氏の試算である。[20]井立氏は経団連の実効税率の国際比較について批判するだけでなく、国際比較に事業・営業への課税、不動産課税を加えることを主張し、さらにアメリカについては企業が負担する民間医療保険の事業主負担額を加えて比較するべきと主張している。当然、社会保険料の事業主負担を加えることも主張に含まれている。この手法は前掲(3)、(4)、(5)に挙げた方法を採っているが、統計数値入手の関係からか比較はGDP比で行われている（二〇〇四年の数値）。結果を示すと以下のとおり。日本九・四、アメリカ一一・二、イギリス八・三、ドイツ九・二、イタリア一四・三、フランス一五・八。日本はイギリスよりも負担率が高く、ドイツとほぼ同じで、イタリア、フランス、アメリカは日本より高い。

以上見てきた試算結果から、経団連が法人実効税率は約四〇％で、世界最高の負担になっているという主張は実態とは違うということがわかる。

Ⅲ　企業の海外進出の実際

1　企業アンケート調査にみる海外進出目的

グローバル化が進展するなかで、実際に海外に出て行く企業へのアンケート調査が経産省（旧通産省）などで実施されてきた。たとえば経産省の「海外事業活動基本調査」は、一九七一年に「海外事業活動動向調査」としてスタートしている。これは一九六九年の資本自由化を受けてのことと思われる（完全自由化は一九八二年六月から）。一九八一年からは、三年ごとの詳細調査である「海外事業活動基本調査」と、その間二年の「海外事業活動動向調査」とを行っている。本節では四つのアンケート調査の結果を確認することで、企業がなぜ海外に出て行くのか、その際、税制はどの程度影響しているのかを探ってみよう。

取り上げるのは、経産省の「海外事業活動基本調査」、内閣府の「企業行動に関するアンケート調査」、日本政策金融公庫（ＪＢＩＣ）の「わが国製造企業の海外事業展開に関する調査」および東洋経済新報社が発行している雑誌『二〇一〇海外進出企業総覧・会社別編』上で公開されたアンケート調査結果である。

まず、経済産業省調査による「海外事業活動基本調査」をみてみよう。これは二〇〇九年に実施され、二〇一〇年三月に公表された。対象企業は五七一八社、回収率は六九・二％である。図４-２は、二〇〇八

図4-2　海外立地選定理由——経産省アンケート回答内容（三つ選択）

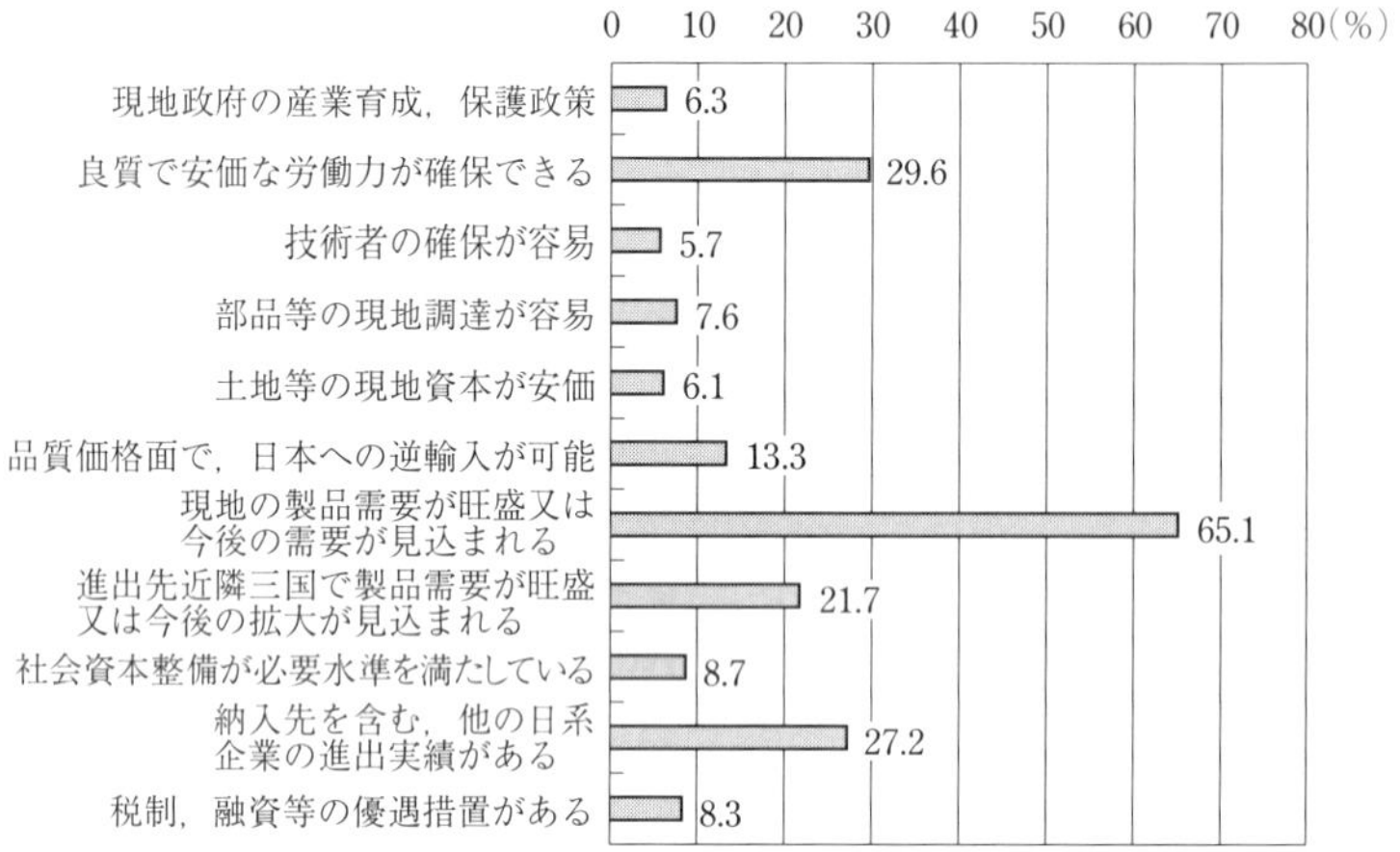

（出所）　経産省「海外事業活動基本調査」2009年。

年度中に現地法人に新規・追加の投資を行った本社企業を対象とした調査結果で、九七八社が回答している。該当するものを三つ選択する形式の各回答の割合をみると、①現地の需要と市場の将来性（六五・一％）が最も高く、次いで、②安価な労働力（二九・六％）、③日本企業の進出実績（二七・二％）、④近隣諸国の需要と市場の将来性（二一・七％）、の順となっている。経団連が声高に叫ぶ税制等の優遇措置を海外進出の理由に挙げた回答は八・三％でしかない。

次に、内閣府の二〇〇九年度「企業行動に関するアンケート調査結果」（第二次集計）を取り上げてみよう。これは、上場企業二四五七社を対象に二〇一〇年五月一一日に実施されたもので、回収率は四二・〇％であった。ここでは調査項目中の問12（2）今後（中長期）の海外に進出する理由についての回答結果を図4－3に示した。なお、回答企業数は六三八社である。回答率が高い項目を順に四つあげる

図4-3　海外進出する理由（製造業）

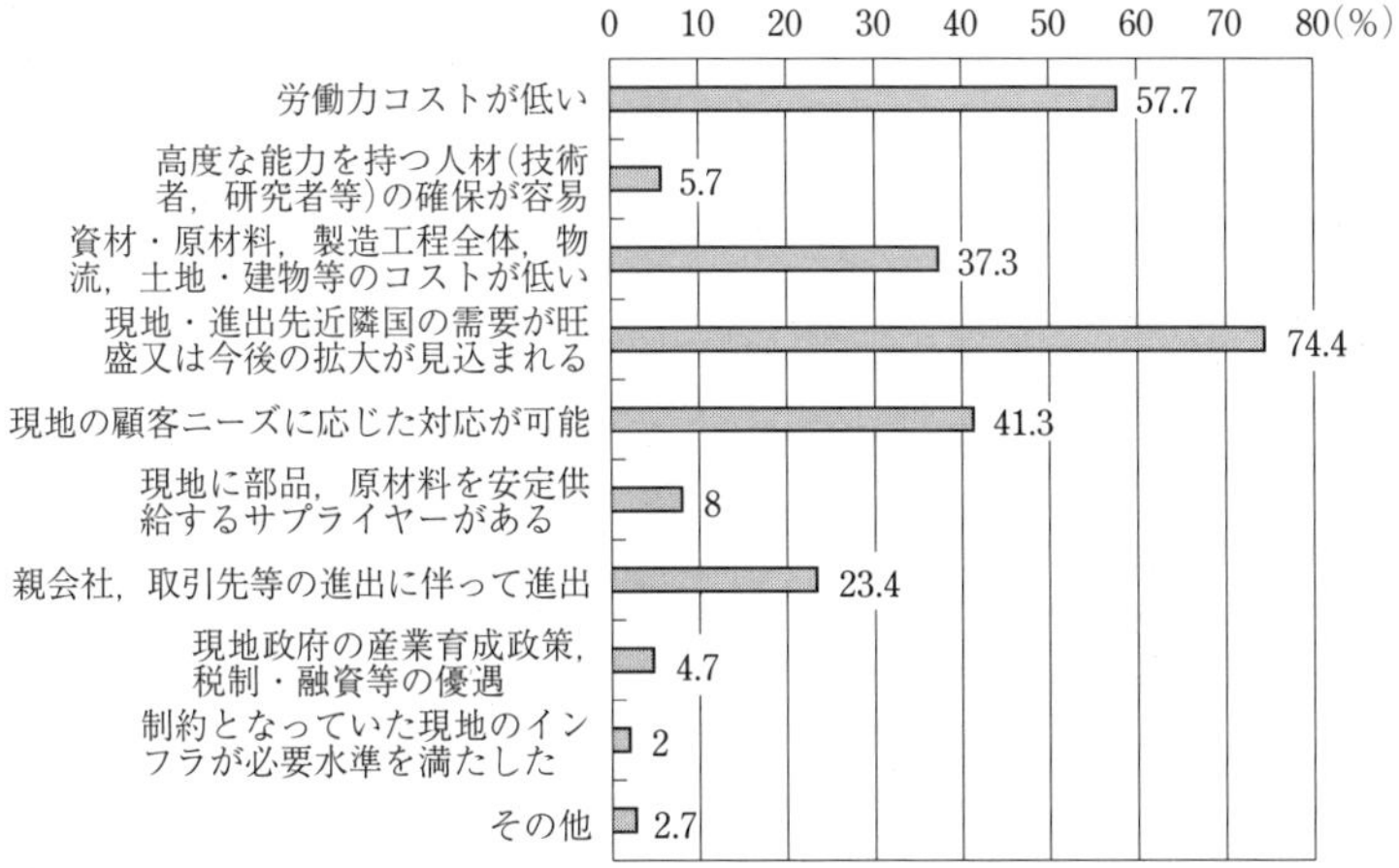

（出所）　内閣府「2009年度企業行動に関するアンケート調査報告書」。

と、①現地・進出先近隣諸国の需要が旺盛又は今後の拡大が見込まれる（七四・四％）、②労働力コストが低い（五七・七％）、③現地の顧客ニーズに応じた対応が可能（四一・三％）、④親会社、取引先等の進出に伴って進出（二三・四％）となっている。税制関連の項目としては「現地政府の産業育成政策、税制・融資等の優遇措置」という選択肢があるが、四・七％と低い回答結果となっている。

つづいて、国際協力銀行（ＪＢＩＣ）の「わが国製造企業の海外事業展開に関する調査報告」[21]をみてみよう。この調査は一九八九年から行われており、二〇一〇年の「度海外直接投資アンケート調査（第二二回）が同年一二月三日に公表されている。調査対象企業は九六一社で、六〇五社から回答が寄せられている。調査結果のうち、「有望事業展開先国・地域」の第一位は中国であるが、その理由は高い順に、①現地マーケットの今後の成長性（八七・八％）、②現地マーケットの現状規模（三八・一％）、③安価な労働力（三五・三％）、④組立メーカーへの供給として（二五・九％）となっている。税制関連の項目としては「投資にかかる優遇税制がある」があるが、これは六・三％と低率である。なお、この「投資にかかる優遇政策がある」にあげられた国を順に示すと、マレーシア二五・〇％、タイ一五・九％、ベトナム八・五％、ロシア六・七％となる。

もうひとつ、東洋経済新報社の『海外進出企業総覧〔会社別編〕』二〇一〇年所収の第三九回アンケート調査の結果を取り上げておく。これは対象企業数が六五三二社、回収率は五三％である。国別にみた投資目的（全産業）の質問では、きわだって高い回答項目がないことがこの調査の特徴といえるが、調査対象数が多いことが影響しているのかもしれない。あげられた項目を高い順に示すと、①国際的な生産・流通網構築（三〇・三％）、②現地市場の開拓（二八・八％）、③情報収集、商品などの企画開発・研究（八・二％）、④労働力の確保、利用（八・〇％）となる。税制関連の項目としては「現地政府の優遇」があるが、一・九％ときわめて低率である。

以上四つの調査は、海外進出の実績のある企業にその理由を聞いたものである。この結果をみると、企業は主として市場と安価な労働力を求め、生産・部品などの供給拠点を求めて海外に出て行くことがわかる。数は少ないが、管理の拠点あるいは研究開発の拠点を求めて進出する企業もある。税制も進出の動機となることはあるが、それはきわめて低い率でしかない。そもそも、企業にとっては利益の最大化が目標である。法人税が低いとしても、その進出先で利益が生まれないことには意味がない。この「常識」とアンケート結果は一致しているといえよう。

なお、東京都が二〇〇七年に帝国データバンクに委託して「法人所得課税の税収集中度に関する国際比較調査(22)」を行っている。この調査のなかで「法人実行税率が三〇%になった場合の日本回帰の可能性」について聞いている。これに対しては「回帰しない」と答えた企業が七七・四%にものぼっている。さらに「(海外と日本の公的負担比較)日本での事業活動が不利と感じることがあるか否か」を聞いているが、七三・八%の企業が「とくにない」と回答しており、さきの諸アンケート調査結果と矛盾しない内容となっている。

2　法人実効税率と他国からの直接投資

経団連の主張の大本には、法人税率を引き下げると投資が増え経済が活性化して国民経済的にプラスにはたらき、その結果、国全体の福利の向上にもつながるという考えがある。しかし、これは証明された命題ではない。租税競争ではとくに人口小国が先を競って税率を引き下げてきた経過があるが、法人税率を大幅に引き下げて外資導入をはかった人口小国、たとえばアイスランド、アイルランド、ギリシャは、二〇〇八年以降の世界的な経済危機のなかでとりわけ深刻な金融危機に見舞われている。

図4-4はOECDのデータを用いて、海外直接投資(FDI)の流入額と税率(一九九八―二〇〇九年の平均値)の関係を表している。この図では、税率が高い国ほど海外直接投資の流入額が多いという結果になっている。一般的に言って、法人税率の引下げ競争があっても、先進国の法人税率は、途上国より引下げが遅れるので、相対的に高いままにとどまっている。他方、先進国は、市場や技術など、多国籍企業の戦略からみても魅力ある投資先になっている。それだけに、先進国は海外直接投資の流入額も大きい。ただ、日本は先進国のなかでは例外的に海外直接投資の流入が少ない。こうした事実は経団連の説く「常識」に

図4-4　FDI流入額（2002〜07年）と税率の関係　　（単位：百万米ドル）

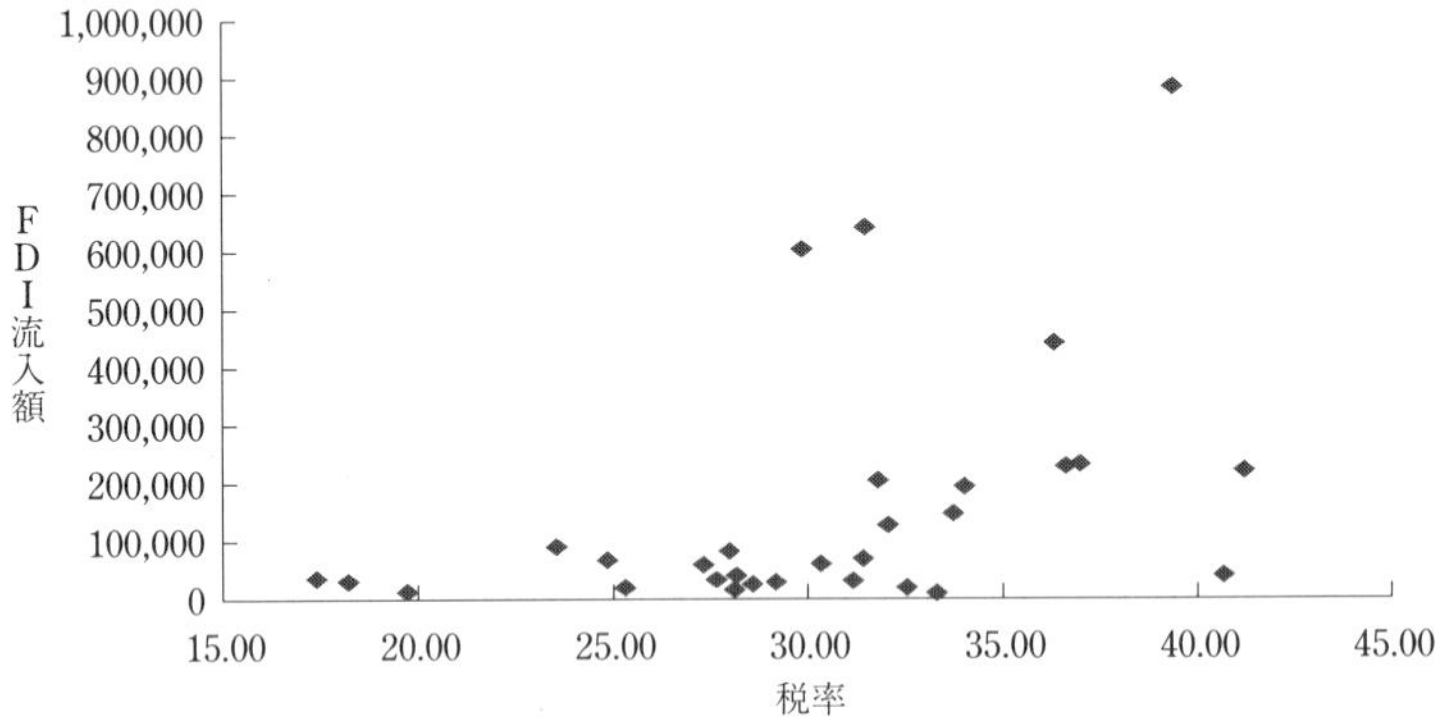

（出所）　http://www.oecd-ilibrary.org/economics/oecd-factbook-2009_factbook-2009-en, OECD Factbook 2009 掲載データより筆者が作成。

反している。

以上の諸点を踏まえて、前掲の税率推移表（表4−2）に立ち返り、法人税率の引下げをめぐる国際経済関係を経団連の主張に即した形で整理すると次のようになる。

(1)　アメリカなど人口も多くすでに市場が確立している大国は、税率を引き下げなくても外国からの直接投資は衰えない。

(2)　人口の多い国を本籍とする多国籍企業が本国で負担すべき税額の一部移転は、人口の少ない国の成長をもたらし一定の効果をあげている。

(3)　先進国でも先を競って法人税率を引き下げる国があるが、そうした国は金融証券関連法人の立地や管理機能の移転促進をめざしているものと思われる。

(4)　途上国は、工場や物流拠点の誘致をめざしており、税率引下げが政策手段となっている。

(5)　前掲の表4−1の税率の推移をみると、小国が引き起こした租税引下げ競争には限界というものがなく、世界不況とあいまって人口の多い大国の財政赤字が問題になると労働と消費への課税が強化されるという現象がみられる。小国において一時的な成功とみられる現象が起こることはあっても、産業発展、バランスのとれた構造的な発展に結びつくことはないと思われる。外資導入による急激な成長は経済の変動性や不安定性を高めるという論者もいる。

(6)　法人税率の引下げ競争が続くと、法人所得課税が衰退し、歳入不足や財政困難が増大するので、引下げ競争に歯止めをかけるための国際的な協調や条約が必要となっているように思われる。

(7)　日本が法人実効税率を引き下げると、各国、とくにアジアの周辺諸国のさらなる税率引下げ競争をもたらすであろう。アメリカでも、オバマ政権は二〇一二年二月二二日、連邦最高税率を現行の三五％から二八％に引き下げる法人税改革案を発表した。

(8)　さらに、根本にはタックスヘイブンの存在がある。グローバル化が進んできた現在、地球全体を視野に入れた議論が重要になっているので、次節ではこの点についても述べる。

Ⅳ　グローバル化と大企業の社会的責任

1　グローバル化と租税競争

人や物やサービス、資本が国境を越えそれらの交流が盛んになっていく傾向をグローバル化というが、経団連は二〇一一年度の提言で「グローバル競争が一層激しさを増す」という認識を示し、「世界各国で法人税率の引下げ競争が行われる一方」と書いている。このグローバル化は、冷戦が終わった一九九〇年代以降急激に進展したとされる。

すでに多国籍企業となっている日本の自動車生産会社の実績でみると、国内よりも海外生産が多く、販売も海外へ移行していることがよくわかる。乗用車八社の生産でみると、二〇一〇年度で、国内生産は八五九万一一二八台、海外生産は一三二九万六一八九台と海外が国内の一・五倍となっている。輸出も四三一万二三四三台と国内生産の約五〇%となっている。ここで論じたいのは、こうしたグローバル化のなかで税制がどう変化しているかということである。

前節でみたように、企業の海外進出（多国籍化）にとって税率の高低は主要な要素ではないことが確認できた。しかし、表4-1が示すように、グローバル化の進展のなかで多国籍企業を誘致するために各国が税率を引き下げる租税競争を繰り広げてきた現実がある。これが多国籍企業の投資を呼び込みたいという各国（地域）の政策に起因していることは明らかである。多国籍企業はコスト、市場、資源などを比較して投資先を決定するのであるが、その候補国・地域のなかで似たような条件を備えた立地候補が複数あるときは、税制などの優遇策のある方を選ぶからである。OECD加盟国の法人実効税率（平均値）でみると、一九八一年には四七・四五%だったものが、九〇年には四一・〇五%、二〇〇〇年には三三・五四%、二〇〇九年には二六・二九%とこの間低下してきている。(23)

経団連の提言で「引下げ競争」と表現されているこの現象も無視できない。この「租税競争」をどう考えるかは、提言を批判する際にも重要な要素となる。

租税競争は、法人所得への課税が軽減されることで税収減に直接つながるが、さらにその減収分が消費と労働への課税に転化されることで、広く一般の国民がそれを負担するという弊害をもたらす。各国政府やOECDなどの国際機関はこの弊害を重要視して対策を考えてきた。OECDの一九九八年レポートでは「有害な租税競争」の問題点が整理され、国際的な協調政策でこれに歯止めをかけようとの意図がうかがえる。(24) 租税競争を激化させる原因には、タックスヘイブンの存在がある。二〇〇〇年六月にはOECDはレポートをまとめ、タックスヘイブン(25)と呼ばれる国や地域を公表し、それらの国や地域に課税情報交換協定を結ぶよう求めた。当該の国や地域にも当然主権が存在するので、是正を強いるのではなく、課税調査に協力をするよう呼びかけたのである。

なお、日本、アメリカなどの先進国にはタックスヘイブン対策税制があり、現地に留保された所得も本国で課税されるようになっている。しかし、把握の精度はそう高くないとされている。

日本において先の税制改正大綱に盛り込まれた法人税率の引下げを実施した場合、次のような事態が起こる可能性があると考えられる。

(1)　アジアの周辺諸国において新たな法人実効税率の引下げや税制面での優遇策が提案される。

(2)　世界的な租税競争をあおることになり、日本も含めて法人税（法人所得課税）の収入は一段と減少する。結果的にいっそうの消費増税と労働課税（給与への課税）を促迫することになる。

(3)　とくに、日本においては税収減となり、財政赤字が一段と膨らむ要因となる。

租税競争は、各国の協調で税法や諸制度を利用した規制をしないかぎり、終わることはないだろう。ただ新しい動きもある。ここ数年、新たな動向として注目されているのが、こうしたタックスヘイブンと呼ばれる国・地域と先進諸国との情報交換条約である。日本もタックスヘイブンとされる国や地域との条約締結に積極的になっている。二〇一〇年四月には、日本の多国籍企業や富裕層が利用する割合の高かったケイマン諸島からの課税情報の提供が可能になったことが、国税庁から通知された。具体的には、税務調査を進めるなかで疑問が生じたときは、こうした国や地域へ問い合わせ、課税情報を得ることが可能になるというものである。『日本経済新聞』（二〇一〇年八月一日）の記事によると、タックスヘイブンと欧米などとの二国間協定は大幅に増えて、ＯＥＣＤの統計では〇九年中に一九七件（前年の約九倍）となったようである。各国が財政危機にあることもあって、さまざまな手段を使った租税回避を規制する方向にあるが、このような規制の動向は注目されるべきである。

ヨーロッパでは、多国籍企業が行う租税回避の行動を監視しようとする市民運動も生まれているようだ。『朝日新聞』（二〇一一年二月一三日）は「著しく税率の低い国に企業が本社を置いて節税することに政治家や市民のいらだちが高まる」というリードで、イギリスで起きた運動、ＵＫアンカット（削るな英国）を紹介している。同記事には、二〇一一年一月に薬局チェーンの大規模店に一〇〇人が集まって抗議行動をしたとある。「州同士が安い税率を競っているスイスに本社を移し、英国に税金をほとんど払わなくなったことを問題にした抗議行動だ」という。行動参加者の一人は「歳出削減がいかに不公平なものかを人々が理解しはじめている」と語っている。

2　社会と企業

法人はもともと個人の集まりなのだから法人の利益に課税するのは妥当でない、というのが主流派税制研究者の見解である。(26) しかし、多くの国民は実態として法人をそのようにとらえてはいない。多くの国民は、社会を構成しているのは自然人としての諸個人であるが、今日では法人である企業が経済活動の主体として欠かせない存在になってきていて、企業と個人はともに社会を構成し深い依存関係で結ばれていると認識している、といって間違いない。日常的に買い物をするコンビニ、通勤通学に使う鉄道、お金を預ける銀行、家庭で使うガスや電気というように考えていくと、右の説明が自然なものとして受けとめられるはずである。

企業のあり方や行動や組織を研究分野とする経営学では、「企業の社会的責任」がここ一〇年ほど前から注目を集める研究テーマとなっている（本書第八章参照）。ＣＳＲ（Corporate Social Responsibility）という用語を使い論じられることも多いが、ここでは社会と企業は密接な関係にあることが前提となっている。経営学の辞典には経営の社会的責任（ＣＳＲ）という項目で、「企業もまた社会の一員として、自らの経営行動については、社会に対して責任を持ち、社会の健全なあり方と調和を図らねばならない(27)」と説明されている。この説明は、多くの人々を納得させる論理を含んでいる。企業は利益を目的として運営されることは自明のこととしても、社会やそれを構成する個人の利益や社会の利益と反することは許されない時代になりつつあると見てよいのではないか。多国籍企業の行動についても、最近では、多国籍企業の社会的責任、多国籍企業の倫理として論じられることが増えてきている。以上述べた論理とあるべき法人税制をさぐる論理は直接結びつくものではないとしても、それを無視しては、実態と乖離した議論になる。

現行憲法上から税制に要請される原則で重要なものに「応能負担原則」というものがある。これは個人、法人を含めて各人の能力に応じた負担が望ましいというもので、ここから高所得者がより多く負担することや最低生活費非課税の原則が導かれる。法人という組織は社会が必要としかつ憲法を淵源として制定された法により認められたものなので、社会への責任は当然もつべきであるし、憲法から導き出される原則には従うと考えるほうが道理に合致しているし、矛盾のない論理である。

ところで、日本の財政は先進国のなかでも飛び抜けて赤字の幅が大きいことでよく知られている。二〇一一年度の予算でみると、歳入九二兆四一一六億円のうち公債金収入が四七・九%を占める。累積している国の公債残高は二〇一一年度末には六六八兆円にもなる。(28) いわば構造的な赤字財政をかかえているのである。こうなった原因を高齢社会を迎えて社会保障費の増加に求める見解もあるが、一九七〇年代から国債発行による公共事業の拡大を長年にわたり景気政策の基本に据えてきたことが主因だという説明のほうが説得力がある。とくに九〇年代には、日米構造協議にもとづいて一〇年間で六三〇兆円(当初の四三〇兆円に二〇〇兆円を上積み)もの公共投資計画を実行してきたことが、今日の財政赤字の大もとをつくったといえる。

税収の面から赤字の要因となったのは、法人税の減税と富裕層を対象とする減税を続けてきたことである。一九八九年度では四〇%(法人税のみ)だったものが現在は三〇%で、法人税収も最高で一九兆円あったものが二〇一〇年度(補正後)では七・五兆円になっている。

おわりに

以上に述べてきたところをまとめると、大企業は、法人として社会の健全なあり方や維持可能性(サステイナビリティ)にきわめて重い社会的責任があるうえに、日本の特別な事情として財政赤字への責任もまぬがれえない。なぜなら、経団連をはじめとする財界は、高度成長を金看板に、不況時に限らず財界のための景気対策を求め、財政上では国債の増発と公共事業費の増額を要求し続けてきたからである。さらに、一九九〇年以降の減税による法人税の減収が赤字幅の拡大の原因ともなっているが、これも経団連をはじめとする財界が要求し続けてきたことでもある。法人税を減税すると、消費税の増税や、所得税における所得控除の切下げや、給与所得者の増税などで税収を増やさざるをえなくなる。また、これらは、本書に先行する『格差社会の構造』の拙稿で述べた投資家優遇の証券税制や、金持ち優遇の所得税の最高税率の引下げと累進税制の緩和と相まって、税制が本来もつべき機能、所得の再分配機能を著しく弱め、格差の拡大を進めることになる。疲弊しかかっている社会をいっそう疲弊させ日本社会の荒廃への道をつくることにもなる。

租税競争の面では、多国籍企業を主要メンバーとする経団連は、雇用創出や租税負担に対する社会的責任を自覚するならば、国内雇用を犠牲にした生産拠点の海外移転や、タックスヘイブンの利用による過度の節税も抑制すべきである。二〇〇八年のリーマンショックとその後の世界的経済危機においては、投機的な金融取引の再規制が金融サミットなどの国際会議の課題になってきた。経済界と政府は、租税競争がこのまま続くと、世界各国で経済社会の維持可能性を危うくすることを理解し、各国が税率引下げ競争を行わない方向で、協調・協力ができる道を探るべきである。それは維持可能な地球、維持可能な経済、維持可能な社会づくりに貢献する道でもある。

注

（1）大辺誠一「日本経団連の税制提言と格差問題」、森岡孝二編『格差社会の構造』（桜井書店、二〇〇七年）所収。

（2）公益法人等は収益事業を営む場合に限り納税義務が発生する。

（3）二〇一〇年度までの税率である。
（4）財務省ホームページ資料によると、アメリカ（カリフォルニア）四〇・七五%、フランス三三・三三%、ドイツ二九・四一%、イギリス二八・〇〇%、中国二五・〇〇%、韓国二四・二〇%となっている。
（5）OECD Tax Database（http://www.OECD.org/document/60/0,3343,en_2649_34533_1942460_1_1_1_37427,00.html）のデータから作成。
（6）税制調査会の平成二二年四月七日専門家委員会資料（法人課税）。
（7）二〇一〇年一一月八日開催の税制調査会第一一回専門家委員会資料。
（8）経団連の政策提言「平成二三年度税制改正に関する提言」（http://www.keidanren.or.jp/japanese/policy/2010/078/honbun.html#part3-1）。
（9）二〇一一年一月一九日に経団連から提出された会議資料によった。
（10）消費税の欠点として逆進性がよく指摘される。貧困層へも「平等」にかかるので逆進性という表現以上の過酷な事態を招くことになる。高齢単身世帯やワーキングプアといわれる層の生活費のほぼすべてが消費税の対象となる（ただし、家賃や租税、社会保険料負担には課税されない）。食料品など生活必需品を課税対象からはずすか、ゼロ税率を適用する制度がなければ、生命をつなぎ生きるための最低生活費にもすべて課税されてしまうのだから、消費税率が上がれば購入する物の量や質を下げていくことにならざるをえない。
（11）二〇一〇年度国家予算（補正後）では国税分（四%）にあたる額は一〇兆一五五億円となっている。
（12）輸出取引の免税について国税庁のホームページでは「販売が輸出取引に当たる場合には、消費税が免除されます。これは、内国消費税である消費税は外国で消費されるものには課税しないという考えに基づくものです」と説明されている。
（13）国際競争力については、友寄英隆『「国際競争力」とは何か』（かもがわ出版、二〇一一年）を参照。

(14) 垣内亮「法人税減税　二つの論点を検証する」、『経済』二〇一〇年一〇月号。
(15) 複数年を対象とした理由として企業会計上の利益額と税法上の所得額が異なってくることから生じるとしている。論文中で各企業の税率が著しく低い理由が示されている。
(16) 富岡幸雄『税務会計学原理』(中央大学出版部、二〇〇三年)一八四ページ。
(17) 田中里美「内部留保と法人税制」、小栗崇資・谷江武士編著『内部留保の経営分析』(学習の友社、二〇一〇年)所収。
(18) 前掲、小栗・谷江編著、一六一ページ。
(19) 二〇一〇年四月七日開催の税制調査会第三回専門委員会資料から。
(20) 井立雅之「法人課税の負担水準に関する国際比較について」、神奈川県地方税制等研究会ワーキンググループ報告書『地方税源の充実と地方法人課税』(二〇〇七年六月)所収。井立氏は神奈川県税制企画担当課長。
(21) 国際協力銀行アンケート関連HP (http://www.jbic.go.jp/ja/investment/research/report/index.html)。
(22) インターネット利用による調査。対象件数は四七二〇件、有効回答件数は二九七四件。この調査の結果は東京都主税局のホームページに二〇〇九年一一月七日付参考資料3として掲載されている (http://www.tax.metro.tokyo.jp/report/index.html)。
(23) 前掲表4-1には一〇年間の税率のみを記載。
(24) 渡辺智之「租税競争は有害か」、財務総合政策研究所ディスカッションペーパー (二〇〇一年五月) を参照。
(25) タックスヘイブンとは、わが国では法人所得に対して課される税が存在しない国または地域、および、所得に対して課され租税の額が当該所得金額の二〇%以下である国または地域と定義されている。OECDの定義では、①無税もしくは名目的課税、②有効な情報交換の欠如 (厳格な守秘原則やその他の保護規定より企業・個人が課税当局の税務調査を免れることを保証する法制や行政慣行があるために、低い税負担から利益を得ている納税者（企業）に関しての情報交換が妨げられるもの）、③法制度、行政執行などにおける透明性の欠如、④実質的活動の欠如（ペーパーカンパニーでさえも種々の税制上の特典を享受できるなど、純然たる租税要因を動機とする投資や取引を誘導しようと企図しているもの）、（ＯＥＣＤの定義部分は、鶴田廣巳「有害な租税競争と国際租税協調」、『会計検査研究』二〇〇一年三月号より引用）。

（26）東証など五つの証券取引所が行った平成二二年度株式分布状況調査によれば、保有金額ベースでは、全株式の八割は金融機関、事業法人、外国法人（海外機関投資家など）で占められ、個人・その他は二割にすぎない。法人を個人の集まりとみなす抽象的な理論と現実との乖離は大きい。

（27）『最新基本経営学用語辞典』（同文舘出版、二〇一〇年）。

（28）財務省ホームページ（http://www.zaisei.mof.go.jp/pdf/3-2）。

第五章　グローバル化と中小企業における雇用破壊

小野　満

はじめに

格安のジーンズが売られている。ジーンズはそれまで少なくとも二〇〇〇円はしていた。二〇〇九年三月に、西友が一四七〇円のジーンズを発売したが、当時これは破格の低価格商品であった。ところが同時期に、ユニクロは低価格商品を扱う「ジーユー」ブランドで九九〇円のジーンズを発売した。従来ユニクロで販売していたジーンズは日本国内で調達したデニム生地を中国で縫製していたが、「ジーユー」の九九〇円ジーンズは中国製の生地をカンボジアで縫製している。「最高の品質を手頃な価格で」ではなく、「まあまあの品質を最低の価格で」提供された九九〇円ジーンズは、爆発的に売れた。

これをみて同業各社が「格安」競争に次々に参入した。同年の五月にイトーヨーカドーが九八〇円、八月にイオンが八八〇円、九月にダイエーが八八〇円でジーンズを売り出した。そこで西友では一〇月から、カンボジアよりもさらに賃金が安いバングラデシュで縫製することによってコストを下げ、八五〇円で売ることになった。そのうえ、衣料品をほとんど扱っていなかったドンキホーテまでもが、六九〇円のジーンズを売り出した。このような激しい海外製品との競争は国内産業に壊滅的な打撃を与えずにはおかない。

格安競争は繊維産業から始まったが、それに限られてはいない。最近では日本の主力産業である自動車産業にも拡がり、二〇一〇年七月にはタイで生産されている日産「マーチ」を国内向けに装備して日本に逆輸入するという発表があった。これらの動きは、国内の雇用全般に大きな影響を及ぼしている。このようなグローバルな競争はいつから始まり、どのように展開されてきたか。それによって国内の雇用、とくに中小企業の雇用がどのように破壊されているか。それを考察することが本章の課題である。

第Ⅰ節では、戦後再開され、一九八〇年代に本格化した日本企業の海外直接投資と、それにともなう製品逆輸入の経過を追う。第Ⅱ節では、生産の海外移転と、その国内雇用に与えた影響をみる。第Ⅲ節では、その影響がとくに中小企業において画期的な激変をもたらしたことを明らかにし、第Ⅳ節で、その回復の可能性を日本経済の根源から問いたいと思う。

Ⅰ　日本企業のグローバル化の進展

社会科学の文献では、一九七〇年代に、資本輸出を通じて世界の諸地域に生産設備や販売拠点をもつ企業を「多国籍企業」と呼び、その発展について語ることが多くなった。また、八〇年代から九〇年代にかけては、世界の諸地域の経済的結びつきの空間的・時間的緊密化が「グローバリゼーション」という用語で語られ、中国をはじめとする新興国の急激な工業発展が注目を集めるようになった。

とはいえ、商品輸出と並ぶ資本輸出の発展は、この時期に始まったものではない。すでに二〇世紀の初頭に、当時の強大な帝国主義国が世界を経済的・領土的に分割していた「資本主義の発展の最新の局面」を分析して次のように指摘されていた。「自由競争が完全に支配していた古い資本主義にとっては、商品の輸出が典型的であった。だが、独占が支配している最新の資本主義にとっては、資本の輸出が典型的となった」(1)。しかし、資本の輸出が巨大な発展を遂げたといっても、ほぼ一世紀を経た現在と比べると、その形態、地域、および金額には、格段の差がある。

一九七一年のアメリカによる金ドル交換停止、七三年以降の変動相場制への移行によって、アメリカから溢れだし膨張した過剰ドルが国際金融市場に滞留した。その結果、貨幣資本が現実資本から遊離し、金融資本として短期間で高率な利潤を求めて世界中を駆けめぐり現実資本を支配するようになった。それは利潤率の高い途上国に向けられただけでなく、八〇年代には先進国間の資本の相互浸透の形態をもとった。そのいずれにおいても担い手になったのが多国籍企業である。多国籍企業の定義はまちまちであり、学界での一致した定説はない。諸学者の多様な定義に共通しているのは、多国籍企業を資本主義的巨大企業の最新の形態としてとらえ、しかもその在外活動の意義の増大を重視している点である(2)。

多国籍企業―資本輸出先国家（開発国家）―資本輸出先企業の連携によって、資本輸出先での工業が発展する。一九七〇年代のアジアＮＩＥｓからはじまって、ＡＳＥＡＮ、中国など東アジアにおける繊維産業の発展はその典型例である。こうして、資本主義発展が緒につくと、今日のＢＲＩＣｓ――中国、インド、ブラジル、ロシア――に例をみるように、世界市場的連関のなかで国内市場に基礎をおいた内発的発展に火がつき、急速に新興工業国へと発展を遂げることになる。

それは単なる資本輸出（機械輸出・工場建設）だけでは不可能であり、資本の意のままになる労働者、いつでも雇用に応じることのできる労働者の存在が不可欠である。そして、そのような労働者予備軍を賃労働者として訓練することが重要である。前資本主義的な古い因習を破り、先進国と同じような生産性の高い労働能力、少なくとも先進国との賃金格差より小さい生産性格差にまで高められた労働能力を身につけさせることができなければならない。まずは先進国資本がこれに成功した。新興国資本がこれに続いた。

二一世紀になって多国籍企業はグローバル企業と呼ばれるようになった。もはや、企業の在外活動のあり方の問題ではなく、企業自身がグローバル化しており、全地球的に最適の場所で生産し、販売し、サービスを提供する。しかも、その間の移転に要するコストは飛躍的に縮小している。

日本の海外直接投資は戦後一九五一年に再開され、六〇年代後半には資本輸入国から資本輸出国へ転化し、七〇年代前半に直接投資の最初のブーム期を迎えた。七三年の石油危機・世界同時不況によって一時停滞したものの、八五年九月のプラザ合意以降の円高を契機に急増し、独占的大企業は本格的に多国籍企業としての展開に乗り出した。その金額は、八六年にはじめて一〇〇億ドル（国際収支ベース、ネット、フロー）を超え、バブルの頂点である九〇年には四八〇億ドルにも達した。

その後、バブルの崩壊によって日本経済は停滞し直接投資額、投資件数とも減退を続けたが、二〇〇六年にわが国の海外直接投資は前年比一〇・三％増の五〇二億ドルとなり、水準は一九九〇年を一六年ぶりに上回り過去最高を更新した（図5-1）。二〇〇七年はさらに上昇して七三五億ドル（前年比四六・五％増）、〇八年には一三〇八億ドル（前年比七八・〇％増）となりそれぞれ既往のピークを上回った。なお、二〇〇八年秋からの恐慌の影響を受けて、〇九年には大きく減少し、七四七億ドル（前年比四二・九％減）となっている。(3)

図5-1　日本の対外直接投資の推移

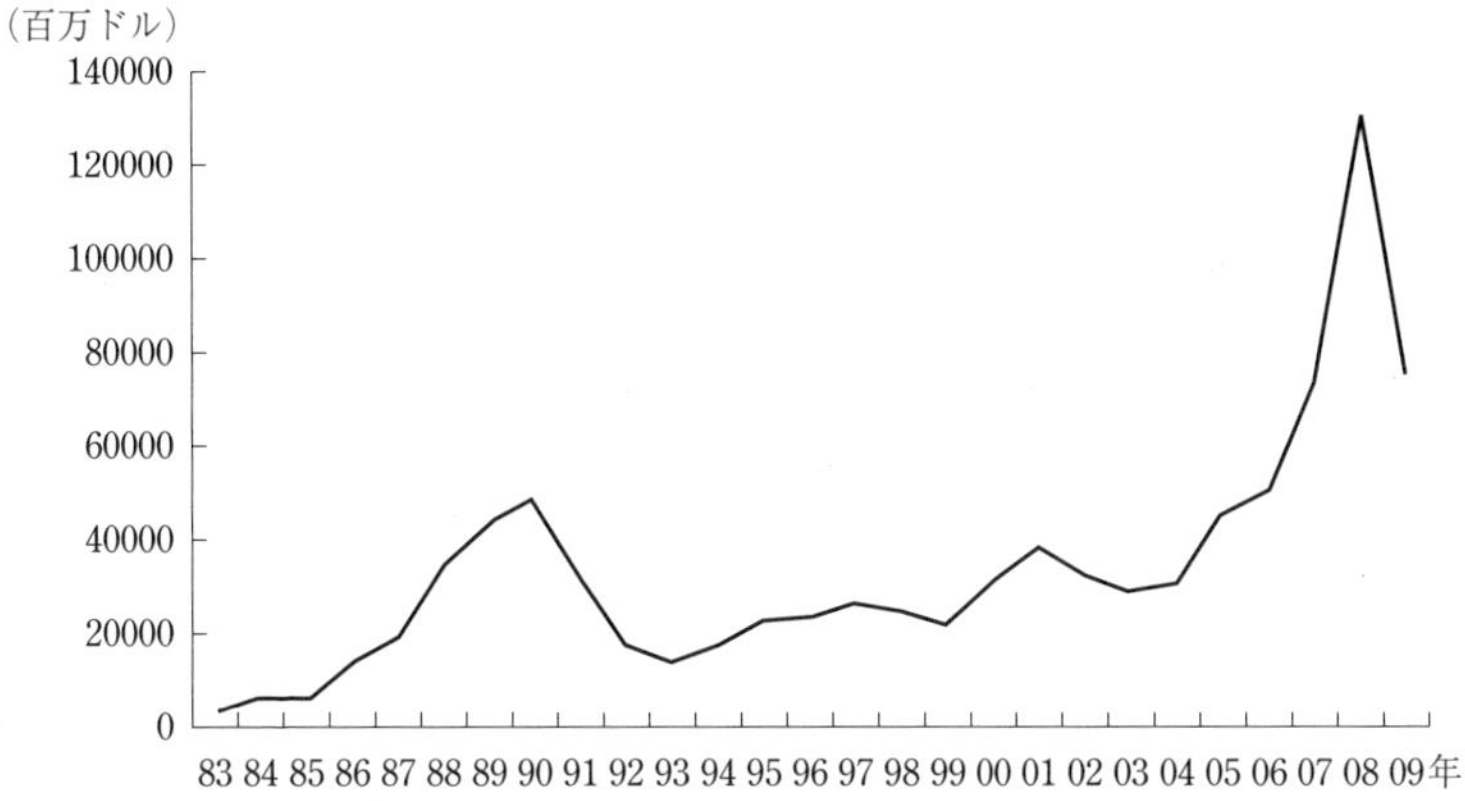

（出所）　日本貿易振興機構（JETRO）「直接投資統計」長期データ。
（注）　ドル換算方法の違い，直接投資の定義変更などにより，厳密には1995年以前とのデータに連続性がない。

一九八〇年代後半から九〇年代初頭にかけてのピーク時と現在を比較すると、いくつかの相違点がある。当時の主要な投資地域は、北米（ほぼ米国）が中心だったが、現在は、高度成長を続ける中国をはじめとするアジアがおもな投資先となっている。かつては、貿易摩擦回避のため、自動車やその関連産業などが米国での生産体制を増強した。さらに、円高の進行によって、企業の価格や不動産価格の割安感が高まり、金融・保険、不動産などの非製造業での投資が活発化した。現在はグローバル競争力向上のために、生産拠点の新設や工場拡充を目的とした輸送用機械製造業、大型企業買収がみられたタバコやガラス製造業などが中心となり、本業重視の投資活動を積極化している。[4]

本章の主題に関わる繊維産業の海外直接投資は、一九七〇年代前半から他産業に先行して行われた。投資先はまず、韓国、台湾、香港という当時アジアＮＩＥｓと呼ばれた諸国・地域にはじまり、ついでタイをはじめとするＡＳＥＡＮ諸国に移り、九〇年代には中国に

表 5-1　日系企業の進出先での需要別売上高比率（製造業，2006年）

（単位：%）

	北米	欧州	アジア NIES 3	ASEAN 4	中国（香港を含む）
国内販売	91.0	60.0	55.3	47.6	50.5
輸出（日本を除く）	7.4	38.7	28.3	30.8	22.2
日本への輸出	1.6	1.3	16.5	21.6	27.4

（出所）「ジェトロ貿易投資白書」2007年版。

移った。その目的は、当初は現地販売中心の輸出代替であったが、九〇年代の中国では、もっぱら現地の低賃金を利用して安価な製品をつくりそれを日本へ逆輸入することによって国内市場を制覇することに変わった。

それでも一九八六年までは、繊維品の貿易収支は繊維原料を除く製品ベースでは黒字であった。それは付加価値の低い低価格製品は輸入に頼るけれども、付加価値の高い高価格製品は輸出することが可能であったということを意味する。それどころか、近年になっても繊維製品の輸出は減少しているのではなく、貿易収支の赤字増大はもっぱら輸入の増加によるものである。つまり、従来国内で製造されていた付加価値の低い低価格商品の市場が、より低価格の輸入商品に代替されているということである。

繊維製品は輸入浸透率（輸入数量／消費数量）がきわめて高い。それは原料よりも製品、それも加工度が進むにしたがって高くなっている。繊維製品には、人間が身につける衣類の主要なものが含まれる。すでに九五年において輸入浸透率が七〇%を超える製品は次の六品目に及んでいた。セーター・カーディガン（七八・七%）、ショール・マフラー（七八・〇%）、パジャマ（七六・六%）、ニット・アウターシャツ（七六・〇%）、男子布帛《ふはく》（ニットではなく織物のこと）シャツ（七四・六%）布帛ジャンバー・ブルゾン（七四・二%）。これらの製品を三枚買えば、そのうち二枚以上は輸入製品

図5-2　アジア諸都市における一般工職の月額賃金比較

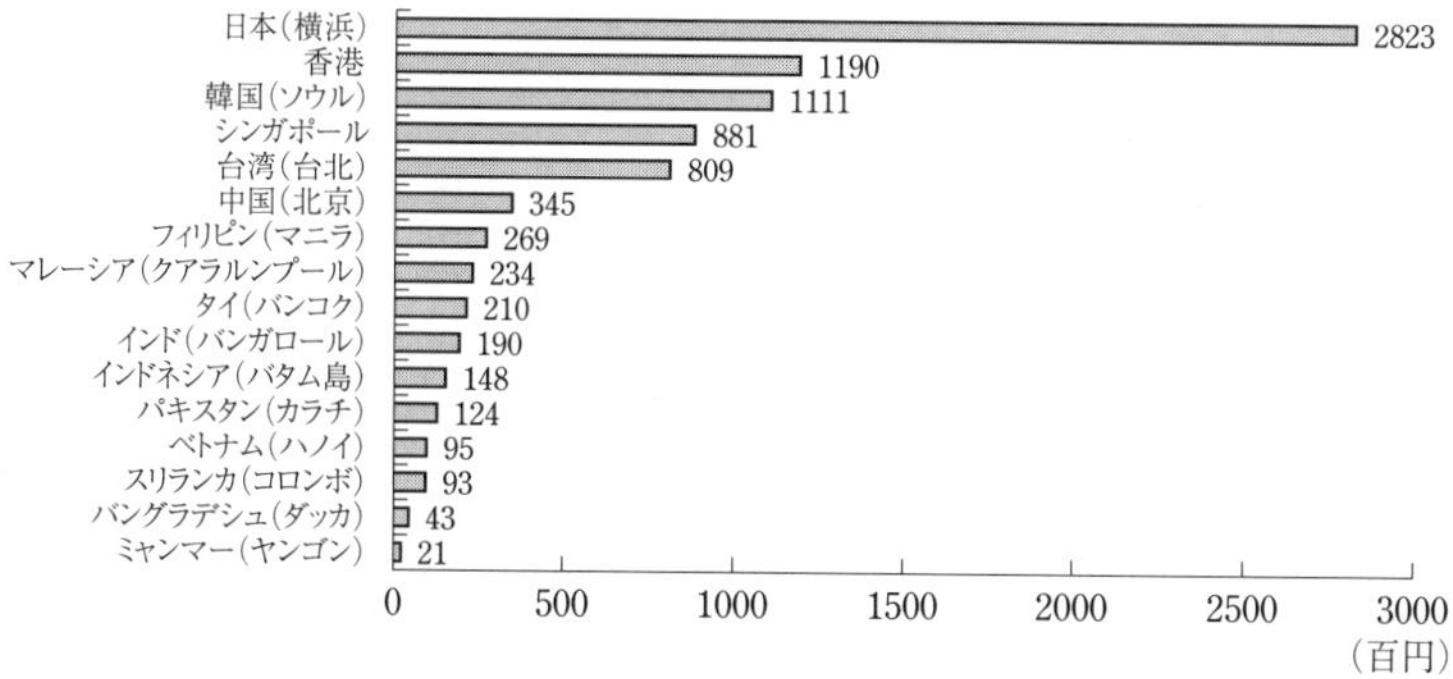

（出所）　ジェトロ「アジア主要29都市・地域の投資関連比較」2010年1月。各国および地域における最も賃金の高い都市を選んだ。

だったということになる。[5] この傾向は、その後さらに進展して二〇〇八年には、衣類のうち主要なもの、布帛外衣、布帛下着、ニット外衣、ニット下着の輸入浸透率は数量ベースで九四・七%、金額ベースでも六六・八%になっている。[6]

日本企業が海外で獲得する売上げには、大きく分けて、現地での国内販売、日本を除く第三国への輸出、日本への輸出（逆輸入）の三つがある（表5-1）。地域別にみると、北米に進出している日本企業は、国内販売によって現地で売上げを伸ばす傾向が強い。欧州の場合は、国内販売に加えて第三国への輸出比率も高い。一方、アジアの国・地域は、国内販売、第三国輸出、逆輸入のすべてで売上げを上げている。アジアNIEs3（韓国、台湾、シンガポール）→ASEAN4（タイ、マレーシア、インドネシア、フィリピン）→中国（香港を含む）の順に逆輸入の比率が高くなっている。これはそのまま現地の賃金と日本の賃金との格差と照応している。ただ、賃金格差があるのは日本と中国だけではない。ちなみに、ジェトロの調査によると、各国・地域の賃金（一般工職）は図5-2のとおりである。

逆輸入を業種別にみると、それぞれの産業の生産性の格差が現れてくる。二〇〇六年において、海外進出日系企業のうち逆輸入の比率の高い業種をみると、たとえば中国では、精密機械、金属製品、一般機械、繊維製品、電気機械などである。

資本輸出は、資本が向けられた国での資本主義の発展に影響をおよぼし、資本が投下された産業の発展をいちじるしく促進する。しかし同時に、資本輸出は海外で生産された製品を逆輸入することによって、または第三国市場での競争を通じて輸出国における同じ産業の発展を停滞あるいは没落させる。このことは、世界市場的な関連のなかで考えると、全世界的に資本主義がいっそう拡大し深化することを意味している。

Ⅱ　生産の海外移転とその影響

1　国内雇用への影響

経済産業省の「海外事業活動基本調査」によると、海外直接投資の急増にともない、日本の製造業の海外生産比率（国内全法人ベース）は二〇〇七年度において一九・一%と過去最高を更新した。リーマンショックの影響を受けた〇八年度は、一七・〇%と前年度に比べて二・一%低下したが、この低下は九年ぶりのことである。いま近年で最も高かった〇七年度をとってみると、現地法人の売上高は二三六兆円（前年度比一〇・二%増）であり、そのうち製造業は一一一兆円（同一一・四%増）、非製造業は一二五兆円（同九・三%増）であった。

これにともなう現地法人の常時従業者数は、〇七年度で四七五万人、その九二・六%が、資本金三億円超の大企業によるものであった。いま、国内での雇用の減少と比較するために〇一年度と〇六年度の間の変化をみると、〇一年度の三一八万人から〇六年度は四五六万人に増加している。増加率は四三・四%であった。そのうち製造業は二六三万人から三七九万人に（増加率四四・一%）、非製造業は五四万人から七七万人に増加している（増加率四二・六%）。これを地域別にみると、とくに多いのがアジアであり、なかでも中国である。中国は、六六万人から一四七万人に（増加率一二二・七%）、アジア全体では一九二万人から三一八万人に増加している[7]（増加率六五・六%）。

多国籍企業を中心とする生産拠点の海外移転は、国内産業の空洞化と呼ばれる事態を生みだすといわれる。雇用の増減には多様な要因が作用していることに留意して、生産の海外移転にともない海外での雇用が拡大した間に国内での雇用はどのように変化したかを見てみると、従業者数（公務を除く全産業、括弧内は雇用者数）では、二〇〇一年の五八二八万人（五〇一〇万人）から〇六年の五六七八万人（四九三八万人）に縮小している（減少率二・六%）。ただしこれは公企業を含む企業全体としてであって、これを後述の「中小企業基本法」に規定されている従業者規模別による大企業（公企業を含む）と中小企業（個人企業を含む）との区分で分けてみると違った結果が見えてくる。

全産業でみると、大企業では従業者数は同じ期間に二四七四万人（二四五〇万人）から二五八七万人（二五六四万人）に増加している（増加率四・六%）のに対し、中小企業では三三五四万人（二五六〇万人）から三〇九一万人（二三七四万人）に減少している[8]（減少率七・八%）。これを製造業だけで取り上げてみると、二〇〇一年の一一一三万人（一〇〇一万人）から〇六年の九九二万人（八九九万人）に縮小し

表 5-2 業種別従業者数の2001～2006年の増減数 （単位：千人）

業種別	国内民営企業	国内民営法人企業	国内法人大企業	国内法人中小企業	国内個人企業
全産業	－729	719	1,617	－897	－1,448
農林漁業	6	6	0	6	0
鉱業	－14	－13	－1	－12	－1
建設業	－800	－640	－84	－556	－160
製造業	－1,205	－990	－470	－520	－215
電気・ガス・熱供給・水道業	－28	－28	－28	1	0
運輸・通信業	1,157	1,180	564	616	－23
卸売・小売業	－912	－390	293	－683	－522
金融・保険業	－217	－205	－210	5	－12
不動産業	93	78	39	39	15
サービス業	1,192	1,723	2,028	－305	－531

（出所）「事業所・企業統計調査」。
（注） サービス業は，飲食店・宿泊業，医療・福祉，教育・学習支援業，複合サービス事業，サービス業（他に分類されないもの）を含む。

ている（減少率一〇・九％）。そのうち、大企業は四六七万人（四六二万人）から四二〇万人（四一六万人）に縮小している（減少率一〇・〇％）のに対し、中小企業では六四五万人（五二五万人）から五七二万人（四八三万人）に縮小している（減少率一一・三％）。大企業では、製造業の減少を運輸・通信業、卸売・小売業、サービス業等の増加でカバーしているのである。

業種別の変化を表5–2でみると、製造業が減少しているのは当然だが、建設業のほうが減少の割合としては大きい。運輸・通信業、サービス業は増加している。その実態は、大企業と中小企業を区別して見ないとよくわからない。たとえば、卸売・小売業、サービス業などではまったく逆方向の変化が生じている。大企業では増加しているにもかかわらず、中小企業では減少している。個人企業にいたってはほとんどすべての業種にわたって縮小し惨憺たる状況である。製造業を中心にもう少し細かくみると、二〇〇一年と〇六年を比較して、現地法人の常時従業者数の増加が多い業

表5-3　業種別従業者数の2001～2006年の増減数　（単位：千人）

業種別	現地法人企業	国内民営企業	国内民営法人企業	国内法人大企業	国内法人中小企業	国内個人企業
輸送用機械器具製造業	408	47	52	45	7	－5
電気機械器具製造業	380	－282	－271	－219	－51	－11
卸売・小売業	98	－912	－390	223	－613	－522
一般機械器具製造業	78	－29	－18	－28	10	－11
その他の製造業	70	－39	－26	－12	－15	－13
運輸・通信業	66	1,157	1,184	566	616	－28
精密機械器具製造業	62	－9	－6	4	－10	－3
サービス業	52	615	951	1,179	－228	－336
金属製品製造業	23	－62	－42	－8	－34	－19

（出所）表5-2に同じ。

種は表5-3のとおりである。電気機械器具製造業を除いては生産の海外移転が必ずしも国内の雇用を減らしているとはいえない。産業構造の変化の影響のほうが大きい。卸売・小売業は大きく減少し、運輸・通信業、サービス業は大きく増加している。

さらに地域別にみると、表5-4のようになる。雇用の多くは大都市以外で失われている。増えている業種のうち運輸・通信業は大都市で、サービス業は大都市以外で増えていることがわかる。失われた雇用がそれぞれの業種に殺到しているのであろう。ここでいう大都市は政令指定都市だけであるから、その周辺を含めるとこの傾向はさらに強まっているものと思われる。

生産の海外移転が、現地の低賃金目当てのコスト削減ではなく、進出国または第三国の市場獲得を目的として行われる場合には、国内産業に与える影響は必ずしもマイナスばかりではない。国内における生産性が全般的に低いわけではなく、関連する設備、素材、部品等の輸出が拡大される場合もある。国際的な垂直分業である。繊維産業の場合でさえ、ユニクロ

表 5–4　業種別・地域別従業者数の2001～2006年の増減数

（単位：千人）

業種別	大都市	その他の地域	総数
非農林漁業合計	−211	−1,288	−1,499
鉱業	−1	−13	−14
建設業	−181	−619	−800
製造業	−378	−834	−1,212
電気・ガス・熱供給・水道業	−11	−31	−42
運輸・通信業	797	−45	752
卸売・小売業	−334	−581	−915
金融・保険業	−87	−141	−228
不動産業	44	47	91
サービス業（飲食業を含む）	−59	926	867

（出所）表 5–2 に同じ。
（注）大都市は東京都区部，札幌，仙台，埼玉，千葉，横浜，川崎，名古屋，京都，大阪，神戸，広島，北九州，福岡の各市。

の大ヒット商品「ヒートテック」（薄くて暖かい冬物のシャツ）は中国でつくられているが、その原糸は日本の「東レ」で製造されている。

二〇〇八年度において、製造業現地法人の日本からの調達比率は、アジア三五・五％、ヨーロッパ三四・六％、北米二七・三％である。金額では合計二一兆一四六〇億円である。これは日本の全輸出額の三一・二％に相当する。一九九九年度対比で調達比率は低下しているが、金額では八兆三四三〇億円増加している。[9]

ここで、逆輸入の多い製品を業種別に分析してみよう。当然それは製造業に限られるが、一番逆輸入の多い中国を例として比率の高い業種を並べてみると表5–5のとおりである。こうしてみると傾向はより鮮明になる。さきに例外とした電気機械製造業の減少も納得される。新興国と比べて、少なくとも賃金格差以下の生産性格差しか維持できていない業種の雇用が破壊されているのである。海外からの工業製品や農林水産物の輸入（企業内貿易を含む）の増大は、国内の中小零細企業や農漁民の手ごわい競争相手となるので、かれらは、廃業するか、運輸・通信業やサービス業などより労働密度の

表5–5　業種別従業者数の2001〜2006年の増減数　（単位：千人）

業種別	国内民営企業	国内民営法人企業	国内法人大企業	国内法人中小企業	国内個人企業
精密機械製造業	−9	−6	4	−10	−3
金属製品製造業	−62	−42	−8	−34	−19
一般機械製造業	−29	−18	−28	10	−11
繊維工業	−209	−152	−15	−137	−57
電気機械製造業	−282	−271	−219	−52	−11
窯業・土木製品製造業	−75	−67	−17	−51	−8
化学工業	−13	−11	−16	5	1
非鉄金属製造業	−17	−16	−19	3	−1
木材・パルプ・紙・紙加工品	−104	−78	−17	−61	−26

（出所）表5–2に同じ。

高い業種への転身を余儀なくされる。

産業の空洞化とは単に生産が海外に移転することではなく、そこで生産された製品が国内で生産されたものよりも賃金格差と比較して生産性が高く、したがって価格が安く、逆輸入されて国内の産業を破壊することである。

2　下請企業の縮小・解体

生産の海外移転による中小企業の雇用縮小の要因としては、逆輸入品の氾濫による市場の変容とともに、大企業による下請企業の縮小・解体がある。

第一は、生産の海外移転にともなって生ずる、従来国内で下請企業として利用していた中小零細企業の切り捨てである。もちろんいくつかの中小企業は、下請企業として親企業とともに海外へ進出している。しかし、その大部分はいわゆる中堅企業であって自力で海外移転をはかることができる企業に限られる。その場合でも、雇用の多くは現地で調達され国内での雇用は縮小される。まして、中小零細企業では受注の減少と雇用の喪失をまぬがれることはできない。

第二は、国内に製造工程が残った場合でも下請工程の内製化がある。下請企業利用の目的としては、資本の節約、低賃金の利用、景気変動の調節弁に加えて大企業の生産技術体系に有機的・系統的に結合したかたちでの生産管理機能が考えられていた。それが低賃金の利用、景気変動の調節弁としては非正規雇用の活用へ、生産管理機能の利用としては情報通信技術（以下ＩＣＴという）の導入による合理化へと変わっていった。従来下請企業に外注していた部品加工工程において、ＩＣＴの発展によって熟練労働の解体が進み、非正規の未熟練労働者を雇用して同一工場内に取り込むことが可能になった。下請企業の労働者を非正規労働者として抱え込むことが可能になった。下請企業に直接労働者の提供を求める場合さえあるという。

第三は、下請を利用する場合でも、従来は一次、二次、三次と下請を使っていたものが、直接三次を下請けにし、一次、二次を飛ばしてしまう。ＩＣＴの発展は生産管理機能を効率化することによって、それを可能にした。親企業の労働者はそれだけ直接管理のために過密な労働を強いられる。

下請企業の状況については、従来、経済産業省の「商工業実態基本調査」（従前は「工業実態基本調査」）で調査されていた。それによると、中小企業（製造業）における下請企業の割合は一九八一年に六五・五％でピークを示し、以後漸次低下して九八年には四七・九％を示した。九九年以後は調査自体がなくなり、「企業活動基本調査」に替わった。大きな変化は、下請中小企業の立場からの下請調査ではなく、親会社の立場からの外注費調査に変わったことである。それはちょうど、中小企業基本法が改正されて、中小企業政策の目的が中小企業一般への支援から大企業の成長に役立つ選別された中小企業への支援に変わった時期と合致する。

一九六三年に制定された旧「中小企業基本法」によれば、政策の目標としてその第一条に次のように規定されていた。「国の中小企業に関する政策の目標は、中小企業が国民経済において果たすべき重要な使命にかんがみて、国民経済の成長発展に即応し、中小企業の経済的社会的制約による不利を是正するとともに、中小企業者の自主的な努力を助長し、企業間における生産性等の諸格差が是正されるように中小企業の生産性及び取引条件が向上することを目途として、中小企業の成長発展を図り、あわせて中小企業の従事者の経済的社会的地位の向上に資することにあるものとする」と。

それが、一九九九年に次のように改正された。（基本理念）第三条「中小企業については、多様な事業の分野において特色ある事業活動を行い、多様な就業の機会を提供し、個人がその能力を発揮しつつ事業を行う機会を提供することにより我が国の経済の基盤を形成しているものであり、特に、多数の中小企業者が創意工夫を生かして経営の向上を図るための事業活動を行うことを通じて、新たな産業を創出し、就業の機会を増大させ、市場における競争を促進し、地域における経済の活性化を促進する等我が国経済の活力の維持及び強化に果たすべき重要な使命を有するものであることにかんがみ、独立した中小企業者の自主的な努力が助長されることを旨とし、その経営の革新及び創業が促進され、その経営基盤が強化され、並びに経済的社会的環境の変化への適応が円滑化されることにより、その多様で活力ある成長発展が図られなければならない」。

改正前の基本法にあった、「不利の是正」「格差の是正」がなくなり、「競争の促進」「環境変化への適応」が強調されている。意図されているところは明らかである。

旧法の第三条にあった国の施策についての詳細な規定はなくなり、新法は第六条で次のように規定された。(地方公共団体の責務)第六条「地方公共団体は、基本理念にのっとり、中小企業に関し、国との適切な役割分担をふまえて、その地方公共団体の区域の自然的経済的社会的諸条件に応じた施策を作成し、及び実施する責務を有する」。

基本理念に対する国の責務が半ば放棄されており、責務は地方公共団体に転嫁されているが、これは今後の各地域の運動のあり方によっては大きな力を発揮する可能性もある。

ICTの発展は、製造技術の海外移転が容易かつ速やかになることを可能にし、日本の労働者と発展途上国とくに新興国の労働者との賃金や労働条件の競争を激化させた。相対的に生産性の低い産業では市場は海外製品に席巻され、国内の職場は壊滅的な打撃を受けた。それと同時に国内に残った職場においても、ICTが労働者から熟練を奪い労働を単純労働化し、その管理を容易にした。これらが重なり合って、日本の労働者に今日の状態をもたらしているのである。

Ⅲ　中小企業における雇用の変遷

1　相対的に安定していた中小企業の雇用

現代日本における中小企業問題の重要性はなによりもまずそこで多くの人々が働き収入を得ているという現実そのものにある。この観点に立つならば、国内の工場を閉鎖して海外投資に中小企業問題解決の方向を求めたり、人員整理と引き換えに「救済融資」を望んだりすることは、真に中小企業問題を解決することにはならないことはいうまでもない。

日本企業がグローバル化する以前においては、中小企業の雇用はどのような状態であったか。中小企業というと昔から大企業と間に格差があると言われていて、一路衰退していたと思われているかもしれない。もちろん、利潤率格差、賃金格差は厳然と存在していたが、高度成長期またはその後においても、大企業の高成長とならんでそれなりに、事業所数、従業者数ともに増加し一定のシェアを維持してきた。

中小企業を、大企業との格差あるいは大企業への従属という実態に沿って数量的に定義することは、簡単なことではない。中小企業基本法では、中小企業者の範囲を次のように規定している。

①　製造業、建設業、運輸業その他の業種（次に掲げる業種を除く）を主たる事業として営む場合。資本金の額又は出資の総額が三億円以下の会社並びに常時使用する従業員の数が三〇〇人以下の会社及び個人。

②　卸売業に属する事業を主たる事業として営む場合。資本金の額又は出資の総額が一億円以下の会社並びに常時使用する従業員の数が一〇〇人以下の会社及び個人。

③　サービス業に属する事業を主たる事業として営む場合。資本金の額又は出資の総額が五〇〇〇万円以下の会社並びに常時使用する従業員の数が一〇〇人以下の会社及び個人。

④　小売業に属する事業を主たる事業として営む場合。資本金の額又は出資の総額が五〇〇〇万円以下の会社並びに常時使用する従業員の数が五〇人以下の会社及び個人。

この規定は一九九九年に改定され、それまでは卸売業については資本金三〇〇〇万円以下従業員一〇〇人以下、小売業およびサービス業については資本金一〇〇〇万円以下従業員五〇人以下になっていた。一般の業種については資本金一億円以下従業員三〇〇人以下であった。ここでは、会社または個人としての企業を単位としている。そのうえで、資本金規模別基準と常用従業員規模別基準という二つの基準を併用している。

日本の中小企業の量的地位について昭和五三（一九七八）年度の『中小企業白書』は次のように指摘している。「わが国の中小企業の地位を総理府統計局『事業所統計』によってみてみると、（昭和）五〇年（一九七五年）には、民営非一次産業の事業所数は五三九万を数え、従業者数は三九六四万人となっており、そのうち中小事業所数は九九・四％、中小事業所に従事する従業者数は七九・五％を占めている(10)」。

ここで指摘されている数字は中小事業所の数字であって、中小企業の数字ではない。この点で、まず中小企業基本法の規定にも沿っていない。事業所と企業との区別については、一九九六年に「事業所統計調査」から改編された「事業所・企業統計調査」で次のように定義されている。

事業所とは、経済活動の場所ごとの単位であって、原則として次の要件を備えているものをいう。①経済活動が、単一の経営主体のもとで一定の場所（一区画）を占めて行われていること。②物の生産、サービスの提供が、従業者と設備を有して、継続的に行われていること。

会社企業とは、経営組織が株式会社（有限会社を含む）、合名会社、合資会社及び相互会社で、本所と支所を含めた全体をいう。単独事業所の場合は、その事業所だけで会社企業となる。なお本調査で「企業」とはこの会社企業をいう。

本章では、個人経営は個人企業として、会社企業でない法人、法人でない団体も法人企業として扱う。国、地方公共団体の事業所は純然たる公務を除いて公企業として扱う。

中小事業所のなかには当然大企業に所属する中小事業所がある。それでは中小企業の地位を正しく反映することはできない。従業者・労働者の労働から考えると、大企業所属の中小工場であっても、その工場設備・工場環境・保健衛生設備・労働条件などはやはり中小企業なみの場合が多い。したがって中小工場の労働者・勤労者の労働条件・生活条件を基本に考える場合には、工場別・商店別にみるほうが実情にあっている場合もあるという指摘がある。(11) しかし、大資本による中小企業の支配・収奪という中小企業問題の観点からみると、事業所単位の統計というのはどうであろうか。これでは大銀行の支店も大部分中小事業所に数えられ、これを中小企業とはとても言えないであろう。また、賃金その他の基本的な労働条件は、原則として企業単位に設定されていることから考えても企業単位で考えるのが至当である。

また、同じ中小企業でも大資本が系列化し支配する中小企業と中小資本所有の中小企業がある。わが国の財務諸表規則では、他の会社等の財務および営業または事業の方針を決定する機関（株主総会等）を支配している会社は「親会社」であり、支配されている会社は「子会社」であると規定している。それだけではなく、出資、人事、資金、技術、取引等の関係を通じて、他の会社等の財務および営業または事業の方針の決定に対して重要な影響を与えることができる場合は「関連会社」であると規定して、それぞれの規定に従って連結して財務諸表等を提出しなければならないとされている。

この資本と企業の関係については、野村秀和氏の次の指摘がある。「総資本を構成するそれぞれの個別資本は、従来までは、個別企業と同じものとみなされてきたか、または、この区別が、それほど重要とは考えられてはいなかった。しかし、資本主義が独占段階へ『発展』するにともない、個別資本が自らの資本蓄積のために、個別資本と個別企業のちがいを意識的に活用するようになってきた。したがって、分析視点として個別資本と個別企業は、その本質的な資本蓄積上の役割や性格を、概念上、明確に区分しなければならなくなってきたのである」[12]。この重要性は、近年連結決算制度が導入され、会社の分割、統合が容易になったことによって、ますます高まっている。

大資本が系列化し支配する中小企業ではどのようなことが行われているか。ここでは企業の経営者は親会社によって任免され、子会社では社長でも親会社へ帰れば単なる管理職にすぎない。したがってつねに親会社のほうに顔を向けて大資本の立場に立って経営をし、個別企業の立場には立たない。いわんやその企業の労働者の利益は守られるわけがない。しかし、労働者の立場に立てば大資本系列の中小企業といえども中小企業であることには変わりがない。

さきに述べたように、中小企業の定義としては資本金規模別基準と従業者規模別基準とが併用されている。資本金の規模は、親会社子会社の関係を利用すれば比較的簡単に操作することができる。最近急速に増えている大資本系列の人材派遣業すなわち同一資本の系列企業に対する派遣を専業とする人材派遣会社の場合は、大きな設備投資はしないので資本金は小さくてすむが、常用従業者数はきわめて大きい。事実そのような例は枚挙のいとまがない。従業者の規模のほうが社会的分業の一分肢としての企業の実態を比較的正しく表現できると思われる。

そこでまず従業者規模別で中小企業を考え、企業を単位として検討することとし、「事業所・企業統計調査」の企業別集計を利用して考察してみよう。以前に、同調査により作成した資料によると、一九七五年五月一五日現在、物の生産またはサービスの提供が主たる事業として営まれている事業所数は、個人経営の農林水産業、家事サービス業および純然たる公務を除いて五五五万事業所であり、そこで働く従業者数は四三四五万人である。このうち公企業に属するものは純然たる公務を除いて一四万事業所、従業者数三六〇万人である。[13] これは当然中小企業には属さない。ここで、公企業を企業として考察するのは、当時では国鉄をはじめとする三公社五現業があり、現在でも地方公共団体を含めて多くの企業体が民間企業と同じ業種に属しているからである。

いま中小企業者の定義を中小企業基本法の常時使用する従業者数の規定に従うとすると（当時の基準による）、会社組織に属するもので企業別に集計可能であったもののうち、中小企業に属するものは事業所数で八三・六％、従業者数五五・〇％である。この比率を集計不能であった会社、その他の法人、法人でない団体に拡大して推計してみると一三七万事業所、従業者数一六〇二万人になる。個人企業については企業単位の集計はないが、一事業所を一企業と考えると、個人企業で中小企業に属するものは三七六万事業所、従業者数一〇六三万人になる。[14]

以上を合計すると、中小企業に属する事業所は五一四万事業所（九二・六％）そこで働く雇用者数は一八〇八万人になる。その他に三六七万人の個人業主、二五九万人の無給の家族従業者、二三一万人の有給役員がそこで生活している。これらすべての人々を含めた従業者数でみると総数四三四五万人のうち中小企業に属するものは二六六五万人（六一・三％）である。

この調査に現れた中小企業の割合、事業所数において九二・六％、従業者数において六一・三％と、『中小企業白書』でいわれている中小企業の割合、中小事業所数において九九・四％、中小事業所に従事する

（単位：千人，％）

		合計			
法人企業等	公企業	総数（比率）	個人企業	法人企業等	公企業
7,503	2,799	30,040（100.00）	8,583	18,658	2,799
8,516	3,053	34,129（100.00）	9,481	21,595	3,053
10,089	3,150	38,177（100.00）	10,217	24,810	3,150
11,338	3,320	42,114（100.00）	10,628	28,166	3,320
11,182	3,517	43,158（100.00）	10,744	28,897	3,517

従業者数において七九・五％との差、すなわち事業所数では六・八％、従業者数では一八・二％は公企業に属する事業所か大企業に属する中小事業所であるということになる。このような事業所を除外することによって、はじめて実態に沿った中小企業の範囲を確定することができると考える。

それではこのような中小企業の割合は時系列でみるとどうであろうか。いま集計の簡略化のため、法人企業で従業者三〇〇人未満、個人企業で従業者一〇〇人未満を中小企業として先と同じ方法で集計して比較したのが表5－6である。この表をみると、一九六三年から七二年にかけて高度成長を誇っていたわが国で、中小企業は従業者数において引き続き増加していただけではなく、その増加率は大企業に比べても大企業と中小企業の構成比にあまり変化がなかったことに現れているように決して劣ってはいなかった。七三年のオイルショックを経て七五年になっても同じ傾向が続いている。事業所数においても同様である。

もちろん中小企業を階層別・業種別に分析すれば、それぞれ消長がありそれなりの意義が見出されるであろうが、ここでは総体としての流れを把握するだけにとどめておく。

表5-6　経営組織別従業者数の推移（非農林水産業）

年度	中小企業				大企業	
	総数（比率）	個人企業	法人企業等	公企業	総数（比率）	個人企業
1963	19,662（65.45）	8,507	11,155	—	10,378（34.55）	76
1966	22,482（65.87）	9,403	13,079	—	11,648（34.13）	79
1969	24,867（65.14）	10,146	14,721	—	13,310（34.86）	71
1972	27,408（65.08）	10,580	16,828	—	14,706（34.92）	48
1975	28,418（65.85）	10,703	17,715	—	14,740（34.15）	41

（出所）「事業所統計調査報告」昭和50年版，解説編より作成。
（注）　中小企業――個人企業：従業者100人未満。法人企業等：常用雇用者300人未満。

2　激変した中小企業の雇用

中小企業の雇用は、一九八〇年代後半からの日本企業のグローバル化によって激変した。それは主として、さきに述べた、安価な海外製品の逆輸入による国内産業の空洞化、国際的な垂直分業による下請はずし、親会社の内製化と構内非正規雇用の多用によるものである。

一九九九年に「中小企業者」の基準が改定されたのち、二〇〇〇年度の『中小企業白書』では、一九九六年の「事業所・企業統計調査」を再編加工して事業所数で八〇・九％（改正後基準で八六・一％）、従業者数で六〇・一％（改正後基準で六七・四％）という数字が出ている(15)。

この数字は、二つの理由によって不正確である。一つはこれには公企業は入っていないことである。公企業を大企業に入れて計算すると、当然中小企業のシェアは縮小する。もう一つは、「中小企業者」の範囲を資本金基準も適用して資本金一億円以下（一九九九年の改正後基準で三億円以下）の企業をすべて中小企業に入れていることである。これでは、さきに述べたような大資本系列の、資金面では大資本が面倒をみてただ多数の従業員を安く雇用するためにだけつくった企業もすべて中小企業に入ってしまう。これらの点を考慮して前と同じ従業者基準で計算し直すと中小企業は、九六年当時、事業所数は八七・八％（改正後基準で八

（単位：千人，％）

		合計			
法人企業等	公企業	総数（比率）	個人企業	法人企業等	公企業
		46,234	11,644	30,877	3,713
		49,810	12,387	33,574	3,849
16,780	3,400	52,624（100.00）	12,013	37,211	3,400
		58,242	11,020	43,994	3,228
22,804	3,348	60,931（100.00）	10,113	47,470	3,348
21,922	3,348	60,931（100.00）	10,113	47,470	3,348
21,232	3,368	58,281（100.00）	9,007	45,906	3,368
23,237	2,598	56,782（100.00）	7,559	46,625	2,598

八・四％）、従業者数は五六・五％（改正後基準で五八・一％）となる。この頃までは、個人企業はともかく法人企業としての中小企業は絶対数では減っていない。

ところが、二〇〇一年の「事業所・企業統計調査」にもとづいて同じようにまとめてみた結果、中小企業の比率は事業所数において五五四万事業所（八七・八％）、従業者数において三三五四万人（五七・六％）となっている。さきの一九九六年（改正後基準）と比較すると、事業所数においては三六万事業所（六・一％）の減少、従業者数においては一八四万人（五・二％）の減少である。

さらに、二〇〇六年の「事業所・企業統計調査」では、中小企業の比率は事業所数において五〇三万事業所（八五・九％）、従業者数において三〇九一万人（五四・四％）である。この五年の期間に、事業所数においては五一万事業所（九・二％）の減少、従業者数においては二六三万人（七・八％）減少している。これはかなり大きな変化である。しかも、さきにも述べたように、この間、大企業ではむしろ増加しているのである。この間には、サービス業を中心に大幅な産業分類の変更が行われているが、前出の表5－2の注に示したように飲食店・宿泊業、医療・福祉、教

表 5-7　経営組織別従業者数の推移（全産業）

年度	中小企業				大企業	
	総数（比率）	個人企業	法人企業等	公企業	総数（比率）	個人企業
1978						
1981						
1986	32,251（61.29）	11,819	20,432	—	20,374（38.72）	194
1991						
1996	34,439（56.52）	9,773	24,666	—	26,492（43.48）	340
1996*	35,380（58.07）	9,832	25,548	—	25,551（41.93）	281
2001	33,539（57.55）	8,866	23,673	—	24,741（42.45）	141
2006	30,912（54.44）	7,524	23,388	—	25,870（45.56）	35

（出所）　表5-3に同じ。
（注）　＊は1999年改定による新基準。

育・学習支援業、複合サービス事業、サービス業（他に分類されないもの）をサービス業として集計した。また、独立行政法人（二万事業所、七九万従業者）が公企業から法人等に移されているが、いずれも大きな影響はないものと思われる。

中小企業における雇用の減少はいつ頃から始まったのだろうか。それを検討するためにこの間の時系列の変化をみてみよう。しかし一九七八年以降の「事業所統計」では名寄せによる企業別統計が行われなかった時期があるので肝心の法人等の数値が欠けており、集計可能な年のみを以前と同じように集計すると表5-7のとおりになる。

これでみると一九九六年までは全体としては増加している。八六年以後に、まず個人企業の減少、とくに家族従業者の減少が始まり、ついで九六年以後にいたって法人等においても減少が生じている。これでみると中小企業において従業者数の減少が顕著に現れるのは、早くとも九六年以降である。それは法人企業において、一九九六―九九年の間に廃業率が開業率を上まわった時期でもある。個人企業ではすでに、一九八六―九一年の間に廃業率が開業率を上まわっていた。それはまた、一九八五年のプラザ合意

表5-8　従業者数の推移（全産業）

（単位：千人，％）

年度	総数	中小企業（比率）	大企業（比率）
1975	28,220	20,318（72.00）	7,902（28.00）
1978	30,649	23,013（75.09）	7,636（24.91）
1981	33,462	25,264（75.50）	8,198（24.50）
1986	36,154	26,970（74.60）	9,184（25.40）
1991	42,769	31,423（73.47）	11,346（26.53）
1996	42,346	30,454（71.92）	11,892（28.08）
2001	42,837	31,310（73.09）	11,527（26.91）
2006	47,843	35,366（73.92）	12,477（26.08）
2007	46,861	34,346（73.29）	12,515（26.71）
2008	47,237	34,156（72.31）	13,081（27.69）
2009	48,196	33,390（69.28）	14,806（30.72）

（出所）『法人企業統計年報』。
（注）　中小企業：資本金1億円未満。

による円高とそれに対応してわが国資本が生産の海外移転を拡大していった時期であった。

さきに述べたように、中小企業と大企業を区別する基準としては従業者規模別の区分のほかに資本金規模別の区分がある。これを利用した論考は非常に多い[16]。その結果はまったく違ったものになる。この点についても調べておこう。

標本調査ではあるが、「法人企業統計年報」（財務省財務総合政策研究所編「財政金融統計月報」）によると表5－8のとおりになる。ここでは個人企業が除外され、かつ資本金基準で中小企業は一億円未満とされているにもかかわらず中小企業の比率がかなり高い。また、中小企業と大企業との比率に大きな変化はみられない。これはどういうことを意味するのか。資本金が一億円未満で従業者数が三〇〇人以上の企業が増えているということである。

近年においては、請負労働や派遣労働など雇用の形態にも新しい変化が現れており、その影響も考えなければならない。「事業所・企業統計調査」では「従業者」と「事業従事者」を区別している。「従業者」とは、調査日時点で、当該事業所に所属して働いているすべての人をいう。したがって、別経営の事業所へ派遣している人も含まれる。また、当該事業所で働いている人であっても、当該事業所から賃金・給与を支給されていない人は従業者には含めない。また「事業従事者」とは、当該事業所で実際に働いている人をいうと定義している。そして、集計は基本的に「従業者」について行っている。親会社から子会社に出向していて給料は親会社から出ている場合を考えると、賃金水準を重視する筆者の立場からはこれで正しいと考える。

集計がそれぞれ正しいとすると、考えられるのは資本金が小さくて従業者数が多い企業の増加である。資本金が小さくて従業者数が多い企業としてまず考えられるのは最近増えている人材派遣業である。

人材派遣業は「事業所・企業統計調査」では産業小分類九〇Aとして、二〇〇六年に九八万人という数字が出ている。これは余りにも少ない数字であり、正式に人材派遣業として登録している企業のみの数字である。そのほかにもっぱら同一資本の系列企業にのみ人材を派遣している企業があり、それらは派遣先の業種に所属するものとして処理されているのである。「事業所・企業統計調査報告」には、「別経営の事業所からの派遣・下請従業者数」二八一万人、事業従事者数に対する比率五・一％が報告されている。これらの人材派遣業のほとんどは資本金一億円未満の「中小企業」である。[17] 聞くところによると、ＮＴＴの社員でも実際に所属する企業は、子会社、孫会社であって、その資本金は数千万円程度であるという。そもそも、これらの企業が「企業」と言えるかどうかは、さきに述べた「事業所」の定義からしても大いに疑問である。

また、派遣労働者の増加に押されて、雇用者のなかで非正規常用雇用者・臨時雇用者が拡大している。「事業所・企業統計調査」によれば、二〇〇一年に比較して〇六年では、雇用者全体はほとんど増加していないにもかかわらず非正規雇用者は一一・一％、臨時雇用者は五・八％増加している。一方、正規雇用者は五・三％、個人業主・無給の家族従業者は一三・九％減少している(18)。

このような雇用形態の変化も含めて、経済活動において中小企業の量的地位が低下しつつあることは重要な変化であり、これはいままでもあったような個々の階層、個々の業種、個々の企業における没落という動きとは別の問題である。日本経済のかたちが変わったといわなければならない。どうしてこのような事態がもたらされたのか。

一九八五年の「円高・ドル安誘導」のプラザ合意以降、日本経済のかたちは、大企業のグローバル化戦略のなかで大きく変わった。二〇〇三年の一月に日本経団連が打ち出した「奥田ビジョン」にいう「MADE "BY" JAPAN 戦略」はその仕上げである。これは日本資本がつくるものであれば、生産地は日本でも中国でもどこでもよい、一番安くつくれるところでつくるという発想である。一九八五年の日本の輸出額は三八兆八〇〇〇億円に対して、製造業の海外現地法人の売上高は八兆八〇〇〇億円で、明らかに国内に生産拠点を立地して輸出で利益を上げる「メイド・イン・ジャパン」型であった。このときには、トヨタも日産も海外に生産拠点をもっていなかった。国内の中小工場は下請としてではあっても仕事にありつけた。その後、円高が急速に進み、一年余りで一ドル二四〇円が一二〇円になった。それにともなって生産が海外に移転され、九六年には輸出額が四四兆七〇〇〇億円に対し海外現地法人の売上高は四七兆四〇〇〇億円となり、輸出額を上回った。その結果、国内での生産は大企業、中小企業を問わず大きく削減され、その雇用は破壊された。

それとともに輸出の内容が変わっていった。輸出といえば以前は完成品、消費財だったのに対し、生産の海外展開以後は、設備の輸出、現地でつくれない素材や部品の輸出が増加して輸出の中身が投資財・生産財にシフトし、この面でも日本経済のかたちが変わっていった[19]。これが、海外進出した業種の国内雇用が、すぐに減少に向かわない理由である。しかし、新しい巨大な技術も国内の需要と結びついて循環しないかぎり、いずれは海外に移転し衰退せざるをえない。最近の原発や高速鉄道の輸出にはその危険性を感じる。福島原発の事故でわかるように原発の輸出にはそれ以上の危険性がある。巨大な技術が国内の需要と結びつくためには、その技術を実用面で使いこなす中小企業の小さい技術が必要なのである。

このことで日本経済はのちに痛い目に遭うことになる。二〇〇八年九月のリーマンショックにともなう恐慌のとき、当初、日本政府はそれほど危機感を持っていなかった。にもかかわらず、その後の日本のＧＤＰの落ち込みは世界でもっとも際だっていた。日本は、鉱工業生産のうち一般機械、輸送機械、電気機械の三業種で四八・四％を占めている。しかもこれらの業種は、輸出の割合がきわめて高く生産ロットが大きいのが特徴である。それも売り先が主にアメリカであった[20]。このような奇形的な構造が〇八年恐慌を大幅に増幅し、景気を急落させたのである。

貿易構造上のもうひとつの問題は、海外生産品の日本への輸入、いわゆる逆輸入の増加である。これは主としてアジアにおける海外現地法人からの輸入の問題である。これらの現地法人は、現地の低賃金を利用して大きいロットで安い製品を大量に生産し、大量に輸入する。それによって国内の製品を駆逐する。これらの製品の多くは、衣食住を中心とした、本来は地域性、民族性、気象条件に合った、地産地消が基本になる業種であるにもかかわらず、コスト優先の論理だけが罷り通っている[21]。安い製品の大量輸入は、消費者を大量浪費の罠に陥れ、環境を破壊し本当の意味での生活の質を落とすものである。

日本の大企業によるグローバル戦略は、日本の産業構造や貿易構造に奇形的な変化をもたらし、国内に投資や雇用をもたらさなくなった。それがまず、中小企業における雇用破壊に現れているのである。商品の質は問われず、教量的に「生産性」の低い産業がまず破壊され、そこから流れ出した労働者がより劣悪な賃金と労働条件で雇用される。それを促進しているのが、労働法制の改悪とそれにともなう非正規雇用の拡大である。

Ⅳ　雇用を確保して経済の循環を

一九九〇年代のバブル崩壊以後、日本経済は「失われた一〇年」あるいは「失われた二〇年」と形容されている。公共投資によって、インフラを整備し経済の高度成長をもたらしたことは、ある時期までは正しかったが、いまはもはやそのような時期ではない。一九九七―二〇〇七年度の一〇年間で、わが国のGDP（名目）の伸び率はわずか〇・四％である。中国をはじめとする新興諸国ばかりでなく、わが国以外の先進諸国にも水をあけられている。

しかし、日本の経済活動のすべてが「失われた」わけではない。なぜなら、この間に資本金一〇億円以上の大企業（銀行・保険業を除く）は、一五・一兆円から三二・三兆円へと経常利益を伸ばしている。史上最高の利益である。いわゆる内部留保は、一四二・四兆円から二二九・一兆円に積み上がっている。この間支払い配当は三・〇兆円から一〇・三兆円に三倍以上にも増え、役員報酬（賞与を含む）は一・〇兆円で変わらないにもかかわらず[22]、雇用者報酬は二七九兆円から二六三・二兆円に縮小している[23]。大企業が利益を上げれば、労働者の賃金も上がり、まわりまわって国民全体の生活が豊かになるというのは、もはやおとぎ話にすぎない。

大企業は、その資本を有効に使って利益を上げているのではなく、労働者の賃金を削るだけで利益を上げている。その利益は、再投資されることなくむなしく内部留保として積み上げられている。その多くは固定資産や棚卸資産ではなく金融資産として抱え込まれている。二〇一〇年三月期末の資本金一〇億円以上の大企業（銀行・保険業を除く）の現預金等（受取手形、流動資産に計上されている有価証券を含む）は五九・九兆円である。(24)それでも足りなければ、銀行には二〇一〇年一二月末現在、貸し付けられていない預金が一四八兆円ある。(25)

多国籍企業中心の輸出依存型経済政策を続けてきた結果、日本経済の危機的状況が生まれたわけである。産業空洞化が進み、雇用も地域も空洞化して内需は冷え込んでしまった。日本の経済成長は、重化学工業中心の輸出によってもたらされたという「神話」があるが、高度成長の時代においても、輸出の寄与率は一四％である。これに対して、個人消費は四一％、民間企業の設備投資は三二％であった。企業所得のなかでは法人企業所得よりも個人企業所得のほうが寄与率は大きかった。個人企業や農業などの所得が国内経済成長の力になったのである。こうして、多くの地域経済に「地域内再投資力」がつくられていったのである。(26)

過剰に蓄積した資産を短期のマネー転がしによる利鞘獲得に投入せず、これを国内で有効な投資（人的投資を含む）に誘導するような政府の政策が必要である。投資を促進し、雇用を拡大するような政策が求められる。多くの従業者を雇用し、地域に密着した需要を喚起する中小企業を温める政策は、その重要な一環である。そのためには既存の「企業」を支援するだけでなく、新しい「起業」を支援することが大切である。

欧米においては自営業者のシェアは基本的に不変であり、このことが経済の相対的安定に寄与しているのではないかと考えられる。グローバル資本主義のもとで自営業者の数は、一九九〇―二〇〇五年の間に、アメリカ、イタリアでは横ばい、ドイツでは漸増しているにもかかわらず、日本のみが激減している[27]。このことを真剣に考えなければならない。

注

（1）レーニン『帝国主義論』（副島種典訳、国民文庫）八〇ページ。
（2）『大月経済学辞典』（大月書店、一九七九年）六一九ページ（佐藤定幸執筆）。
（3）ジェトロ「日本の国・地域別対外直接投資」による。
（4）ジェトロ『ジェトロ貿易白書』二〇〇七年版、二八ページ。
（5）小野満「日本と途上国の労働者の競争関係について――不況下の中小企業の現場から」、『経済科学通信』第八五号（基礎経済科学研究所、一九九七年一〇月）五七ページ。
（6）『繊維ハンドブック　２０１１』（日本化学繊維協会、二〇一〇年一二月）六二―六三ページ。
（7）経済産業省「第三八回海外事業活動基本調査」（二〇〇七年度の調査）による。
（8）総務省「事業所・企業統計調査」による。個人企業については事業所単位、法人企業については名寄せによる集計を全体に案分比例した。
（9）経済産業省「第三九回海外事業活動基本調査」（二〇〇八年度の調査）による。
（10）中小企業庁編『中小企業白書』昭和五三年版、一〇七ページ。

(11) 上林貞治郎『中小零細企業論』(森山書店、一九七六年) 二一ページ。
(12) 野村秀和『現代の企業分析』(青木書店、一九七七年) 一六ページ。
(13) 小野満(筆名・安満弁吉)「繊維独占による中小企業支配の実態」、『労働と研究』第三号(基礎経済科学研究所、一九八〇年) 四二―四五ページ。
(14) 別に標本調査ではあるが総理府統計局の「就業構造基本調査」で行われている一九七四年の企業規模別従業者の集計と比較するとおおむね一事業所一企業と考えてよいと思われる。
(15) 中小企業庁編『中小企業白書』二〇〇〇年版、付属統計資料、六、八ページ。
(16) たとえば、元橋一之氏は、「日本経済のグローバル化の進展と中小企業に与える影響」、『中小企業総合研究』第五号(二〇〇六年一一月)において、「日本経済のグローバル化が進む中で、中小企業の生産活動は低下しているとはいえない」(一三ページ)と結論づけられている。
(17) (株)TKC「TKC経営指標(平成一九年指標版)」より。
(18) 『事業所・企業統計調査報告書 平成一八年度』第四巻、解説編、結果の解説、二六ページ。
(19) 吉田敬一「座談会 中小企業の発展こそ日本経済再生の力」での発言、『前衛』二〇一〇年二月号、一二六―一二七ページ。
(20) 吉田敬一「内需型産業をどう展望するか」、『経済』二〇〇九年一〇月号、五七ページ。
(21) 吉田敬一、前掲座談会、一三七ページ。
(22) 財務省「法人企業統計調査年報」より。
(23) 内閣府「国民経済計算年報」より。
(24) 財務省「法人企業統計調査年報」より。
(25) 『日本経済新聞』二〇一一年一月一二日。

（26）岡田知宏「地域循環型経済と新しい自治像を」、『経済』二〇一一年四月号、一五ページ。

（27）吉田敬一、前掲論文、六〇ページ、図3―1。

第六章　持家社会の居住貧困と住宅ローン問題

髙島嘉巳

はじめに

日本全体の住宅空き家率は、二〇〇八年には一三・一％にも達している。[1]「住宅不足という数の問題は解決した、これからは質の時代だ」とも叫ばれてきた。その一方で、ホームレスやネットカフェ難民など最悪の居住条件に置かれた人々も少なくない。そうしたなか、人々の持家志向は依然として根強く、わが国における持家率は英米両国を追ってすでに六割を超えるところにまで到達した。[2]「持家社会」と叫ばれるゆえんである。その持家実現に向けて必須要件として通常的に随伴するのが「住宅ローン」の問題である。それは、持家実現への厳しい関門であり、あるいは夢の架橋でもある。

筆者はすでに、前共著『格差社会の構造』における担当章「家計の資産格差と生活格差」（第五章）で家計資産の形成要因を、企業資産との対比という一視角を交えて検討した。それは日本の現状にそくして、家計資産全般に占める土地・住宅の比重の大きさに着目しての考察であった。そこでは、多大のリスクと負担による多額債務が住宅ローン利用者の生涯の大部分にわたって重くのしかかってくることに留意した。

しかし、「住宅ローン問題」それ自体として独自に検討するにはいたらなかった。

今般、アメリカの「サブプライムローン危機」に端を発する世界金融危機の激発によって、持家実現に懸命な個々人にとって「命綱」でもある住宅ローンの諸問題を、日本の現状にそくして、より大きな視野で考察する必要性に促されたので、それを次のとおり試みた。

第Ⅰ節では、この日本で居住貧困が多様化しつつ内攻するなかで、なにゆえにその打開策としての持家志向が根強いのか、を検討する。第Ⅱ節は、住宅ローン利用者に対してその「適格性」が審査され、要求されるものとも受け取れる「住宅アフォーダビリティ」概念の意義と、それをめぐる諸問題を考察する。さらに第Ⅲ節では、日米英各国の動向をふまえつつ、アメリカでのサブプライムローン問題等も含めて、住宅ローン累積の社会経済的諸結果を全体的に論究する。そのうえに立って第Ⅳ節「まとめと展望」では現代の社会システムのなかに「住宅ローン問題」なるものを改めて位置づける。

Ⅰ　多様化する居住貧困のなかの持家志向

1 「居住貧困」の諸相から

かつて、ＥＣの内部文書ながらも、遠くヨーロッパから、日本人は「ウサギ小屋に住む働き中毒だ」、と揶揄されたことはよく知られている。それは、居住と労働という人間生活の二大分野におけるわが国の実態にたいして放たれた「頂門の一針」と言ってよく、それを受けて当の日本国内でも多くの議論を呼んだことは当然であった。

そのうち、労働にかんしては藤本武氏らによる国際的な視野からの貴重な研究業績がある。一方、居住にかんしては早川和男氏による一連の著作があるが、なかでも同氏の『住宅貧乏物語』（岩波新書、一九七九年）が有名である。その早川氏を有力な指導メンバーの一人として一九八二年に設立された「日本住宅会議」は、「ウサギ小屋ではなく、人間にふさわしい住居を！」と「住まいへの権利」を謳った『住宅憲章』（一九八七年）を広く江湖に呼びかけた。その立場から早川氏はさらに『居住福祉』（岩波新書、一九九七年）を著し、また日本住宅会議も意識的・系統的に「住宅白書」の刊行を続けてきた。同白書の最新版（二〇〇九―二〇一〇）『格差社会の居住貧困』（ドメス出版、二〇〇九年）は文字通り「居住貧困」に関して「実態編」、「展望編」、「海外編」および「資料編」という構成による共同労作である。

ここでその全容に立ち入る余裕はないが、ひとつだけ注目し確認しておきたいことは、以前の表題「住宅貧乏」とそれ以後の「居住貧困」という用語上の微妙なニュアンスの差である。そこには共通して「貧乏」＝「貧困」という基本的な含意が込められてはいるが、その貧しさの主体は、単に「住宅」＝建物＝ハコモノにとどまるのか、それともその「住宅」とそこに起居する人間とが一体的な「居住」としてイメージされるのか、という相違であるように思われる。この間の日本の住宅事情については、少子高齢化や、家族（構成）の在り方、さらには労働事情等々、住生活と密接に関連する諸事項とともに生活そのものの変化にも大きいものがある。その意味では、後者の「居住貧困」という用語の方が、生活全般との関連性を強調する点でヨリ現状にそくした表現となるのではなかろうか。

この点で、国としての住宅政策にかんする基本法の制定が云々されて以来、その名称もずっと「住宅基本法」として久しく予定されてきたものが、さきに施行されたそれは「住生活基本法」（二〇〇六年）として命名されたことは、その趣旨や方向性はどうであれ、右の諸事情をそれなりに反映している点で示唆的である。

では、「居住」についての貧しさの現状とはいかなるものか。その貧困の度合と諸相は、「格差社会」の進展のもとでヨリ多様化・複雑化しつつ内攻しているといえよう。その点でこれまでは、「最低居住水準」未満という住宅＝ハコモノ自体に焦点をあてた「貧困」指標のもとに、その解消という政策課題がずっと掲げられてきた。たとえば世帯人員四人の「標準世帯」にとっては、室構成（3DK）、居住面積（三二・五平方メートル）、住戸専用面積（五〇平方メートル）が基準線として定められ、それ以上を確保すべき目標とされてきた。この目標は、第三期住宅建設五ヵ年計画により一九八五年までに達成すべきだったが、依然として未達成のままである。(3)

そのうえ近時の状況は、巷間しばしば伝えられてきたように、派遣切りから即「宿なし」への転落、青テント・野宿者やネットカフェ生活者の増加、「追い出し屋」、「囲い屋」など居住系貧困ビジネスによる人権無視の数々、そして老人の孤独死など住生活にかかわる基本的人権が最も無残に蹂躙される例が広範に認められるありさまである。そこではまた、高齢者、障害者、母子家庭、生活保護家庭、外国人等々の「属性」ごとに、いわゆる「居住弱者」として列挙することができる。

このように誰の眼にも明らかな限界的な「居住貧困」の諸例に加えて、あるいはそれに重ねて、一般の借家層の家賃未納が近年とみに増加しつつある、という。そのため、家賃滞納者一〇〇万人もの名簿（ブラックリスト）が「全国賃貸保証業協会」によって整備され、それが現実に実働態勢に入る動きも伝えられている。(4) さらにまた、持家層のローン返済の延滞や破綻なども増加傾向にあるが、それは生活全般の窮状に由来する「居住貧困」の顕著で普遍的な実態として把握すべきではないだろうか。そのような視点から、以下では住宅ローンの重圧は、持家社会そのものが孕む「居住貧困」の重要な一部を構成するものではないのか、という問題意識のもとに検討をすすめるものである。

2　「居住貧困」からの脱却めざす持家志向

以上のように多様な「居住貧困」が認められるなかで、人はそれぞれに切実な住要求を充足することを求めてきた。その方法と方向は、置かれた立場によって、すなわちいわゆる格差化と階層化のなかで、種々さまざまでありうる。しかし、これを近時の日本社会の全体的なトレンドとして見るとき、その大勢は端的に借家（あるいは借間）層から持家層への転換にあった、といえるのではなかろうか。それゆえにこそ、この日本でも全国的な持家世帯率は六〇％余を数えて、米英に次いで持家社会といわれるまでになった。だがその一方では、残余の四割近くは依然「借家」（公営、公団公社、民営、給与社宅など）で暮らしているという実態をも直視しなければならない。

では、なにゆえに借家層から持家層への移行と転換が「主流」となりえたのだろうか。考えられる主な理由のひとつとして、一般に人は誰しも自らの生活の拠点としてヨリ快適で安定した居住条件を本来的に求めているから、といえよう。この点で借家の場合には通常、既成の住宅仕様（構造、面積、住環境など）を所与として所定の家賃負担をすることに加えて、日本の場合には（特に家族向けの）賃貸市場が未成熟であり、適当な規模と賃料条件での供給物件がきわめて少ないという事情もある。これにたいして、持家の場合には各種の制約のもととはいえ、自らの居住要求とそれに見合う居住条件を当初から自主的に決定し選択する「自由」をそれ相応に有しているからである。そのためか、最近の『住宅経済データ集』によると、「住宅に困っている（不満）世帯」の割合は、持家層二八％に比べて借家層では五三％と圧倒的に多いのが実態である(5)。

いまひとつは、戦後このかた「家は持つもの、買うもの」という願望とも信仰ともいうべき意識がずっと強固に育成されてきたからである（たとえば「持家は男の甲斐性！」）。アメリカやイギリスにおける六割超の持家率が、先進諸国での一定の傾向や到達点を示しているように、この日本でも「持家居住」がある種の「社会的標準」として人々の意識を拘束し動員するまでになった。その点で想起されるのは、居住条件に関する定番コースとして、よく「賃借（借間、借家）」（××荘、〇〇アパート、公営団地、社宅など）から、分譲マンションへ、さらには土地付き一戸建てを得てはじめて人生「住宅双六《すごろく》」の「上がり」とされる、という、ひところ流行ったたとえ話である。このような筋書きは英語圏でも、居住条件や持家の仕様・規格が、職業と収入さらには家族構成等によって順次変化・向上してゆくさまをProperty Ladder（資産の梯子）といって、ちょうど梯子を登ることになぞらえていることにも共通してくる。

住宅にかんするこのような社会意識とも呼応しつつ、わが国の住宅政策自体が大きく持家指向を鼓舞してきた経緯についても、次に見てみよう。

3　持家志向への政策誘導

戦後日本の住宅政策は、戦災と引揚げ・復員等による絶対的な住宅不足の解消という課題に直面した。そのため、住宅金融公庫（法、一九五〇年）、公営住宅（法、一九五一年）、日本住宅公団（法、一九五五年）等による制度的枠組み（三本柱）による「官」主導のもとに民間をも総動員しての住宅建設と供給が推進されてきた。その後も、景気対策・内需拡大を大義名分とし、あるいは対米通商関係への顧慮からも公庫融資等によって住宅の量的拡大が意識的に続けられてきた。

しかし、近時における経過は、こと住宅についても「市場重視」という〝理念〟のもとに〝上からの〟「住宅建設計画」は廃止されて、いわば「民間まかせ」「市場まかせ」の新自由主義的な施策が大きく打ちだされてきた。そのため、公的住宅の建設と供給も著しく停滞ないし後退し、前述のように家族世帯向けの適当な貸家市場は未発達なままに放置され、また諸外国では相応に制度化されている民間借家への家賃補助制度は顧みられることがなかった。そして住宅政策の眼目はもっぱら「中間層」向けの持家取得誘導へと置かれることとなった。

そうした指導理念を集大成したもののひとつとして「二一世紀の豊かな生活を支える住宅・宅地政策について」と題する（旧）建設省・住宅宅地審議会答申（二〇〇〇年六月）がある。そこでは冒頭で「……住宅宅地の取得、利用は国民の自助努力で行われるべきという原則に立った上で、良好な街なみを誘導し、広くて質の高い住宅宅地を確保しやすいようにする。その一方で、努力しても自力では望ましい居住を確保できない者には的確な支援をおこなう」、とされて、「国民の自助努力」と「住宅宅地政策」は〝車の両輪〟だと強調される。この延長線上にさきの「住生活基本法」があり、改めて住宅取得が「自己責任」に帰せしめられ、その一方で公共住宅の供給が「セーフティネット」同然に位置づけられる次第となる。同基本法にやや前後して「ホームレス自立支援法」（二〇〇二年）や「住宅セーフティネット法」（二〇〇七年）が制定されるにいたった。

以上のような住宅事情と住宅政策とを所与として、人々が自らの住欲求をヨリ良く充足しようとするならば、その「如何に住まうべきか」の選択肢は、ことの成り行きとしては万難を排してでも持家へと傾斜せざるをえないことになる。「居住貧困」からの脱却の方途としての「持家」が、上記の「住宅政策の貧困」と不可分に因果関係をなしてくる。

そして再び、前出のデータ集によれば「(現在の)住宅環境及び住宅に不満ある」層の比率が全体では二八・五％であり、その約七割は「改善計画あり」となっている。そのうち「親と子(五歳以下)」世帯の場合は、「不満あり」三九・一％かつ「改善計画あり」三三・一％のなかで、その改善方向としては「新築・購入」が六二・八％となっている。しかし、その改善計画実行にあたっての障害は、全世帯では資金不足五三・七％、物件不足一九・五％、および情報不足二八・二％、親子世帯ではそれぞれ六二・一％、三二・七％、二八・二％と、いずれもその障害の過半は資金不足にあることが示されている。(6)

こうして、持家志向に駆りたてられたうえに、それへの架橋の役割を期待されるものこそ、他ならぬ住宅ローンだ、ということになる。それはあくまでも個人的な「自助努力」による打開策であり、むしろ他策なきゆえの、半ば社会的に強いられた、生涯の過半を債務弁済に追われる選択肢とならざるをえない。それは、客観的には住宅・土地市場と金融市場という、ともに転変きわまりない大海原に漕ぎだす小舟にもたとえられよう。

ここで念のために付言しておけば、親族からの相続や贈与による土地・住宅の取得件数も相当広範囲にあるのは事実であるが、ここではそれとして指摘するだけにとどめる。ただ、住宅・宅地等相続案件の有無とその大小によっては、ここでの「自助努力」による住宅・宅地の取得とはもともと別次元のものでありつつ、結果的には諸個人の資産（や、それに制約される進学、就労、所得等の）格差を世代的に再生産する要因になることは、実際問題として軽視すべきではない。

Ⅱ　住宅ローン――持家ドリームへの架橋

1　住宅ローン制度の発達とローン活用

日米英各国ともに、住宅・土地の私有制のうえに住宅そのものが「商品」として売買される。一般商品の場合、通常はその売買契約成立をうけて、当該商品の引渡しと同時に、または短期間の猶予をもって、その代金決済が行われる。しかし、住宅価格が高額さにおいて一般庶民には非日常的な金額であるゆえに、そのような支払原則通りには通用し難い。そこへ住宅ローン制度の発達によって、ほとんどの場合に住宅金融が介在するようになった。その際は、当該住宅の売主と買主との売買関係は、ただちに所定金額についての貸主（＝金融機関）と借主（＝住宅買主）との金銭消費貸借関係に転化される。

住宅・土地売買にともなう金銭貸借は、それ自身次のような特徴を有している。まず、その金額が年収の数倍という巨額さのゆえに、将来にわたる長期割賦払いになることである。その期間は普通二五年から三五年にもなり、場合によっては四〇年にもなりうる。かつて日本の住宅金融公庫は、借入時の年齢が六〇歳以上の場合には、二世代ローン、すなわち親子リレーローンの方法まで可能とした。

次なる特徴は、その長期割賦への支払い原資として、通常は住宅買主（＝ローン債務者）の将来にわたっての勤労収入があてがわれることである。だが、頼みとする勤労能力と勤労所得をめぐって病気や失業等の予測不能な事態が否応なくともなうことになる。

さらに、売買対象が土地・住宅という場所的に固定した耐久消費財であるために、保証として当該住宅物件への抵当権設定が条件となる。もし購入者＝債務者における返済債務不履行の場合には、その担保物件は債権者の手で売却処分される。しかも、その担保物件の市場価値たるや、不可抗力的な諸要因によって変動の波からまぬがれることはできない。

さきには借家層から持家層への「飛躍と参入」という基本トレンドともいうべき流れを見てきたが、そのなかで住宅ローンの意義を以上のように確認できる。そのうえでなお、住宅ローン利用をとりまく状況を、次の二つの面から改めて位置づけることも必要であろう。

ひとつは、借家層からの脱出、すなわち持家層への飛躍・参入を希望し、かつ挑戦しようにも、諸般の理由でそれが到底叶わない「滞留」組がやむなく存在している事実である。その最大の理由は、住宅ローンの利用資格が金銭貸主（金融機関）側から認証されないことにある。そもそも持家のための住宅ローン当事者としてのスタート台に立つためには、通例、第一関門として住宅価格の二〇―三〇％程度の頭金を用意し、その残額をローンに頼る、というのが一般的である。そのためには、借家・借間生活中にその賃料支払いと並行して、所要の頭金を貯め込まなければならないゆえに、それができない者には当然ながら「門前払い」ということになる。しかし、頭金準備という門前受付が通ったとしても、さらなる第二の（真の）関門として将来長期にわたっての返済能力の審査にも適合しなければならない。ここでの関門（テスト）は、ローン償還期間中における住宅購入者の所得の確実性と安定性についての「適格証明」が得られることである。余談だが、これら二つの関門を軽視・無視したところに、サブプライムローンの適用と審査にまつわる「杜撰さ」があったことは、かねてより報じられているところである（たとえばＮＩＮＪＡ（忍者）ローンといわれる、No Income No Job no Asset ローン）。これらの関門を通過できない者には、そもそも持家への架橋であるべき住宅ローンは、まったく現実性の乏しい「虹の懸け橋」として空しく消え去ることにならざるをえない。

いまひとつは、持家層のうちのある層にとって、持家層への飛躍（第一次取得）は達成済みの過去のことであり、さらに持家層内部での転進と展開（たとえば第二、第三次……取得や、セカンドハウスなど）がさらなる課題となりうる。いわば「資産の梯子」の新たな高みへの登攀である。ここにも住宅ローンの活用場面が十分に出てくる。また、その当該住宅の担保価値になお十分の余力があるならば、ホーム・エクィティ・ローン（Home Equity Loan, ＨＥＬ）といって、その評価額にもとづく借入資金が、新規の住宅取得への借り増し・借り換えをはじめ、家具・自動車等高額商品の購入等にも多彩に動員されうる。

このようにして、居住条件をめぐる格差化・階層化は、基本的には持家か借家かを分水嶺として進展するが、その点ではある人がどれだけ有効かつ現実的に住宅ローンを活用することができるか、の「適格性」に大きくかかってくるものと考えられる。

2　住宅アフォーダビリティとは何か

では、住宅ローン利用者の「適格性」を、どのように理解し、ここに位置づけたらよいのだろうか。それとの関連で、住宅ローン先進国・米英における住宅アフォーダビリティ（Affordability）問題の議論を一瞥し、あわせて日本の現状にも照らして考察してみることにしよう。

アメリカン・ドリームの重要な内容をなすひとつとして、一般庶民の持家実現があることは、よく知られている。そのアメリカで、アフォーダブル・ハウジング（Affordable Housing）あるいはハウジング・アフォーダビリティ（Housing Affordability）という問題が大きく顕在化したのは一九九〇年代に入ってからである。英語 afford（動詞）は、「する余裕がある、しても大丈夫、与える、もたらす、等」の意でやや多義的であるが、そこから派生した affordable（形容詞）は「（値段などが）手の届く範囲の、手頃な、等」を意味することをふまえるならば、次のような状況を理解することができるだろう。

すなわち、①若い、はじめて住宅を求める世帯が住宅を購入できなくなっており、持家所有率が落ちている、②低所得層に賃貸可能な住宅がますます減少している、③ホームレスの顕著な増加傾向がみられる、そしてそれが勤労世帯にもおよぶ傾向が出てきたこと、というように集約される問題状況である。同じ英語圏のイギリスでも、同じ含意のもとに、同じような状況が「アフォーダビリティ論争」を噴出させた、という(7)。

この点では日本でも、かのバブル期（一九八〇年代後半）に土地・住宅の異常な高騰によって大都市での標準的なマンション（共同住宅）一住戸分が一般勤労者の年収の八—九倍にまで値上がりし、当時の宮沢内閣（一九九二年）によって「せめて年収の五倍で家が買えるように！」という「生活大国」としての「国家目標」まで提起された。その意味ではこの住宅アフォーダビリティ問題は、かえって日本の方がヨリ切実な国民的体験を通して実感されたことになる。しかも、その目標達成の条件としては借入可能な住宅ローンを総動員することを当然の前提としたうえでの目論見であった。

ちなみに、さきの（旧）建設省・住宅宅地審議会答申「二一世紀の豊かな生活を支える住宅・宅地政策について」のなかでは、「Ⅱ 新たな政策体系への具体的方向、2 新たな宅地政策の具体的方向、（2）『所有から利用』へのニーズの転換に伴う消費者の住宅宅地の取得等への支援」においても「アフォーダブルな住宅宅地の取得等」なる表現が「……利用価値が高く良好な居住水準のものであって、かつ、住宅関連支出割合が低い住宅宅地の取得・買換え・住替え」という規定のもとに頻用されていることも、ここに紹介しておこう。

以上に紹介したアフォーダビリティ概念は、米英ともに持家と借家という二つの領域にまたがるものとされ、その含意は「適切な負担で適切な住宅に居住できること」と理解するのが正当であるだろう。そのことと上記「答申」での規定を念頭に置きつつ、借家層から持家層への「飛躍と参入」の架橋を担うべき住宅ローンを主題とする本章では、Housing Affordability 問題を主として住宅ローンを絡めた「住宅取得（能）力」、あるいはそれへの「適格性」として限定的に捉えたうえで、以下の論議をすすめることにする。

3 住宅アフォーダビリティをめぐる諸問題

これまでの論脈によって、住宅アフォーダビリティについては、持家取得希望者がそのための所要資金を、現在および将来にわたって確保し続けるかどうかの確実性を問うところの指標コンセプトとして理解されうる。その際、土地・住宅売買契約に当たっての頭金確保の有無についてはすでに触れた。そのうえでさらに検討・確認すべき要点としては、以下の各点があるだろう。

第一に、住宅購入者のローン債務完済のためには、それに見合う彼／彼女の将来所得の安定性が必須条件になってくる。ここには本来的に予測不能な諸要因が伏在し、それらが顕在化する仕方と程度によっては、せっかくの住宅取得後のローン支払いの延滞や、そのための差押えが余儀なくされてくる。その絡みでは、ローン返済者の置かれた家計実態は、住宅関連費の重い負担に加えて、食費、衣服費等の一般生活費、また育児・教育費、文化教養費、さらには自動車等各種ローンの荷重も総じて軽視できない。こうして、住宅アフォーダビリティ論は、結局のところ勤労者の全生涯をつうじた勤労所得についての見通しと、そこでのローン負担の現実との厳しい対応関係へと収斂されていく。

第二に、この住宅アフォーダビリティという用語コンセプトにおいては、融資者＝債権者とローン利用者＝債務者という関係のうちにある、ある種の上下の対抗関係を読み取ることが可能かつ適切でもあろう。そこには、当該融資関係における所要の結節点ごとに許与する者と許与される者、といった「主と奴」（ヘーゲル）の関係が内包されているからである。そこでは住宅ローン債務者の返済能力だけが厳しく審査され、逆にローン債権回収者側の立場が強固に確立される。また、売買やローン契約にあたっても関連条項の読解力（Literacy）や情報量の圧倒的な差が、そこでの支配関係をいっそう強めるような仕組みにもなっているのだ。

第三に、売買対象物件であり担保物件でもある住宅・土地の価格とともに、住宅ローン融資にかかる基本要件としての（市場）金利が、ローン利用者ばかりでなく債権者（金融機関）にたいしても、外因的・不可抗力的に変動することである。その結果次第では、住宅ローン実行残高よりも住宅物件担保価値の方が下回る「担保価値不足」の事態も起こりうる。それらは、ローン債務者にも債権者＝金融機関にも制御不能に作用するが、それによって個々のローン債務者のアフォーダビリティは、いっそう厳しい試練に遭遇し、また検証されざるをえない。

こうして、ローン利用者がその「適格性」を問われるところの住宅アフォーダビリティなるコンセプトは、本質的にはその彼／彼女にたいする融資（予定）者の側からの選別、それにともなう長期割賦返済能力の認定、その間の督励のための指標コンセプトとして理解することができる。それゆえ、「住宅商品」売買においては、一般商品の売買におけるような、商品から貨幣への〝単なる〟「命がけの飛躍」にとどまらず、買主側での「一生を賭した」長い長い割賦金支払い義務の履行によってのみ、その「（持家層への）飛躍」が実現されるところの、よりいっそうの「懸命さ」に深く特徴づけられることになる。

4　住宅ローン利用の動向と実態

ここではやや視点を変えて、そのような住宅ローンが現実に実行されたことによって、日本の家計や金融世界ではどのような状況がもたらされているのか、いくつかの角度から探ってみることにする。

まず、総務省の家計調査によって、勤労世帯の住居の所有関係別による貯蓄と負債の有り高を概観し、とりわけ持家層（七一・七％）のうちで住宅ローン返済中（三六・四％）と返済なし世帯の比較を図6‐1で見ることにしよう。これで一目瞭然のように、平均的にローン返済中世帯は、返済なし世帯にたいして、貯蓄額において半分以下、逆に負債額では七倍もの有り高を示している。[8] それだけ勤労家計に占める住宅ローンの比重が大きいことが明らかである。

つぎに、このような全体的状況のなかで、より詳細に住宅ローン利用者の負債残高の年代別・年次別の分布状況はどのようになっているのか、平山洋介氏作成にかかる図6‐2がそれを示している。そこには、一方における住宅・土地資産額に対応する負債残高が、三四歳以下と三五―四四歳の両年代において逐年

図6-1　住居の所有関係別貯蓄・負債残高
（二人以上世帯のうち勤労働者世帯：2009年）

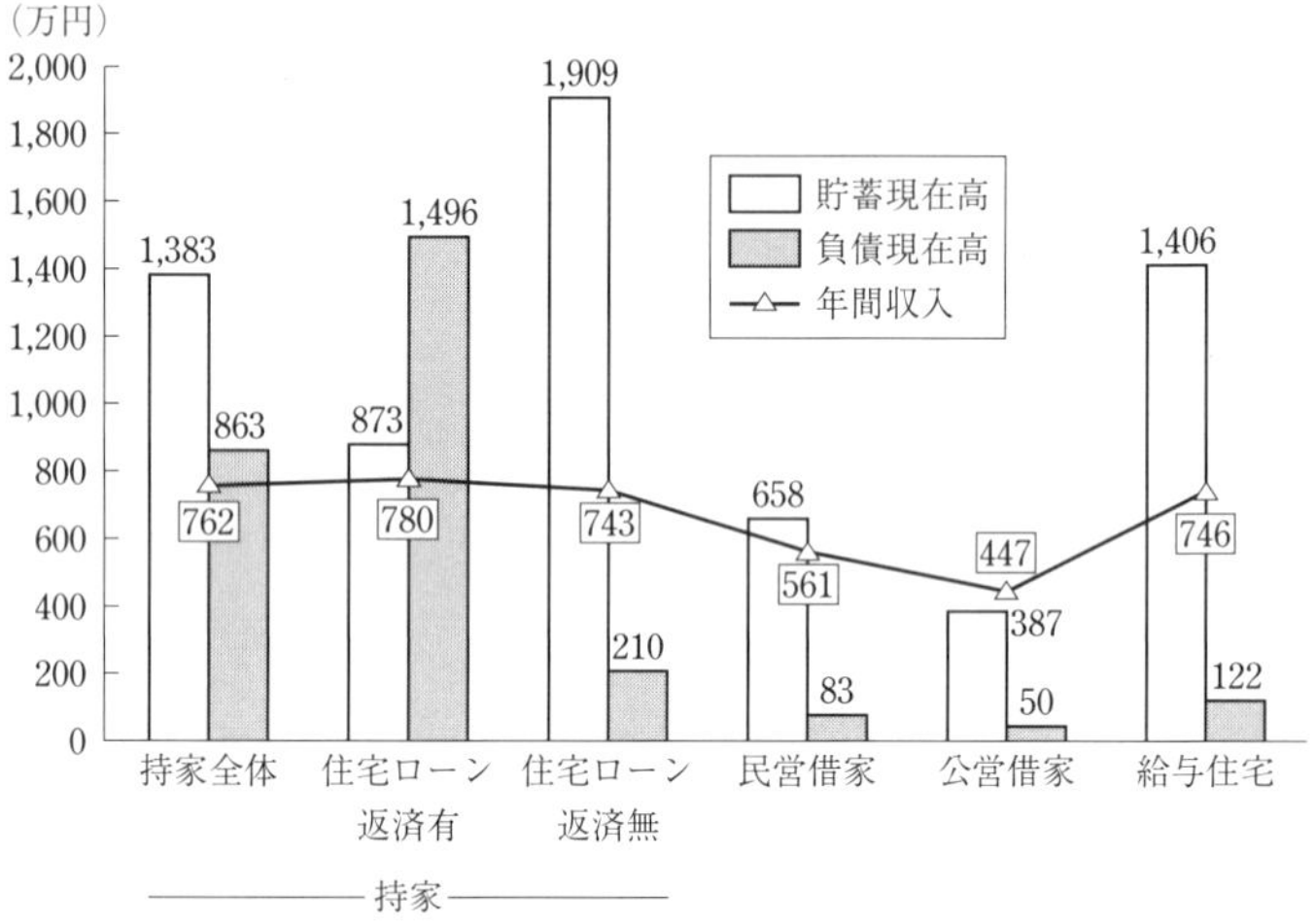

（出所）『住宅経済データ集』 2009年度版 （住宅産業新聞社）。

的に増加していることが明示され、四五―五四歳台で初めて年次的にも頭打ちの状態にいたっている。そこでは働き盛り年代層による持家層への飛躍・参入のための努力とトレンドが実証されている[9]。

さらに、住宅ローン返済額の対可処分所得比率はどうなっているのだろうか。同じく平山氏作成にかかる図6-3がそれを示している。そこでは、三四歳以下、三五―四四歳、四五―五四歳の三つの年代ともに逐年的に負担有りの層が増えており、しかもその負担度合も一五―二〇%、二〇―二五%、そして二五%以上という高負担の層が年を追って増加していることが顕著である。ここでも、住宅アフォーダビリティつまり長期にわたる「適格性」をなんとか着実に実証すべくたゆみない営為が、とくに働き盛りの年代において浮き彫りにされている。

このような図表と数値を押さえたうえで、

図６-２　世帯主年齢・調査年別住宅・土地に関する資産と負債（持家世帯）

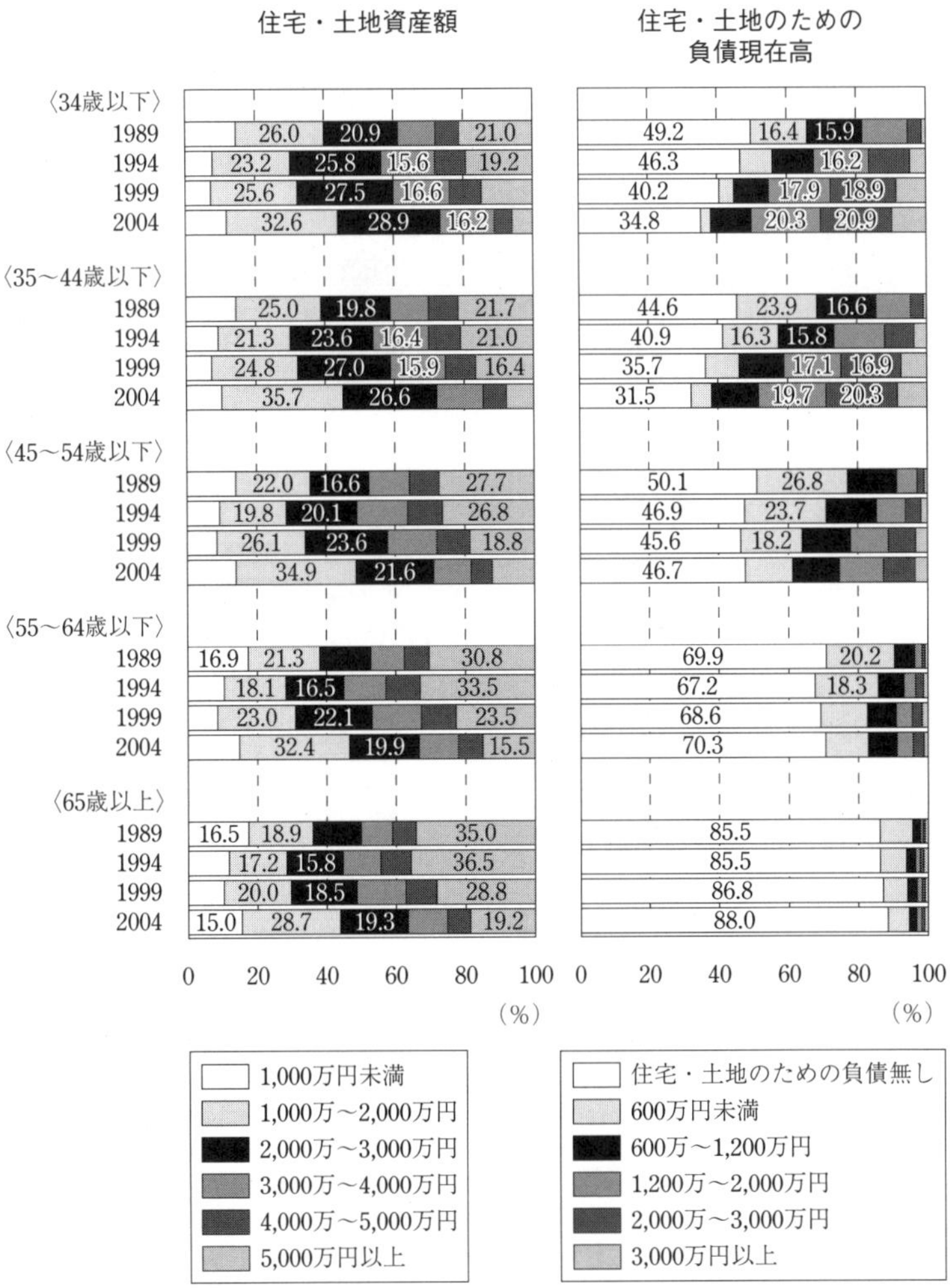

（出所）　平山洋介『住宅政策のどこが問題か』（光文社新書，2009年）229ページ。
（注）　・２人以上の持家世帯について集計。
・住宅・土地資産額は純資産額。
・不明を除く

図 6–3　世帯主年齢・調査年別住宅ローン返済額の可処分所得比（持家世帯）

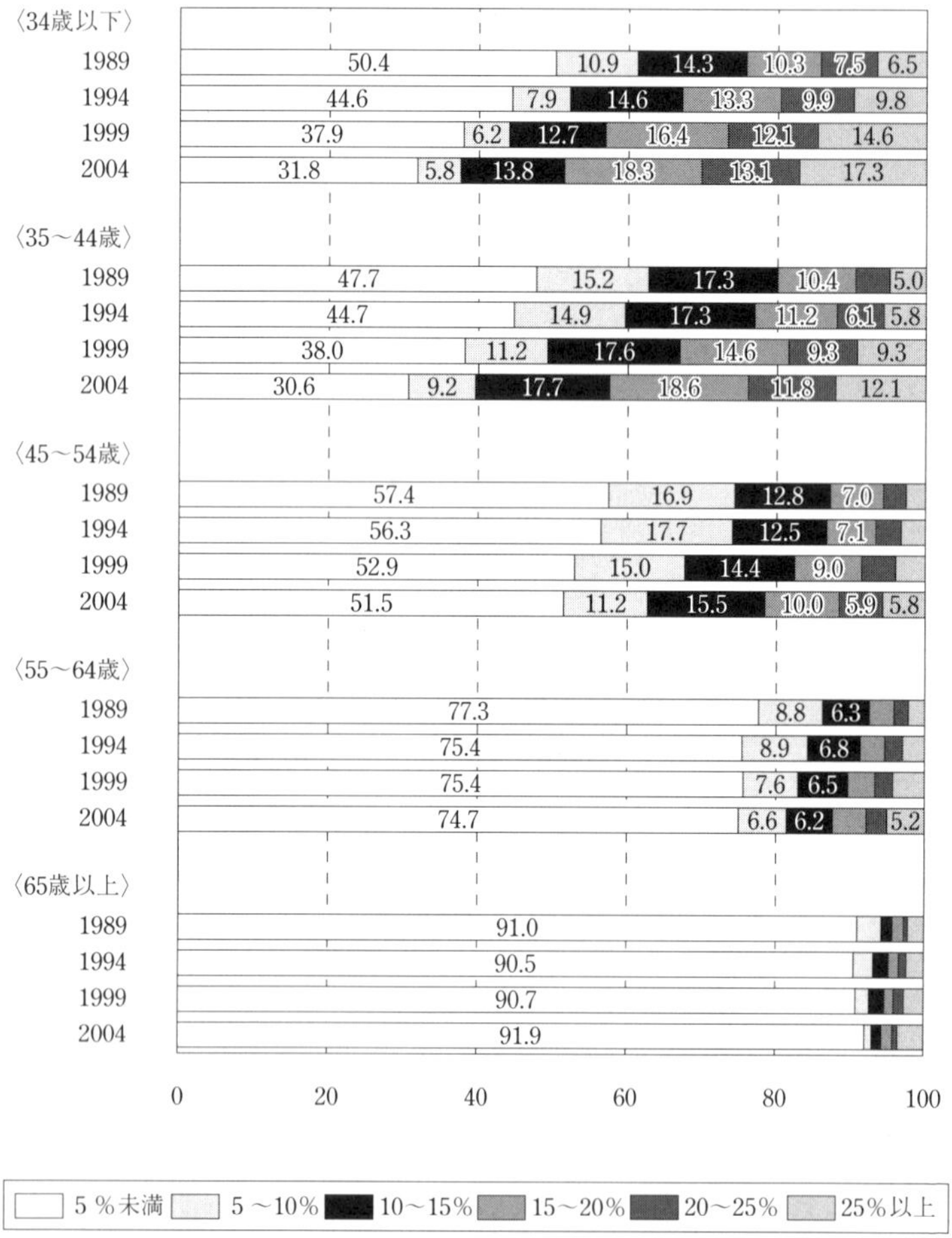

（出所）　図 6-2 に同じ，239ページ。
（注）　2 人以上の持家世帯について集計。不明を除く。

ローン利用者の「ナマの声」をここで聞いてみることにしよう。『朝日新聞』が報ずるところによると、(10)「住宅ローン、たいへんですか」の設問にたいして「はい、三八％」、「どちらかといえば、はい、三六％」、「どちらかといえば、いいえ、一九％」、「いいえ、七％」という回答分布になっている（回答数は九八五）。「はい」の理由は上位から順に「月給が減った」「子供の教育費などが増えた」「ボーナスが減った」「ローン以外の負担も大きい」「想像以上に返済額が多かった」「定年後もローンが続いた」等々となっている。このように多くのローン利用者の家計においてはローン返済の重圧が生活の全面に及んでいることが明らかである。そこではこれまでの「持家への待望」がかえって「持家ゆえの耐乏」へと転換されてくる実態が示されている。

そして最後に、せっかく実行段階に入った住宅ローンが当初の見込みに反して、延滞や破綻に陥らざるをえない問題についてはどうだろうか。それにかんする系統的で細密な資料が一般に得難いなかにあって、その一端を前記同日の『朝日』の記事に窺ってみよう。いわく、「不動産競売流通協会のまとめによると、〇九年度の競売物件は六万件余りで、前年度の一・三倍になっている。年間の住宅着工戸数が約九〇万戸。競売に至らずに処分される住宅を含めると、住宅購入者のざっと一割がローン破綻をきたすペースといえる。」「住宅金融機構のローンのうち、破綻・延滞した分と、貸し出し条件を緩和した『リスク管理債権』は二・九兆円に上り、今年三月末で全債権の八・五％を占める。その損失処理は、〇九年度の住宅機構の当期赤字一四六八億円の大きな原因となった」(11)と。さきのアメリカ「百年に一度の危機」の発火点は、周知のようにサブプライム住宅ローンの大量の焦げつき（延滞・差押え等の発生率は約二〇―二五％にも）にあったことが想起されてよい。

こうして持家第一次取得の場合、住宅ローン利用によって持家層への参入自体はめでたく成就はしたものの、それはあくまでも形式的で留保条件付きの「参入」であり、それを起点として延々とした割賦返済の途上で躓くことも珍しい事態ではないことがわかる。それゆえ、当該住宅ローンが、持家という正夢へと導く確かな架橋となりえたのか、それとも不幸にして破綻と悪夢への架橋にすぎなかったのか、長期の割賦返済完了によってこそ最終的に検証されることになる。それと同時に、その住宅購買者当人にとっての住宅アフォーダビリティなるものの適否も最終的・事実的に検証されるわけである。

以上によって、「住宅貧乏」を大きく包含するところの「居住貧困」の重要な現代的構成要素として、ここに「住宅ローン貧乏」をも挙げることは決して不当でも誇張でもない。

Ⅲ　住宅ローン普及と累積による諸結果

これまでは、現在の住宅ローン制度のもとにおいて、主として個々のローン利用者側の事情と「苦闘」に焦点を当てつつ、その意義なり問題点なりを論じてきた。以下では、もう一方の貸手（金融機関）側等の世界をも含めて、住宅ローン制度の発達と展開がもたらした諸結果について、ヨリ広く経済的・制度的等の視点から考察することにする。

1　住宅ローン普及による住宅産業や金融業の展開

住宅ローン制度の発達によって一般勤労者の年収の何倍にも相当する高額な住宅・土地商品の売買が、

一定の限度内とはいえ、いっそう促進されることになった。それは、金融の新市場を切りひらいたばかりでなく、あわせて住宅供給を中心とする諸産業（建設業、不動産業など）を有力産業部門として振興することにも大いに寄与してきた。

「住宅投資」の日本のGDPに占める割合は、あのバブル期に前後しては約五―六％（金額では年額二五兆円前後）に達し、その後は三―四％（同、二〇兆円前後）の水準を維持する状態である。また、別の観点から建設投資の官・民別の内訳構成（二〇〇七年度）で見てみると、公共部門四二％（内訳は、土木三四％、住宅一％、非住宅建築七％）にたいして、民間部門五八％（内訳は、住宅三二％、非住宅建築一八％、土木八％）となり、民間住宅は政府土木とともに建設投資対象の双璧をなすにいたっている(12)。しかも、現下の国家財政逼迫のもと、内需拡大と景気振興のためにも、民間住宅投資がもたらす波及効果への期待はいやがうえにも高まらざるをえない。そのためこの間、矢継ぎ早に「住宅取得促進税制」や「住宅ローン控除特典税制」が導入され促進されてもきた。

こうしたなか、近時の住宅融資分野における大きな変化は、準国家機関としての住宅金融公庫が住宅金融支援機構へと改組されたことである。旧公庫の存在と活動は、「民業を圧迫する」という〝理由〟でこれまでの住宅ローン業務から撤退させられ、それは民間金融機関に全面的に明け渡されることになった。そのため、年間二〇兆円にも及ぶ住宅ローン新規貸出額のほとんどは、リテール重視方針の大手銀行等民間金融機関の手で実行されることになった。各金融機関は、企業向けの資金需要が絶対的・相対的に減少してきているために住宅ローン部門を戦略的に強化しだした。その結果、いまや国内銀行の貸出し量全体に占める住宅ローンの割合は、一九九〇年以前の一〇％未満から今では総じて二〇―二五％にまで増進してきた[13]。こうして、二〇〇八年度末の住宅ローン貸出残高は約一八〇兆円の多きに達し、最近の国家予算の二年相当分を数えるまでになっている。

では新生の住宅金融支援機構は一体何をするのか。一言でいってこれら民間金融機関から実行済みの住宅ローン債権を買い取ったうえで、それを証券化して「機構債券」として投資家に売却することであり、それはすでに数年前から実行に移されている。

ここで再び前記の住宅宅地審議会答申「二一世紀の…住宅・宅地政策…」に立ち戻るならば、そこには、Ⅱ（4）「宅地政策における税制・金融のあり方」という節立てはあるものの、金融に関しては、次の二項、すなわち、②「宅地開発に関する金融の現状」と、③「開発事業への不動産証券化手法等の活用」のみが企業活動支援の立場から論述されているだけで、肝心の持家取得家計による住宅ローン利用への言及は何もない。

その一方で、現・国土交通省からの諮問にかかる「住宅金融のあり方に係る検討会報告書――住宅金融支援機構の組織形態を中心として――」（二〇〇九年八月）の主張とその特徴は、上記の「住宅・宅地政策」にしっかり呼応して次の通りである。すなわち、「住宅は住宅市場において供給され、個々人が市場を通じて確保する財である……」、そして「住宅ローンの供給は、基本的に金融市場において、民間主体により供給されるものである……」としたうえで、「長期・固定の住宅ローンが……安定的・効率的に……供給されるためには、……多様な主体が住宅ローン担保証券（Mortgage Backed Securities: ＭＢＳ）市場を通じて住宅ローンの貸付原資を安定的かつ効率的に調達できるよう、ＭＢＳ市場の育成とその効率性向上が重要である」と。

この検討会の開催中は、ちょうどサブプライムローン問題を発火点とする世界的金融危機の渦中にあっただけに、また当該MBS普及方針が忠実にアメリカのモデルに従うものだっただけに、そこではサブプライムローンの問題点と教訓に多くのページが割かれ、そのうえ「システミックリスク」や「非常時における」「対応」と「ガバナンス」等の用語が、リアルな予感のもとに熱く飛び交っているのが特徴的である。

2　住宅ローン累積による金融の新展開とその破綻

以上のようにわが国住宅金融の到達点をふまえたうえで、それをヨリ大きな視野で考察するためにも住宅金融の先進国・米英両国の最新の事態をごく簡単に確認しておこう。

まずアメリカでは、「すべての国民に持家を！」（アメリカン・ドリーム！）が「国是」として掲げられ、制度的にも最高度に周到な住宅ローン普及システムを構築してきた。そのなかでここ約三〇年間の動向としては、それまで住宅金融の主流を専門的に担ってきた貯蓄貸付組合（S&L）が、八〇年代の「危機」を通じて大々的に淘汰され、結局のところそれら住宅金融業務の大部分が大手銀行等金融機関の手によって管轄されるところとなった(14)。そこへ今般のサブプライム危機の勃発であるから、そこではそれら大手金融機関をも席巻するほどの再編と消長の嵐が吹き荒れたことは今もって記憶に新しいことである。

ここで念のためにサブプライムローン問題とは何か、について簡単に確認しておこう。その原理は、住宅ローン債権を資産担保証券としてパッケージ化・証券化してそれを投資家に販売するものであるが、そのローン対象が一般「適格」利用者に比して信用度が劣る（所得水準や過去の返済記録等により）という点で、Prime ローンに対して Subprime ローンと名づけられたのであった。住宅・土地ブームに乗ってそのようなサブプライム層にまでローン貸出しを広げたときが、住宅土地価格の反転下落とぶつかり、さらには貸付業者側における与信審査の欠落（たとえばＮＩＮＪＡローン）や「略奪的手法」なども相まって、原債権の破綻多発を起点に、証券化商品全体への信用不安と混乱が劇的に拡大されたものである。

次にイギリスでも、それまで伝統的な相互組織であった「住宅金融組合（Building Society）」が一九九〇年代に入ると、その多くは株式会社化されるか、その後も結果的には（四）大銀行に統合される等の事態を迎えることになった[15]。当然のことながら住宅金融業務の圧倒的部分がそれら大銀行グループに委ねられるにいたった。

そして日本でも、先述のように旧・住宅金融公庫の融資業務が全面的に民間に明け渡されて、三大メガバンクを中心とする諸金融機関の主要業務として育成・強化されることになった。

こうして日米英各国ともに、生活の基盤である住宅の購入にかかる膨大な国民的債務が、少数の巨大（多国籍）銀行等の金融機関の手中に収められた。それら住宅ローン融資額が、日米英三国の国民経済において占める位置と比重を次のような事実として確認することができる[16]。

	（〇七年実施額）	（同上累計額）	（同上ＧＤＰ比）
・アメリカ	二・五兆ドル	一〇・五兆ドル	七五・九％
・イギリス	―	一・二兆ポンド	九二・三％
・日　本	二一兆円	一八〇兆円	三四・八％

このように積み上げられた金融資産の天文学的な膨大さを「量の問題」として確認するとともに、それ

らが「どのように活用・運用されるか」という「質の問題」をも含めて検討する必要に、今日の世界は否応なく迫られているように思われる。

それを考えるうえで、この間の金融世界の大変化の背景ないし要因をきちんと把握しておく必要があるが、それは至難の大仕事である。それゆえここではごく限定的・項目的にのみ関連事項をあげるにとどめるが、それらには次のものがあるだろう。——①政策的には、金融分野における規制緩和と自由化（↓「金融ビッグバン」）、②金融技術的には、コンピューター利用、金融工学、証券化等の高度な発達、③国際化の著しい進展と金融の投機化・カジノ化、④以上などによる実体経済からの金融の著しい乖離と独走、等々……。

二〇〇八年九月は、いわゆるサブプライムローン問題に起因して、アメリカのみならず世界の金融界にとって歴史に残る「魔の月」として記録されるに違いない。そこでは華麗な流星ショウのようにアメリカ金融界の超スター級企業がドミノ的に破綻と救済を余儀なくされた。それらの金融機関名（業種、資産規模ともに）を列挙すれば次のものがある。——①ファニーメイ、フレディマック（住宅金融公社、二社計五・二兆ドル）、②リーマン・ブラザーズ（投資銀行、六三九〇億ドル）、③メリル・リンチ（投資銀行、九六六二億ドル）、④ＡＩＧ（保険、一兆六〇〇億ドル）、⑤ワシントン・ミューチュアル（Ｓ＆Ｌ、三〇九七億ドル）といった具合である。(17)

このなかで世界的にはいわゆる「リーマン・ショック」として、同社倒産がとりわけ大きな衝撃と余波を与えた一方で、他社については「大きすぎて潰せない」（Too Big To Fail）政略のもと各種の救済策が講じられた。そのうち、ことアメリカの住宅金融（とその制度）にかんするかぎり最も象徴的な事件は、おそらくファニーメイ、フレディマック両社の破綻と国家管理への移行であろう。ファニーメイ（連邦住宅抵当公社、一九三八年設立）とフレディマック（連邦住宅貸付抵当公社、一九七〇年設立）はともに公的なＧＳＥ（Government-Sponsored Enterprises, 政府支援企業）として名実ともに住宅金融界の大黒柱であるが、同時に株式上場された民間企業でもある。両社ともに、住宅ローン債権を買い取っての証券化をおこない、その元利支払いの保証をも与えている。一方ではそれらの購入原資確保のために「ＧＳＥ債」という債券（財務省証券に比肩される信用度を有し、日本も含めて海外投資家も大量に保有する）を発行して膨大な資金を調達してきた。ＧＳＥ債は一・五兆ドルもの起債規模にのぼり、また全米の個人向け住宅ローン残高約一〇・五兆ドルのうち、五・二兆ドル（四九・一％）が両社関連のものとなっている。こうした枢要な存在のゆえに、両社には当初の救済資金として政府から二〇〇〇億ドルが拠出されたが、米連邦住宅金融局は、二〇一〇年六月、両社を上場廃止にすると発表した。

なお、さきにみた日本の住宅金融支援機構の新業務は、このようなアメリカのＧＳＥ（政府支援企業）としてのファニーメイとフレディマック両社のそれをモデルにしたものである。

それはさておき、以上で第一に強調したかったことは、（アメリカの場合も）住宅ローンが累積・運用される金額が、国民経済の規模に照らしても、とてつもなく巨額であることである。このことは、上述のような破綻や救済に直面したとき、そのまま棄却されあるいは救済へと出動すべき金額の巨大さにあらわれてくる。では、その巨額な救済資金の出どころはどこか。当該政府・国家からである。では、その政府・国家はそれほどの財政的ゆとりがあるのか。まったくない。アメリカも周知のように世界に冠たる財政赤字国である。

ついでながら、その膨大な国家債務（アメリカの場合はTB、すなわち財務省証券）も金融市場に奔流となって流れ込んで、ともに大手金融機関・投資家にとってポートフォリオへの巨大な糧として積み上げられる。こうして住宅ローン債権をも包含する過剰貨幣資本＝「過剰流動性」が、たとえば住宅土地（他に原油、穀物など）へと殺到するチャンスを狙ってきたのであり、それらがサブプライムローンにまで触手を伸ばすまでになって住宅・土地バブルをもたらした重要な要因であることは、等しく認められている。

3　住宅ローンの根本性格と最新の帰結

さきには、住宅ローンの累積による近時の経済事象を、主にその「量の面」から考察した。それとの関連でここでは、いわば「質の面」からも、上記のような金融の新展開による状況に関連させるならば、少なくとも次のことが言えないだろうか。

第一に、住宅ローンを介しての個々の土地・住宅売買は、買主にとって所要代金の最終決済には数十年を要するところの、いわば決済途上の売買事案であり、本質的には未実現の売買にすぎない、と。この長期にわたる決済期間中には、不可避的に幾多の不安定要因がつきまとうことは、さきの住宅アフォーダビリティ論のなかでも確認したところである。こうして人間生活の基盤にかかる住宅・土地の商品代金ローンは、未決済の債権・債務としてさまざまに加工されて、金融世界と金融機関にとって多彩な商機と商材を提供することになった。その累積規模は、さきに注目したように日米英各国の国家予算やGDPと比較できるほどまでに巨額であることを、再度確認しておこう。

第二に、このように大量に累積した住宅ローン債権・債務が、〝高度な〟金融技術を駆使したうえで大々的かつ転々と運用されることである。最新の「金融工学」や「証券化」技術の適用によって、いまや投資家にとって住宅ローンにともなう諸般のリスクは合理的かつ的確に回避できるものと考えられるにいたった。ここで肝心の「証券化」は、住宅ローン原債権を資産担保証券としてパッケージ化することから始まり、さらに他の資産担保証券（ABS）とも組み合わせた再証券化（Collateralized Debt Obligation: CDO）、再々証券化等へと〝ヨリ高度に〟展開したうえに、それらのリスク担保のためのCDS（Credit Default Swap, 債務不履行回避のための信用デリバティブ）の総額はなんと計六二兆ドルにものぼり、世界全体のGDP（二〇〇七年）の五五兆ドルを凌駕するまでにいたった。そこには所定債権へのモノライン（金融保証専門の保険会社、一般の保険会社は何種もの保険を扱うのでマルチラインと呼ばれる）や格付けの諸業務も専門的かつ周到に随伴するものであった。

とはいえ第三に、個々の住宅ローン案件に内包される代金決済の本来的な不安定性（リスク）を根本的に解消することはできず、逆に証券化等の技術の適用によってかえってそのリスクをヨリ高次元において拡大・爆発させるものであることを実証した。前述のサブプライムローン問題に端を発する未曾有の金融危機は、それら新技術適用の「有効性」と「成果」とを白日のもとに曝した、といえる。

それゆえ第四に、これを機に住宅ローンについての制度設計や、その破綻処理をめぐる政治的・政策的な処方のあり方についても、大いに検討されなければならない。

一般的にいえば、新自由主義的な規制改革と自由化のもとに、庶民の粒粒辛苦のもとに返済すべきローン債務額が積りにつもった巨額資金を糧として、一握りの巨大プレイヤーたちは、世界狭しとそれを総動員する場とチャンスをわがものとしてきた。そして高度な金融術策を駆使しての利札切りによって途方もない泡銭を独り占めすることができた。しかしながら、いったん「自己責任」において破綻するにいたるや、その膨大な穴埋めのために、すでに逼迫しきった国家財政によって現に救済・補償される現実を、いまわれわれは見つつあるのだ。

この一握りの巨大金融機関の放埓への免罪、そこでの国家との癒着とモラルハザードを許さないために国内的・国際的に真に民主的な金融制度の構築が求められるゆえんである。

Ⅳ　まとめと展望

ここで、これまでの議論の整理を兼ねてまとめに入ることにしよう。

一般勤労者にとって、持家への架橋である住宅ローンとの関わり方としては、総じて次のようなタイプがある。第一は、持家への具体的ステップとしてのローン利用はおよびもつかず、はかない「虹の懸橋」としてのみ仰ぎ見る者。第二は、まだ現実にはローン利用にいたっていないが、いずれは……、との思いでそれを目指す者。第三は、現に住宅ローン利用中であり（第二次等の持家取得を含め）、ともあれ割賦返済が目下のところ順調に経過している者。第四は、ローン返済途上で不幸にも履行不能に陥り、蹉跌した者。第五は、すでに持家取得は達成済みであり、そのためのローン債務返済からは解放されている者。これらのタイプ区分は絶対的なものではなく、相互間の移行も十分に可能であろう。

これら五つのタイプ全体に「住宅ローン問題」として通底する規定的要因は、なんといってもローン利用者各人の過去・現在・未来にわたる労働・就業条件であり、したがって勤労所得の多寡である、といえる。その点で、本章第Ⅰ節2では「（日本社会における居住条件をめぐる動向の）その大勢は端的に借家から持家層への転換にあった」との判断を示したのだが、その「大勢」が現時点でもなお堅持されているのかどうか、このさい改めての検証が必要のようにも思われる。というのは、この間の日本の労働条件（賃銀を筆頭に）をめぐる一連の悪化には、歴然たるものがあるからである。その詳細は、本書所収の労働問題に関連した他の諸章をも是非ご参照いただきたい。

以上をふまえつつ、個々の住宅ローン利用者と日本社会にとっての「住宅ローン問題」として総括すべき第一点は、次の通り「労働」にかかわるものである。

人がみな家を持つてふかなしみよ墓に入るごとくかへりて眠る

明治の国民的歌人・石川啄木は、あの時代に「人がみな家を持つ」という時流から自分が疎外されている状況をこう歌った。もっとも、今から約一〇〇年前のこの時代に（特に東京で）「人がみな家を持つ」というのはかなりの誇張で、むしろ借家層の方が圧倒的に多かったのではないのか。だがこの歌は、いわゆる「持家社会」という時流に乗れず、あるいは住宅ローンの割賦返済途上で現に苦しんでいる、大多数の現代日本の勤労者にたいしてこそ痛切に訴えかけてくる。そこへ、啄木歌のなかでもっとも人口に膾炙した、あの歌、すなわち〈はたらけど働けど猶《なほ》吾が生活《くらし》楽にならざりぢっと手を見る〉を据えるならば、いっそう適切に今日の事態を浮き彫りにできる。

したがってここで強調すべきことは、勤労所得と居住条件との必然的な照応関係である。この点ではすでに用語的にも広く市民権を得てきた「ワーキング・プア」（The Working Poor, 働く貧困層）とあわせて「ハウジング・プア」（The Housing Poor, 居住貧困層）という的確な表現とともに、それらの深い相互連関が改めて確認されなければならない。この相互連関は、双方が対等に並び立つ関係ではなく、前者（労働）が後者（居住）を決定的に規定する基本関係にある、と見るべきであろう。要するに、片や、失業（の恐怖）はいうに及ばず、非正規・不安定雇用・低賃金・過重労働・過労死等を容赦なく生みだす新自由主義的規制緩和の「労働ビッグバン」のもと、片や、もっぱら自己責任に訴えての「持家推進」、それを与件としての住宅ローン活用という自助努力という方途が、いつまで唯一無二のものとして固執し崇《あが》められなければならないか、と問われているのである。

同じく個々のローン利用者と日本社会にとっての「住宅ローン問題」として総括すべき第二点は、次の通り「生活」にかかわるものである。

我が宿のいささ群竹《むらたけ》吹く風の音のかそけきこの夕かも

この歌は、万葉後期の歌人・大伴家持が、自らの満ち足りた居住条件の一局面を大らかに歌ったものである。これにたいして現代日本の「大方の家持」は、生涯の大半にわたる長期ローン返済の重荷を負う「名ばかり持家」層の心のうちを次のように歌うに違いない。すなわち、〈我が家持ちていささかサマになれる身にローンの過酷沁《し》む夕べかも〉と。

たしかに、住宅ローン制度の発達によって一般庶民も夢の持家に大きく接近することができるようになった。それはこの社会におけるひとつの着実な進歩として認めることができよう。しかし、あわせてそれにともなう生活全般への圧迫にも目を塞ぐべきではない。

このことは、「生活（人生）のための（持）家か」それとも「（持）家のための生活（人生）か」という根本的な問いかけを招かざるをえない。その点で持家なるがゆえの過重ローンは生活全般の犠牲を余儀なくさせる大きな要因になりかねない。それは、労働と勤労所得の諸条件に強く規定されるが、この労働のあり方を強く条件づけたところに「労働ビッグバン」があったとすれば、それに相呼応する新自由主義的な政策として同根の「金融ビッグバン」の作用があった。

そしてその因果関係をヨリ大きなスパンで見るならば、歴史上稀な人口減少のなかで、若者やさきほどまでは若者だった者たちのパラサイト・シングル化や非婚化・晩婚化や非正規労働者化がいま都市でも農村でも大きく拡がっており、それがさらにまた少子化を生むという日本社会衰退への悪循環が進行しつつある。

最後に、個々のローン利用者にとっても広く日本と世界にとっても「住宅ローン問題」として総括すべき第三点は、一般的には「社会システム」、ヨリ特殊的には「制度設計」にかかわるものである。

先の東日本大地震に襲われて無一物のまま命拾いした被災者が、「いま何が一番欲しいか？」との質問にたいして、「仕事と住まいです」と即座に、かつ決然と答えていた。この回答と願いは、なにもこのように圧縮された一大非常時だけに適うものではなく、一般人の日常要求としてもきわめてまともなものであるはずである。この仕事と住まいとの基本関係にこそ、本章の本来的関心が根づくものであり、そのなかで持家への架橋としての住宅ローンの意義を、利用者個人にとっても、貸付金融機関を含む経済社会全体にとっても、探求し考察してきたところである。

すでに指摘したように、二〇世紀末に近づくにつれて政策的には「労働ビッグバン」と「金融ビッグバン」との双子の大ツナミが日本列島に押し寄せてきた。それらは、ツナミと同様に日本社会自体からの真に内発的なものではなく、多くは日米通商交渉等を通しての外圧として襲来したものである。郵政民営化、非正規雇用の拡大、はては「年収五年で持家を！」の生活大国キャンペーンまでが、そのツナミの中身をなすものであった。そしていま、TPPなる大津波も新たに迫りつつある。

そんななか、一般庶民が「市場に委ねて」「自己責任で」持家を実現することがこの日本でも世界でも盛んに煽られているが、それに必要な住宅ローンを安心と納得のもとに活用する可能性と現実性がどれだけ保証されているのだろうか。最近の推移をつぶさに見るかぎり、その条件は予断を許さないほど厳しいものがある。なぜなら、そのことを本質的に規定する現今の労働諸条件がそれを許さないからである。

そのうえさらに、膨大に累積した一般庶民のローン債務が、一握りの金融機関の軍資金として大動員され、甘い汁を存分に吸うにまかせた揚句、彼らが破綻した場合には、その仲間の国家が庶民の懐から引き出して補填してやる、という不条理が罷り通っている。

それゆえこのような「社会システム」と「制度設計」の我々国民にとっての「アフォーダビリティ＝適格性」をこそ、改めて国民自身による審査と監視のもとにとことん問い返さなければならない。そのなかで、ともに「人権としての」人間的な労働（Decent Work）と人間的な居住（Decent Housing）への道筋の探求が求められるや、まことに切なるものがある。

注

（1）平成二〇年「住宅・土地統計調査」（住宅数五七五九万、世帯数四九九九万、空き家数七六五万）。

（2）同右、六一・二％。

（3）本間義人『居住の貧困』（岩波新書、二〇〇九年）七四ページほか。

（4）『朝日新聞』二〇一〇年一二月一〇日付ほか。
（5）『住宅経済データ集』二〇〇九年度版（住宅産業新聞社）、図表1-8、一九ページ。
（6）同右、図表1-8、二四―二五ページ。
（7）大泉英次「イギリス住宅経済とアフォーダビリティ危機」、和歌山大学『経済理論』第二六五号（一九九五年）、堀田祐三子「イギリスの住宅政策とハウジング・アソシエーション」、『季刊住宅金融』二〇〇九年春。
（8）総務省統計局『家計調査年報』平成二一年版、図12、二六ページ。
（9）平山洋介『住宅政策のどこが問題か』（光文社新書、二〇〇九年）。図6-2は同書の図3-23、同じく図6-3は図3-24より借用。二三七、二三九ページ。
（10）『朝日新聞』二〇一〇年九月一一日、be版。
（11）同右。
（12）前掲『住宅経済データ集』図表5-4、九二ページ。
（13）同右、図表8-1、8-2、8-3。一四七―一四八ページ。
（14）内田聡『アメリカ金融システムの再構築』（昭和堂、二〇〇九年）ほか。
（15）斉藤美彦・梁田優『イギリス住宅金融の新潮流』（時潮社、二〇一〇年）。
（16）同右、および倉橋透・小林正宏『サブプライム問題の正しい考え方』（中公新書、二〇〇八年）より摘出。
（17）小林正宏・大類雄司『世界金融危機はなぜ起こったか』（東洋経済新報社、二〇〇八年）表1、一二ページ。

第七章　生活保護制度の現状とナショナルミニマム

川口民記

はじめに

「構造改革」による「雇用と社会保障の崩壊」をうけて、貧困と孤立が拡大している。厚生労働省の発表によれば、二〇一一年三月時点の生活保護の受給者数は五九年ぶりに二〇〇万人を超え、一〇月時点で二〇七万一九二四人となった。この背景には、雇用保険（失業給付）や年金保険などが貧弱で、生活保護制度が最後のというよりほとんど唯一のセーフティネットになっているという現実がある。それと同時に、雇用の非正規化や労働条件の悪化により低賃金労働者が急増し、その多くが生活保護基準以下の生活を余儀なくされていながら、政府・厚生労働省（厚労省）の長年の保護抑制策により生活保護制度から排除されている事実も無視できない。本章では、こうした生活保護制度をめぐる現状と問題点を考察し、生活保護制度が果たすべき役割を、憲法二五条の生存権保障としての関連で、政府が国民に対して保障すべき最低限度の生活水準すなわちナショナルミニマム（国民的最低生活保障）に焦点を合わせて検討する。

全体は三つの節からなる。第Ⅰ節では、都市部を中心に、失業者や低所得者のあいだで生活保護受給者が急増してきた情勢を踏まえて、生活保護制度を取り巻く状況を概観する。第Ⅱ節では、国の保護抑制策が、生活保護制度がナショナルミニマム機能を果たすうえでの障害になっていることや、また生活保護受給者を就労に追い立てる「ワークフェア」（就労促進）政策の強化が図られていることを考察する。第Ⅲ節では、二〇〇五年から実施されている自立支援プログラムを検討し、「義務としての自立強制」ではない「権利としての自立支援」が、所得保障とともに憲法二五条のナショナルミニマム保障としての最低生活保障の内容をなすことを明らかにする。

Ⅰ　生活保護制度を取り巻く状況

1　生活保護制度の概要と具体例

生活保護制度は、他の社会保障制度を補完する「最後のセーフティネット」として、国家の責任で困窮しているすべての国民に最低限度の生活を保障するものである。最低生活保障は憲法二五条で規定する「健康で文化的な最低限度の生活」でなければならない（生活保護法第一条）。最低生活費は、国（厚生労働大臣）が決めた生活保護基準額によって計算されたその世帯の最低限度の生活に要する費用である。保護（扶助）の種類には、生活、住宅、教育、医療、介護、出産、生業、葬祭の各扶助の八種類がある。

生活保護基準（最低生活費）は、世帯類型別に決められて、八種類の扶助の合計金額である。東京都内の標準的な三人世帯では、家賃を七万円として、その世帯の最低生活費は、二四万四九七〇円になる。生活扶助は、衣食・光熱水費などの日常生活に必要な費用である。生活・住宅各扶助には物価などにもとづく

表7-1　最低生活保障水準の具体的事例（2011年度）　（月額，単位：円）

1　標準3人世帯【33歳，29歳，4歳】

	1級地-1	1級地-2	2級地-1	2級地-2	3級地-1	3級地-2
生活扶助	175,170	167,870	160,580	153,270	145,980	138,680
住宅扶助	69,800	59,000	53,000	46,000	40,100	34,100
合計	244,970	226,870	213,580	199,270	186,080	172,780

2　高齢者単身世帯【68歳】

	1級地-1	1級地-2	2級地-1	2級地-2	3級地-1	3級地-2
生活扶助	80,820	77,190	73,540	69,910	66,260	62,640
住宅扶助	53,700	45,000	41,000	35,400	31,000	26,200
合計	134,520	122,190	114,540	105,310	97,260	88,840

3　母子世帯【30歳，4歳，2歳】

	1級地-1	1級地-2	2級地-1	2級地-2	3級地-1	3級地-2
生活扶助	193,900	187,470	179,310	172,880	164,730	158,300
住宅扶助	69,800	59,000	53,000	46,000	40,100	34,100
合計	263,700	246,470	232,310	218,880	204,830	192,400

（出所）「社会保障審議会生活保護基準部会」審議資料，2011年4月19日。
（注）1）生活扶助の額は，児童養育加算（高齢者単身世帯を除く）および母子加算（母子世帯に限る）を含む。
2）住宅扶助の額は，1級地-1：東京都区部，1級地-2：千葉市，2級地-1：高松市，2級地-2：日立市，3級地-1：輪島市，3級地-2：八代市，とした場合の上限額の例である。
3）上記の額に加え，医療費等の実費相当が必要に応じて給付される。
4）就労収入のある場合には，収入に応じた額が勤労控除として控除されるため，現実に消費しうる水準としては上記の額に控除額を加えた水準となる（就労収入10万円の場合：2万3220円）。

地域格差が設けられている。最低生活費としての生活保護基準額は、前記の八種類ある扶助を合計した金額になる。生活保護は収入の有無により、収入が最低生活費以下の場合、最低生活費と収入充当額との差額に相当する保護費として給付される。

2　貧困率・捕捉率の公表

ところで、一国の所得分配における一人当たりの可処分所得を高い人から順に並べた場合の中位所得を基準に、その五〇％未満の所得しかない人の割合を「相対的貧困率」という。自公政権から交代した民主党連立政権は、二〇〇九年一〇月に、〇七年調査をもとに日本の相対的貧困率を一五・七％と公表した。(1)この場合、年収二二八万円が中位所得なので、その半分の一一四万円未満の人が貧困状態にあるとみなされる。単身世帯では月収九万五〇〇〇円未満、四人世帯で一九万円未満の世帯に属する人がそれに該当する。

この貧困率は、先進国では「貧困大国」として知られるアメリカに次いで高い。また子どもの貧困率は一四・二％、ひとり親世帯の貧困率は五四・三％という先進国で最悪の水準である。日本のひとり親の就労率は高い水準にあるが、母子世帯の母親の大部分は低収入でワーキングプアである。

政府による貧困率の発表は一九六五年以来四四年ぶりである。長年、政府は貧困を無視ないし放置してきたが、二〇〇八年恐慌にともなう「派遣切り」と「派遣村」を機に貧困が可視化され、貧困の拡大を無視できなくなった。小泉政権とその後の自公政権の「構造改革」による雇用破壊で非正規労働者が被雇用者の三分の一を超え、一年間を通じて勤務した民間の給与生活者に限っても、年収二〇〇万円以下のワーキングプアが一一〇〇万人にのぼるほどになった。(2)二〇〇八年恐慌以降、完全失業率は五％前後で高止まりし、完全失業者は三〇〇万人台と高い水準にとどまっている。とりわけ若年層の失業率が高くなっており、また失業が長期化している。失業時の生活保障である雇用保険（失業保険）は二〇〇九年四月に受給要件が一部緩和されたが、依然として失業者の約四人に一人しか受給できていない。

こうした雇用・社会保障の崩壊により、生活保護受給者が急増してきた。二〇一一年三月時点（厚労省「福祉行政報告例」）で、生活保護世帯数は一四五万八五八三世帯、生活保護受給者は二〇二万二三三三万人である。二〇〇万人を突破したのは一九五二年以来である。内訳をみると、高齢者世帯六二万三七二〇世帯、母子世帯一一万九六世帯、障害者世帯一六万二六六七世帯、傷病者世帯三一万三〇九〇世帯、その他

図7-1　生活保護受給者数の推移

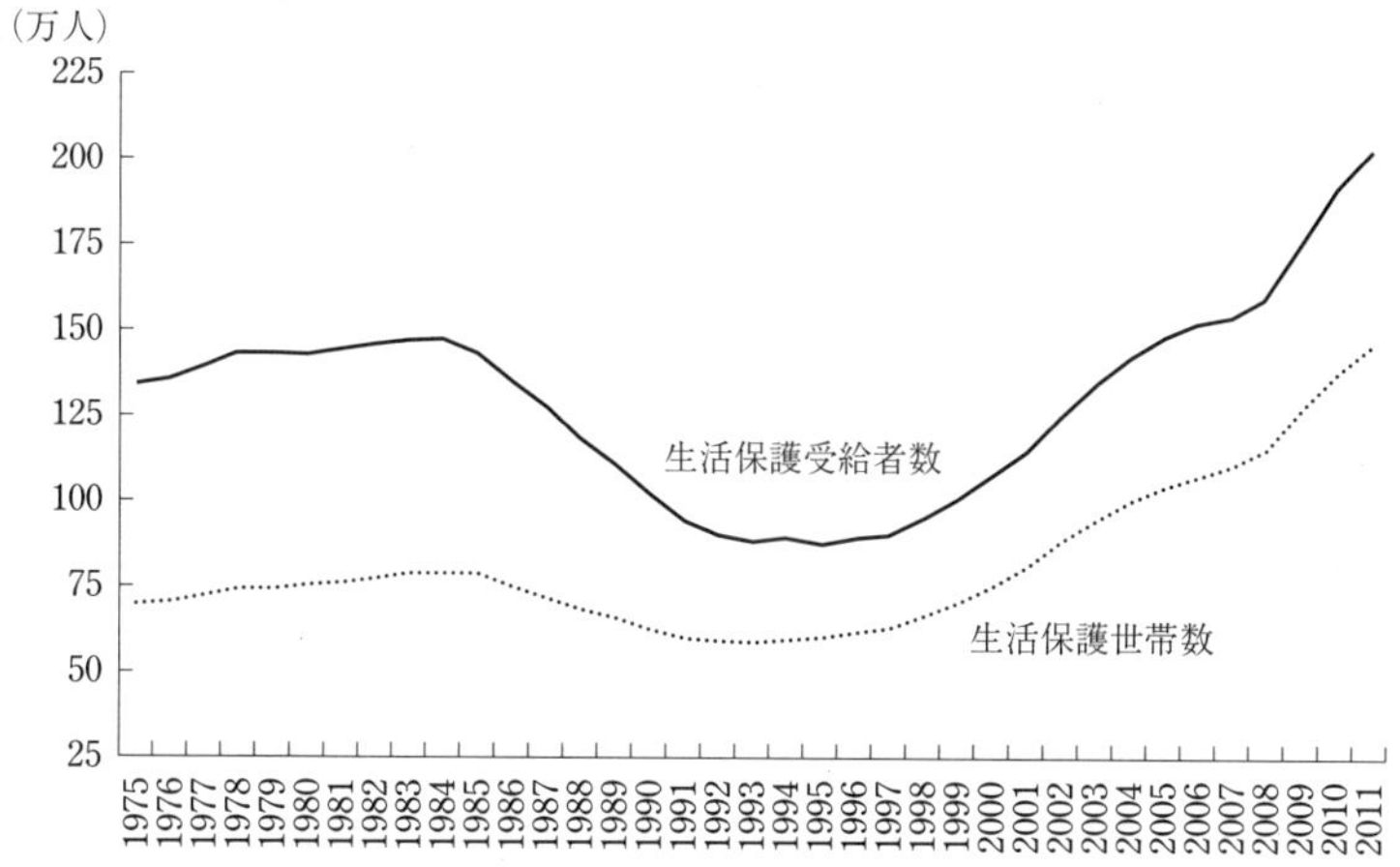

(出所)　厚生労働省「福祉行政報告例」。
(注)　2010年までは1ヵ月平均の数値を，2011年については3月の数値を用いた。

の世帯二四万三九三六世帯となっている。

高齢者世帯は低年金者・無年金者問題で増加傾向にある。その一方で、「稼働年齢層」(社会福祉行政で使われる用語で、通常一八歳から六四歳の働ける人々を指す)の増加も目立っている。稼働年齢層は上記の世帯区分では「その他の世帯」に含まれる。厚労省の発表をもとにした報道によると、二〇―五〇歳台の稼働年齢層を中心にする保護世帯は一九九九年度には約五万世帯であったが、二〇一一年三月時点では約二四万世帯と、五倍近くに増加した。保護開始理由をみると、二〇〇〇年度に三三・六%だった「働きによる収入の減少・喪失」が、〇九年度は四七・二%と半数近くを占めるようになっている。[3] 〇九年一月と比較しても「その他の世帯」の増加は著しく、約一・九倍になっている。「傷病者世帯」や「母子世帯」は一・二倍程度である。〇九年度「福祉行政報告例」では、生活保護を申請した理由で、失業などで収入減をあげた世帯が初めてトップになった。

「働きによる収入の減少・喪失」が三一・六％（前年度は一九・七％）。次いで「傷病による」が三〇・二％、「貯金等の減少・喪失」が二〇・一％となっている。本来、失業者の生活保障は、まずもって雇用保険の失業給付で対応すべきであるが、雇用保険のセーフティネットが破れているために、現状は、「失業イコール生活保護」という状況になっている。

二〇一〇年四月九日、厚労省は「ナショナルミニマム研究会」の資料として、〇七年の国民生活基礎調査をもとに「生活保護基準未満の低所得世帯数の推計」結果を公表した(4)。それによれば、総世帯数四八〇二万世帯のうち、生活保護基準未満の低所得世帯は七〇五万世帯なので、低所得世帯率は一四・七％である。また生活保護世帯は一〇八万世帯なので、保護世帯数／（低所得世帯＋保護世帯）＝保護世帯率、すなわち生活保護捕捉率は一五・三％となる。

低所得世帯率一四・七％という数字は、およそ七人に一人が生活保護基準以下の生活を送っており、日本には膨大な低所得層が存在することを示している。捕捉率一五・三％という数字は、生活保護基準以下の低所得層の多くが生活保護制度から排除され、放置されてきたことを物語る。

厚労省は二〇一〇年五月一〇日の「ナショナルミニマム研究会」に、「生活保護基準未満の低所得世帯数の就労状況別推計」を公表した。それによると、世帯主または最多収入者が雇用されている世帯でも、生活保護基準未満の所得しかない低所得世帯が、二〇六万世帯にのぼり、雇用者世帯全体の八・三％を占める。生活保護を受給しているのは一一万世帯なので、保護世帯率は五・一％にとどまっている。

生活保護の要否判定では、資産要件として最低生活費の一ヵ月以分以上の貯金を保有していると保護が受けられない。厚労省は、資産要件を考慮すると、生活保護基準以下の世帯数は、二二九万世帯になると報告している。最低生活費の一ヵ月分未満の貯金しかない世帯が二二九万世帯にものぼるのである。(5) 長年、生活保護制度から低所得層は排除されてきたが、とくに稼働年齢層（一八―六四歳）が排除され、その結果、被保護者の九割を非稼働年齢（高齢者、障害者等）が占めてきた。

3　生活保護行政とケースワーカー

生活保護を適正に実施するためには、もともと保護の必要のない人を保護する「濫給」の防止とともに、保護を必要とする人を締め出し、保護から漏らす「漏給」の防止を図らなければならない。しかしながら、行政は保護の適正実施の名のもとに、実際は不正受給者はわずかであるにもかかわらず「濫給」の防止のみに力を注ぎ、「漏給」の防止は怠り、保護を必要とする低所得層を放置してきた。保護「適正化」政策は、杉村宏氏によると「生活保護抑制政策の別名」にすぎない。(6)

国が責任をもつ生活保護制度の実施機関は地方自治体の福祉事務所である。生活保護の仕事は、生活保護受給者の最低限度の生活を保障し、その人にふさわしい自立を援助することである。その仕事を行う現業員は、普通「ケースワーカー」と呼ばれている。査察指導員は、ケースワーカーに対して指導監督を行う。生活保護申請者の急増のなか、福祉事務所のケースワーカーの慢性的な人手不足と超過勤務状態が顕著になっている。自治労連の調査では、生活保護の新規申請件数は、二〇〇七年で一〇万三一五〇件、〇九年では一八万六五三八件であり、二年間で一・八倍にもなっている。これに対して、ケースワーカーの人数は、二〇〇七年で七一二二人、〇九年では七五八七人にとどまっており、ケースワーカー一人が担当する世帯数は、都市部では平均一〇〇世帯を超えている。(7) 社会福祉法の定める標準は、市部では被保護八

○世帯に一人、町村部で六五世帯に一人である。現在、ケースワーカーの経験年数は、三年未満が三分の一を超えている。また査察指導員も同様に三年未満が三分の一を超えている。(8)

多様な生活問題や社会保障全般の知識や経験といった専門性の確保が難しくなっており、社会福祉行政実務の「素人化」(社会福祉主事などの資格のない職員の配置)が進んでいる。さらに、ケースワーカー不足が深刻化するなかで、大阪市は二〇一〇年五月から「三年の任期付きケースワーカー」職員制度を導入し、「非正規化」による人手不足対策を進めている。これは短期の雇用であり、ケースワーカーの質の低下が心配される。生活保護受給者の急増は自治体の財政負担増となるだけに、人件費が抑制されやすい。生活保護制度の財源は国から四分の三、都道府県や市は四分の一の負担である。国庫負担分にはケースワーカーの人件費は含まれていない。

ケースワーカーの人手不足と業務の過重性が問題になっている状況では、ケースワーカーの人件費を国庫負担にするとともに、ケースワーカーの負担軽減のために、正規の専門職としてケースワーカーの増員を図り、自立支援従事者などケースワーカー以外の専門職の増員にも取り組む必要がある。

4　受け継がれる朝日訴訟

重度の結核で長期療養中であった朝日茂さんが、生活保護基準があまりにも低劣であるために、一九五七年に、「健康的で文化的な最低限度の生活を営む権利」(憲法二五条)を侵害しているとして、「人間らしい生活とは何か」を問いかけて提訴した。「人間裁判」と言われた朝日訴訟は、労働組合、市民団体、研究者などの連帯した闘いによって一九六〇年一〇月、東京地裁で勝訴して五〇年になる。(9)

最低生活保障として生活保護基準は、社会保障の土台をなしている。現行の保護基準の算定方式は、水準均衡方式、つまり一般勤労世帯の消費水準の六〇%を目安に決められている。[10] 保護基準は生活保護法八条により厚生労働大臣が決定することになっており、国会の審議は必要ないとされている。今日、生活保護制度は、最低賃金制度が所得保障のための本来の役割を果たせていないなかで、所得保障としてのナショナルミニマムの中心を担っている。[11] また公的基礎年金も生活保護基準を下回って、ナショナルミニマム機能を果たせていない。保護基準は国民健康保険料や介護保険料の減免基準、住民税の非課税限度額、そして最低賃金制度などさまざまな制度と連動して、一般の低所得層の生活にも大きな影響を与える。

二〇〇七年、「国民生活基礎調査」をもとにした厚労省の推計によれば、世帯類型別にみた生活保護受給者の四五%を占める高齢者世帯（総数九一三万世帯）のうち、生活保護基準以下の所得しかない世帯は一三九万世帯で、二〇・七%にのぼり、そのうち保護世帯数は五〇万二〇〇〇世帯で、捕捉率は二六・五%である。[12]

二〇一〇年の夏には連日の猛暑によって多数の高齢者が熱中症で死亡した。そのなかでクーラーがないか使用を控えた低所得高齢者の生命と健康が危険にさらされていることが問題になった。[13] 保護世帯の高齢者が近年一段と窮迫して、食費・交際費を削り、クーラーの使用を控えるようになってきたのは、七〇歳以上の人への生活保護費に上乗せされていた老齢加算が〇六年四月から廃止されたことによるところが大きい（ちなみに〇九年四月から廃止になった母子加算は同年一二月から復活した）。

老齢加算は加齢にともなう食費や孤独を防ぐための交際費などへの配慮から、月に約一万八〇〇〇円支給され、加算によって他の保護世帯と同等の生活水準が維持されてきたのであって、いわば「マイナスの穴埋め」である。老齢加算の廃止は最低限度の生活を定めた憲法二五条違反だとして、約一〇〇人が訴えた「生存権裁判」が全国一〇地裁でたたかわれている。人間らしい生活を求めて、生活保護基準（最低生活費）を問う「第二の朝日訴訟」といえる。

二〇一〇年六月一四日、福岡高等裁判所は「考慮すべき事項を十分考慮しておらず、裁量権の逸脱または濫用として（生活保護法第五六条にいう）正当な理由のない不利益変更にあたる」として、一審判決を取り消し、原告逆転勝訴判決を下した。[14] また判決は、生活保護を受ける権利について、「単なる国の恩恵ないし社会政策の反射的利益ではなく、法的権利であって、保護受給権とも称すべきものと解すべきである」と述べている。憲法二五条にもとづき、正当な理由のない生活保護基準（最低生活費）の切り下げは認められないという判断を示したものといえる。

しかし、前述の訴訟に先立って、老齢加算の廃止は憲法が保障する生存権の侵害に当たるとして東京都の受給者一一人が訴えていた裁判では、最高裁判所は、二〇一二年二月二八日、「憲法に違反しない」という判断を示した。

二〇一一年になって、厚労省は生活保護法の改正をめざしている（内容は次節の3で述べる）。そのなかで生活保護基準の検証のため、二月に社会保障審議会に生活保護基準部会を設置した。生活保護基準の検討は、二〇〇七年以来である。前回は、短期間の検討で生活保護受給者や市民の意見を聞くことなく、国は生活扶助の切り下げを図ったが、国民各層の反対で取り下げた。今回の検討が生活保護基準の切り下げにならないように注視していく必要がある。[補注1]

Ⅱ　ワーキングプアと生活保護制度

1　生活保護制度の機能不全——制度運用の問題点

ワーキングプアが社会問題になり、無縁社会、高齢者不在問題や若年ホームレスにみられるように格差・貧困が広がり、単身世帯を含む日本社会の多様な世帯類型において、生活保護基準以下の低所得層が著しく増加してきた。その結果、はじめにも述べたように、生活保護世帯および受給者が著しく増加しているが、それでもなお低所得層の多くが、国の保護抑制策によって生活保護制度から排除されている。生活保護制度のナショナルミニマム機能の底が抜けた状態になっているのである。

その結果、多くの低所得者が生活保護基準以下の生活を余儀なくさせられている。生活保護の申請が認められても、心安らぐとはかぎらない。稼働年齢層の保護受給に対しては、「努力が足りない」と言って非難する風潮がある。また、公的基礎年金が生活保護基準を下回る現状も、最低生活が保障される少数の保護受給者への風当たりを強めている。生活保護受給者は、失業や住宅・医療の欠如やその他の社会的排除からの最後の避難所として公的福祉にたどりついても、社会的に白眼視され、肩身の狭い思いをさせられて、「恥辱感《スティグマ》」を抱かざるをえない。こうして、生活保護制度のマイナスイメージがつくられ、本来、生活保護を必要としている人々が、生活が困難であっても「福祉の世話になりたくない」として保護をためらい、生活保護制度から遠ざけられている。マスディアによる保護の不正受給の報道がマイナスイメージを増幅させている。

小泉構造改革以来、医療、年金、雇用保険、介護保険、高齢者福祉、障害者福祉などの領域において、社会保障の一層の空洞化が加速している。他に有効な制度がないために、最後のセーフティネットであるはずの生活保護制度が「最初のセーフティネット」の役割をもたざるをえない一方、生活保護制度は、保護抑制により「最後のセーフティネット」としての機能を十分に果たせていない。今日、雇用の非正規化と賃金の下落のために、従来の社会保障の制度設計の前提が大きく崩れ、生活保護制度も含め、社会保障制度全体が揺らいでいる。そのために、人々の人間らしく生きる権利、すなわち「生存権」が守られていない。社会保障全体の再構築のために、社会保障制度の土台である生活保護制度がまず、ナショナルミニマム機能を果たすこと、すなわち生活保護基準以下の低所得者を保護することが急がれる。

生活保護法は、貧困という事実のみで誰でも保護の申請ができるという「一般扶助主義」（無差別平等の原理）の立場にたっている。しかし、歴代政府の受給抑制策によって働ける（稼働）年齢層が排除されてきた。加うるに「資産調査」や「扶養義務者調査」がきびしく実施されてきた。生活保護行政の運用のうえでは、それは「制限扶助主義」を基軸としているが、こうした制限的運用の根拠になるのが、生活保護法第四条の「補足性の原理」であり、保護利用の条件として、資産の活用と稼働（労働）能力の活用を定めている。すなわち、保護に先立って、利用できる資産・能力その他あらゆるものを生活の維持のために活用すること、そして親族扶養とその他の社会保障制度を優先的に活用すること。ただし、「窮迫した事由がある場合」は、資産・能力を活用していなくても、保護を開始しなければならない、とされている。

補足性原理には二つの意味がある。第一は、本人の私的能力（財産、労働能力、家族）の活用、つまり本人の「自助努力」を補完すること。第二は、雇用保障、社会保障や社会福祉等を補完すること、言い換えれば、これらの保障や福祉が機能し、さらに教育保障、住宅保障も機能したうえで、それでも生活に困窮する人の暮らしを保障することである。(15) しかしながら、「雇用および社会保障の崩壊」が言われている現状では、働く意思があっても十分食べていける仕事がなく、「自己責任」を果たす、あるいは「自助努力」を行う前提が崩れている。教育と住宅の各費用も私的負担に任され、医療費も国民保険での保険料の高額負担等に見られるように、「国民皆保険」が危機的で、格差・貧困が拡大している状況がある。補足性の原理は、自己責任にもとづく自助原理を基盤としているが、現在の経済社会において、人々に自己責任や自助努力を奨励するには、最低賃金＞社会保険（公的年金）＞生活保護基準という関係が成り立っていなければならない。周知のようにこの関係は崩れている。

「資産調査」は、保護申請を行った人の世帯の収入や、預貯金、自宅、車、証券などの資産を含む。「能力」とは、働く能力（稼働能力）のことであるが、単に働く能力の有無が保護を利用するための要件ではなく、「利用し得る稼働能力の活用」が要件である。「扶養義務者」（原則は直系血族および兄弟姉妹）による扶養が法律上の義務ではあるが、人それぞれに事情があるために「扶養義務者調査」が行われる。しかし、扶養調査があるために、保護申請を忌避することとさえある。扶養は「優先」とされていて、保護開始の要件ではない。資産調査は本来、保護の申請者の必要（ニーズ）を判定し、必要と判定された給付を実施するためのものであるが、行政は、一ヵ月分の生活扶助費の半分しか所持を認めていない。資産調査や扶養調査の厳しい運用の結果、所持金もほとんどなく、意欲や能力も損なわれ、生活基盤が失われている、いわば「丸裸状態」で生活保護受給となってしまう。それゆえに、受給者は生活保護からなかなか抜け出すことができない。「被保護者全国一斉調査」によれば、受給期間が「五―一〇年間」および「一〇年以上」

の保護受給世帯が増え続けている[16]。

2 ワーキングプアの排除——稼働能力要件

生活保護受給世帯の五類型（高齢者世帯、母子世帯、障害者世帯、傷病者世帯、その他の世帯）のうちでは、長年、非稼働世帯（高齢者、障害者、傷病者）が九〇%近くを占めてきた。ワーキングプアに象徴されるように、稼働年齢層を含む「その他の世帯」は最近増えてきているが、それでも一六%にとどまっている。従来は生活保護制度から運用上遠ざけられてきた稼働年齢層も、「年越し派遣村」以降、運用が改善され生活保護の受給を認められるようになってきた。それでも、今日の雇用状況の厳しさや、雇用保険の機能不全を考えると、まだまだ受け入れが少なさすぎる。

生活保護基準以下の生活を余儀なくされている就労可能な生活困窮者にとって保護受給の壁になっているのが「補足性の原理」から導かれる「稼働能力要件」である。二〇〇九年一一月に提訴された「岸和田生活保護裁判」では、岸和田在住のI夫妻（夫は三〇歳台後半、妻は四〇歳台前半）が、失業中で所持金がなく、岸和田市に生活保護を申請するが、五回も却下された。市側の却下理由は、「稼働能力の活用が図られるため最低生活維持可能である」、つまり働けば生活できる、というものであった。大阪府へ審査請求（不服申し立て）をしたところ、府は「三日に一日ほどの求職活動であり、真摯に行っているとまではみることができない」と請求を棄却した。地元では求人が少なく、市職員から大阪市内の仕事探しを指導されるが、所持金もなく、運転免許も持たないために、求職活動に制約があった[17]。「最低限度の生活を営むための生活手段は、稼働能力活用のための必要最低限の条件である[18]」。それを欠く場合、当然、「稼働能力」を問う条件はない。

保護申請時の「稼働能力の活用の有無」が争点になったのは、「林訴訟」である。林通弘さんは所持金を使い果たして野宿を余儀なくされていた。判決では、稼働能力活用の判断の要素を三つ挙げ、①稼働能力を有するか、②稼働能力を活用する意思があるか、③実際に稼働能力を活用する就労の場を得ることができるか、そのうえで、保護受給要件たる稼働能力を実際に活用できる場がなければ、「活用していないとはいえない」かぎり、要件を満たしている、と判断を下している。(19)

二〇〇四年の「社会保障審議会福祉部会生活保護制度の在り方に関する専門委員会」の「報告書」では、判例を踏まえ、三要素をもとに判断するのであり、「身体的な稼働能力の有無や年齢のみをもって判断し、稼働能力があることをもってのみ保護の要件に欠けると断ずべきでない(20)」とし、稼働能力の活用状況については、年齢や職歴、就労阻害要因、精神状態等の把握による総合的評価が必要であり、稼働能力自体も可変的であるとしている。

厚労省は、専門委員会の提言を受けて、二〇〇八年から稼働能力活用の判断の三要素、稼働能力活用三要件を保護の実施要領に設けた。①稼働能力、②活用意思、③実際の就労の場を得ることができるかどうか、の三要素のうち、実施要領では、②の稼働能力活用の意思につき、行政側は「真摯な求職活動」を判断の基準としている。何回ハローワークに行けば「真摯な」といえるのか、どうしても判断が主観的になりがちである。要領では稼働能力活用の判断について、総合的、客観的、そして本人の状況に即して個別的、具体的に行うことを求めている。吉永純氏は、保護の要否の決定および通知を、保護申請後一四日間（法第二四条三項）では現実的には困難であると指摘し、明らかに「稼働能力不活用」とみなされないかぎり、まず保護を開始し、その後自立支援プログラム等の利用等を踏まえて判断していくことになる、と説いている[21]。

また、稼働能力要件の実際の現場での運用状況について、稼働能力三要素が確定した林訴訟判決（二〇〇一年二月一三日）以降の裁決例を検討した吉永氏によれば、稼働能力があるというだけで、不就労であれば「能力不活用」と判定しているケースが多く、第二の要件の活用意思の有無につき、「真摯な求職活動」を求める要件の曖昧さが、決定権を有する行政側にとって都合のいい条件となっている、という[22]。客観的に稼働能力があっても生活困窮により意思表明が困難な場合もあるので、二〇〇八年一一月に公表された日本弁護士連合会の「生活保護法改正要綱案」では、「活用の意思の有無」の要件は、活用要件の判断の要素から除外している[23]。

いままで、生活保護制度は、稼働年齢層に対して、とりわけ厳しく制限されてきたが、保護の受給要件（所得、貯蓄、資産、労働能力、扶養義務の有無等）を緩和すれば、稼働年齢層をはじめ、生活困難な人々に最低限度の生活保障をすることができる。日本弁護士連合会の「生活保護法改正要綱案」（二〇〇八年一一月）は、韓国の国民基礎生活保障法における「次上位層」（貧困層の次の、最低生計費の一・二倍以内の所得層）への給付制度に学んで、ワーキングプアに対して次のような提案を行っている。すなわち、収入が生活保護基準の一三〇％未満であれば、資産を問わず、住宅扶助・医療扶助・生業扶助（技能習得等）に限定した部分給付を行う。収入の低下による住まいの喪失など、困窮が深刻になる前に、早期申請、早期自立を図り、「利用しやすく、自立しやすい生活保護制度」の実現を目指すべきだとしている。

3　ワークフェア政策――労働政策と生活保護制度の交錯

すでに述べたように、小泉構造改革による労働者派遣法等の労働法制の規制緩和により、非正規労働者が労働者の約三分の一を占め、労働条件の悪化や、労働者全体の賃金が低下し、ワーキングプアに象徴されるように、勤労者の貧困が増大している。こうした「雇用破壊」は、「社会保障の破壊」とともに、勤労者に「失業イコール生活保護」という状況を招き、失業者の生活保障の脆弱さを浮き彫りにした。失業者の最低生活保障で問われるのは、第一に労働市場のセーフティネットである雇用保険の役割である。この間、労働法制の規制緩和とともに、雇用保険の受給者は減り続け、失業給付の日数も減らされて、多くの非正規労働者が雇用保険から排除されている。雇用情勢の悪化による失業の長期化にも対応できていない。また、国民健康保険の高額な保険料などの他の社会保障の不備により、生活保護制度の比重が高くなっている。

二〇〇五年、「生活保護制度の在り方に関する専門委員会」の提起を受けて、厚労省は、生活保護制度において、経済的な給付を行うだけでなく、生活困窮者の自立・就労を積極的にかつ組織的に支援することが必要であるとし、その仕組みの強化のため、後述する自立支援プログラムのひとつとして、就労による経済的自立のための支援、就労支援プログラムを開始した。いわば、生活保護制度を「労働市場機構の一環[24]」に組み入れるものであった。こうして「福祉から就労へ」という「ワークフェア」政策が行われるようになった。以前からも、生活保護制度は、「就労促進的」であった。経済的給付とともに、生活保護制度が目的として掲げる「自立の助長」により、自治体の福祉事務所は就労可能な受給者に就労自立を優先的に指導してきた。

二〇〇八年恐慌以降、雇用保険から排除された、あるいは雇用保険給付切れの失業者に対して、政府は、雇用保険と生活保護制度とをつなぐ「第二のセーフティネット」として、職業訓練期間中の生活費を給付する「訓練・生活支援給付金」、「住宅手当」、また「総合支援貸付制度」などを創設した。こうした期間限定で行われてきた求職者支援の恒久化に向けて、民主党政権は現行の事業を継続して、失業給付を受けられない人たちが生活費月一〇万円を受給し職業訓練を受ける「求職者支援制度」を創設し、二〇一一年一〇月から実施している。一〇万円の支給額は生活保護基準以下で、当然この金額では最低生活を保障することはできない。訓練は専門学校などの民間まかせになっている。この制度の受給要件は厳しく、受給者に就職活動を義務づけ、違反した場合は最大で受給金額の三倍の返還を命じるという強いペナルティをともなった内容となっている[25]。

さらに、失業者の生活再建をマンツーマンで支援する「パーソナル・サポート」サービス、いわば「伴走型支援」も導入された。「パーソナル・サポーター」と呼ばれるNPOなどの支援員が、一人ひとりの相談に継続的に応じるもので、就労、医療、教育、福祉など、個人が抱えるさまざまな問題を把握し、必要な支援に結びつける。二〇一〇年一〇月から、横浜市、釧路市等の五ヵ所のモデル地域で開始され、以後二〇ヵ所に拡張し実施されている。

雇用情勢の悪化を背景に、都市部を中心に生活保護受給者が急増しているが、財政悪化を理由に、急増に歯止めをかける目的で、二〇一一年になって、厚労省は、就労・自立支援強化のため、期限がくれば保護を打ち切る「生活保護の有期化」の導入や医療費一部自己負担の導入など、生活保護法の改定の検討を始めている[26]。前年の二〇一〇年一〇月二五日、全国一九の政令指定都市でつくる指定都市市長会は、生活保護制度の抜本的改革案を厚労省に要望している。(27) 生活保護制度の見直しについて、厚労省は、二〇一一年一二月、生活保護制度に関する国と地方自治体との協議の場で「中間とりまとめ」を決定している。(補注2)

市長会の改革案の内容は、①ボーダーライン層への「雇用・労働施策」、②稼働可能層を対象に、「集中的かつ強力な就労支援の導入」、③高齢者には、「年金制度と整合する生活保障制度」、④生活保護の適正化、⑤生活保護費の全額国庫負担、である。提案の問題点は、とくに稼働可能層に対して一定の期限(三年ないし五年)を設ける、いわば「有期保護化」を求めていることである。「期間を設定した、集中的かつ強力な就労支援」を行い、「自立支援の期間は一年を目安とし、生活保護から自立できない場合、実施機関は例えば三年あるいは五年といった一定期間ごとに改めて判断する」としている。この内容は、二〇〇六年一〇月二五日に出された全国知事会および全国市長会の「新たなセーフティネットの提案」をベースにしている。この有期保護制度の導入は、アメリカの福祉改革(一九九六年)の影響を受けてのことである。(28)

だが、「有期保護化」は、失業者やワーキングプアを保護から排除することになり、憲法二五条の生存権を侵害し、違憲の疑いがある。今日の日本では、最後のセーフティネットである生活保護制度の利用期間を経過した後は他に救済制度がない。稼働可能層には、雇用情勢の改善が望めないもとでは、一層の困窮が予想される。したがって「有期保護化」は、最低生活保障である生活保護制度の解体につながる。市長会の提案は、急増する生活保護の負担による財政悪化を理由としているが、有期化による困難な事態を避けるために、指定都市をはじめ、地方自治体は新たな支援策を行わざるをえなくなる。

もうひとつ問題点は、「生活保護の適正化」において、医療扶助一部自己負担化を求めていることである(自己負担を導入しても、最低生活は保障する仕組みとする、とされているが、その内容は不明)。二〇〇八年には保護世帯の約九割が、医療扶助を受けている。[29]生活保護申請の理由の三割は「病気」である。生活が困窮すれば、病気に罹る可能性が当然高くならざるをえない。自己負担化は、受給者の生存権としての病気を治療する権利を侵害し、最低生活費の引き下げとなる。そのため、受給者の通院治療を抑制し、症状の悪化を招くことにならざるをえない。

こうした「有期保護化」によるワークフェア政策の一段の強化は、雇用環境と労働条件の悪化でまともに生活できる仕事がない、という現状の困難を棚上げにしており、失業者やワーキングプアの最低生活保障の権利を侵害し、「自己責任」だけを押しつけるものとなっている。ワーキングプアが急増しているいまこそ、唯一のセーフティネットとなっている生活保護制度は有効に活用されるべきである。求職者にとって求められる就労支援は、性急にどんな仕事でもいいという、「ワーキングプア促進」ではなく、「パーソナル・サポート」のように、各自の状況に見合った息の長い伴走型支援である。

また、市長会の要望にもあるように、国の責任として、早急に生活保護費の全額国庫負担化を図るべきである。そして、生活保護の人件費・事務費も全額国庫負担が求められている。

Ⅲ　自立支援プログラムの動向と課題

1　就労自立支援プログラムの現状とその二面性

二〇〇五年から厚労省によって、自立支援プログラムの導入がなされた。「自立支援プログラムとは、実施機関が管内の保護世帯全体の状況を把握した上で、被保護者の状況や自立に向けた課題について類型

図7-2　生活保護受給者等就労支援事業の実施状況
（2005～2009年度）

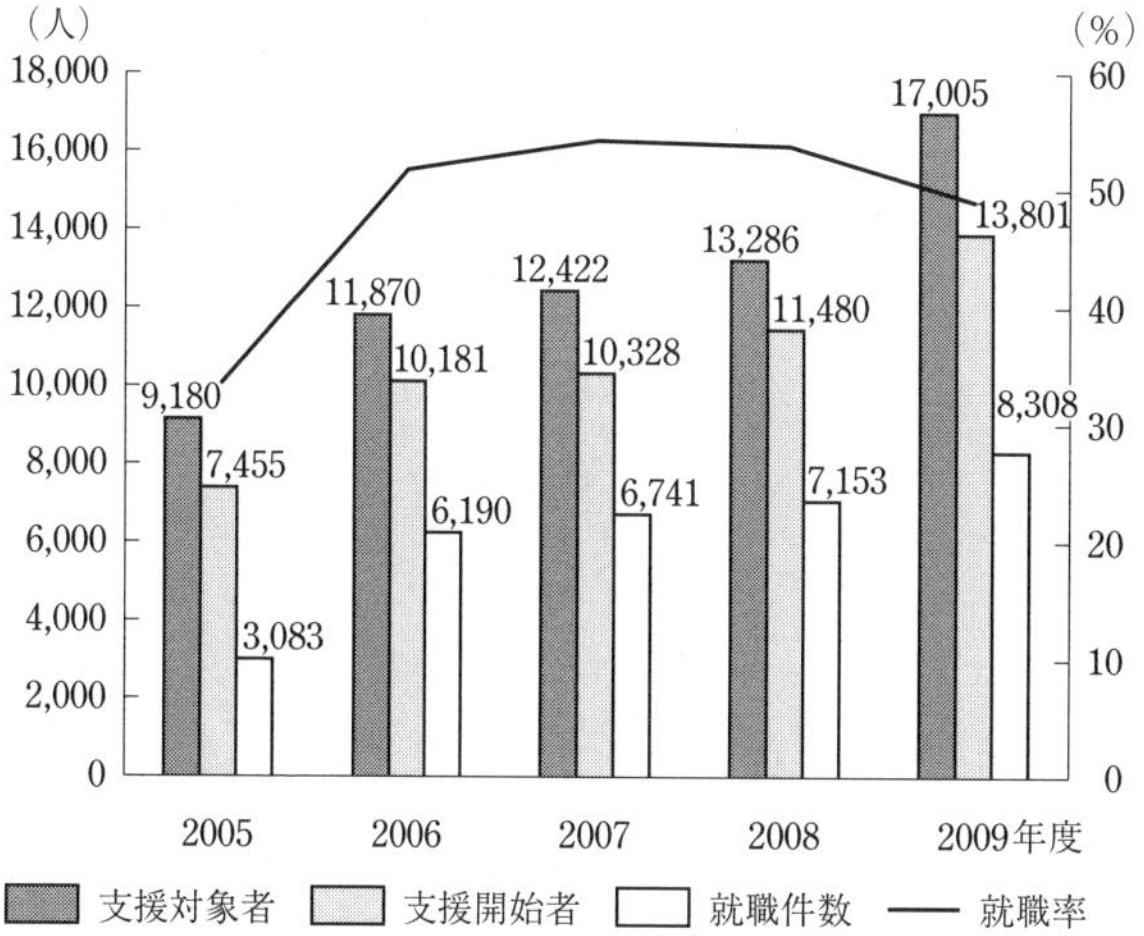

（出所）　厚生労働省「社会・援護局関係主管課長会議資料」（2010年3月2日）。
（注）　2009年度は4～2月。

化を図り、それぞれの類型ごとに取り組むべき自立支援の具体的内容および実施手順を定め、これに基づき個々の被保護者に必要な支援を組織的に実施するもの」（「平成一七年度における自立支援プログラムの基本方針」）である。自立支援プログラムは、まず就労支援プログラムが優先して始められた。それは、ハローワークに就労支援メニューを実施するナビゲーター（ハローワークOBなど）を置き、ハローワークと全国自治体の福祉事務所とが連携した「生活保護受給者等支援事業」（以後は「ハロー連携型事業」と略記）である。

　対象者は、就労可能性の高い保護受給者で、「稼働能力を有する者」、「就労意欲がある者」、「就職にあたって阻害要因がない者」、「支援事業への参加に同意している者」の四つの要件を満たす者である。支援メニューの内容は、トライアル雇用（常用見込みの短期間の雇用紹介）の活用、公共職業訓練・民間教育訓練講座の受講あっせん等である。この事業は、二〇〇八年に支援のメニューとして職業準備プログラム（個別カウンセリング、グループワークなど）

が付加され、「生活保護受給者等就労支援事業アクションプラン」へと強化された。一〇年にも就労支援ナビゲーターの増員（三三四人→四三七人）がなされている。

図7-2に見るように、就労可能性の高い受給者を対象としているハロー連携型事業の参加者は年々増加しているが、就職率は五〇％前後である。実際の運用において、意欲が欠けていたり、病気や障害等の就労阻害要因があったりする場合でも、被保護者の事情を十分考慮しないで、本人の同意を理由にプログラム対象者に加えている自治体もあるとの指摘もなされている。(30)

全国の福祉事務所においても、ケースワーカーとは別に仕事探しを援助するため、二〇〇〇年から福祉事務所に配置された就労支援員を活用した独自の就労支援プログラムを作成し、実施している。厚労省「社会・援護局関係主管課長会議資料」（二〇一一年三月三日）によれば、一〇年三月末現在の就労支援プログラムの策定状況は、八四五自治体、一四八〇件である。現在、福祉事務所の実施体制は、ケースワーカーの人手不足と超過勤務状態になっているために、就労支援員の役割も大きくなっている。国は一〇年度中に、すべての自治体において就労支援員を配置することを求め、またすでに支援員を配置している自治体にも、就労支援の取り組み強化のために、その増員を求めている。就労支援員の配置にかかる費用は、全額国庫補助の対象である（二〇〇九年末現在、配置自治体数三七八、支援員数六七四人）。さらに、〇九年から、就労意欲や生活能力・就労能力が低いなど、就労のための課題をより多く抱える者に対し、就労支援の前段階として「就労意欲喚起等支援事業」が実施されている。この事業は民間有料職業紹介事業者やＮＰＯ法人等への外部委託により就労を支援するもので、セーフティネット支援対策等事業補助金によって全額補助される。

最低限度の所得保障とともに、生活保護制度の目的である「自立助長」（生活保護法第一条）は、権利としての自立か、義務としての自立かで論争があるが、現場では、ともすれば、「自立」は経済的自立、つまり「自立＝就労」であり、収入ある仕事に就いて早く経済的に自立し、生活保護から脱するものとして理解されてきた。就労自立支援もまた「権利としての自立支援の側面」と「就労の義務を強調する側面」、つまりワークフェア（福祉よりまず就労）の側面という二面性をもたざるをえない。

現場では、就労支援は後者の立場に立って行われていることが多い。「あなたは税金で食べさせてもらっているのです。あなたの年齢（四〇歳台母親―引用者）では生活保護はいつまでも受けられませんよ。子育てより、収入が多く安定した仕事を探すのが先です。自立をめざすなら当然正社員です」(31)。自治体の福祉事務所の担当者（ケースワーカー）は、生活保護法第六〇条「能力に応じて、勤労に励み、支出の節約を図り、その他生活の維持、向上に努め」、すなわち受給者の勤労義務として、法第二七条にもとづく就労指導・指示を行っている（法二七条にもとづく指導・指示は、被保護者にはこれに従う義務が生じる）。受給者は、就労指導に従わないと判断されると、保護の停止・廃止にもなってくる。

一方、自立支援プログラムは、各被保護者の事情にそくして同意にもとづきながら行われる。自治体のなかには、各受給者の置かれた状況に応じて、就労支援を含む自立支援に積極的に取り組んでいるところがある（釧路市、東京都板橋区、京都府山城北福祉事務所）。そこでは、就労可能でもさまざまな生活上の困難を抱えているので、社会的つながりを重視し、段階的にステップを踏む社会参加型の自立支援や、受給者の五年、一〇年先を見据えて「できるだけ高い水準での就労（自立）」をめざして、技能や資格の習得支援に取り組んでいる(32)。

表7-2　自立支援プログラム策定数

	2009年3月末	2010年3月末	増加数
経済的自立に関する自立支援プログラム*	1,517（842）	1,549（846）	+32
日常生活自立に関する自立支援プログラム	1,801（739）	2,008（804）	+207
社会生活自立に関する自立支援プログラム	287（199）	307（210）	+20
合　　計	3,605	3,864	+259

（出所）　厚生労働省「社会・援護局関係主管課長会議資料」（2011年3月3日）。
（注）　1. 2009年3月末の（　）は策定自治体（886自治体中）。
2. 2010年3月末の（　）は策定自治体（892自治体中）。
3. ＊は生活保護受給者等就労支援事業活用プログラムを除く。

2　多様な生活課題と自立支援の可能性

「生活保護制度の在り方に関する専門委員会」の報告書（二〇〇四年一二月）では、生活保護制度を「利用しやすく自立しやすい制度」へ転換することを目指し、自立支援プログラムの導入を提起した。そこでは、「福祉サービスは、個人の尊厳の保持を旨とし、その内容は、福祉サービスの利用者が心身ともに健やかに育成され、又はその有する能力に応じ自立した日常生活を営むことができるように支援するものとして、良質かつ適切なものでなければならない」という社会福祉法の基本理念を受けて、「自立支援」は生活保護受給者の就労支援だけでなく、身体や精神の健康を回復・維持し、自立した日常生活を行うための支援（日常生活自立支援）や、社会的なつながりを回復・維持するための支援（社会生活自立支援）をも含むとされた。

表7－2で、全国の福祉事務所が策定した、二〇一〇年三月末現在の自立支援プログラムの内訳をみると、経済的自立に関するもの（ハローワーク連携型事業を除く）が、全体の四〇・一％、日常生活自立に関するものが、五二・〇％、社会生活自立に関するものが、七・九％となっている。経済的自立や日常生活自立と比べて、社会生活自立の割合が非常に低いのは、この領域のプログラム作成には、福祉事務所が、保護世帯各々の実情やニーズを

表 7-3　日常的生活自立に関する個別支援プログラム策定・実施状況（2009年度実績）

プログラムの内容	策定状況	実施状況	
		参加者数	達成者数
入院患者（精神障害者）の退院支援を行うもの	291	8,704	4,623
入院患者（精神障害者以外）の退院支援を行うもの	36	923	304
看護師や保健師の派遣など，傷病者の在宅療養を支援するもの	82	1,161	314
ヘルパー派遣や介護・障害認定の再確認など，適切な介護サービス・障害福祉サービスの提供を支援するもの	157	1,614	768
健康管理など，在宅高齢者の日常生活を支援するもの	230	5,414	3,154
健康管理など，在宅障害者の日常生活を支援するもの	141	2,841	1,072
母子世帯の日常生活を支援するもの	66	714	160
多重債務者の債務整理等の支援を行うもの	764	3,120	1,380
その他の日常生活自立に関する個別支援プログラム	198	11,409	5,784
小　　　計	1,965	35,900	17,559

（出所）　表 7-2 に同じ。
（注）　経済的自立に関する個別支援プログラムおよび社会生活自立に関する個別支援プログラムの表示はスペースの制約から割愛した。

理解し、各自の地域にどのような社会資源（ＮＰＯ、社会福祉法人、ハローワーク、企業など）があるかを把握し、それらと連携する必要があり、そのために普段から地域に目を向ける努力が求められるからである。

一例として、表7−3の「日常的生活自立に関する個別支援プログラム」の内容を見ると、「多重債務者の債務整理等の支援」が七六四件で最も多く、次いで多いのが「入院患者の退院支援」の三二七件（精神障害者二九一件、精神障害者以外三六件）である。ここには保護費の削減に直結するプログラムが重視される傾向があることが示唆されている[33]。

福祉の現場では生活保護の申請を窓口で拒否する「水際作戦」のように、過去から引き継がれた違法な解釈と運用による「職場慣行」が罷り通ってきた[34]。こうした職場慣行とは無縁に、福祉事務所のなかには、生活保護受給者の個々のニーズに応じて自立のプランを考えて、自立支援プログラム作成を実践しているところもある。

今日の保護世帯は、多様な生活問題を抱えている。自立支援プログラム導入のための手引きには、「傷病、障害、精神疾患等による社会的入院、DV、虐待、多重債務、元ホームレス、相談者不在による社会的きずなの希薄さなど」と記されている。経済的給付だけで十分で、生活援助を必要としない者を除いて、ひきこもりなど精神的な問題を抱えていたり、常用雇用の経験がなく、学歴面（中学卒、高校中退）で不利だったり、また職業生活習慣や、職場の人間関係づくりに困難を抱え、挨拶や時間や約束の励行など、基本的なマナーなどが形成されていない若者も多い。

従来、日本型雇用（新卒採用・長期雇用）では、企業内で職業訓練とともに職業生活習慣や社会人としてのマナーが育成されてきたが、日本型雇用が崩壊して、公的な技能職業訓練制度の重要性が高まっている。にもかかわらず、訓練校の縮小・廃止の動きが強まり、公共職業訓練等を担う独立行政雇用・能力開発機構が廃止されようとしている。職業訓練に対する国の責任が果たされず、企業内の訓練も機能しなくなった状況で、職業能力形成において、その役割の一端を生活保護制度、とくに自立支援が担わざるをえなくなっている。

就労可能な母子世帯の場合、子どもの養育や、保育所や、学童保育の問題、また学業・進路問題がある。母親が就労していても、非正規かつ低賃金で、就労経験が乏しかったり、母親自身が精神的な問題を抱えていることも多い。さらに、母親が生活保護世帯で育った経験をもつ場合、次世代の子どもも同じように経済的・生活的な困難で学業・進学面で不利な状況に置かれたりするなど、「貧困の再生産」がみられる。低学歴は自立を妨げる壁になっている。

こうした「貧困の連鎖」を防ぐために、埼玉県は一〇月から生活保護家庭の中学三年生約六五〇人（政令指定都市のさいたま市を除く）を対象に無料の学習会を始めた。「生活と健康を守る会」などの市民団体が支援する小中学校の補習塾の例はこれまでもあったが、県レベルでの公的取り組みは全国初である。二〇〇九年から厚労省は、自治体が進学支援に取り組んだ場合の国の補助率を一〇割に引き上げた。そして全国に先駆けて熊本県が、生活保護家庭を対象に大学進学支援を始めた(35)。

3　「新しい公共」と「社会的居場所づくり」

生活保護受給者は、さまざまな生活困難を経験した結果、社会や地域から孤立し、精神的にも身体的にもものごとに消極的になっている場合が多い。釧路市の経験が示しているように、自主性や自発性を引き出すために、「自己肯定感・自尊感情の回復」が大事になってくる。その回復の回路は、地域社会や人々とのかかわりのなかで、つまり「社会的な居場所」から、就労自立等の次の生活へのステップへとつながる。社会生活自立・社会参加の自立支援プログラムが、社会的な居場所づくりの役目を担うことになる。

現在の貧困・孤立社会にあって、この社会的な居場所の重要性は、被保護者に限らない。失業中の五〇歳台の単身者のM氏が語っている。「人とのつながりがなくなるのは、生きてる孤独死みたいなもんですよ。誰にも関心を持たれない、自分も何の役割を果たしていない。生きてても死んでても一緒でしょ。存在がなくなったのと変わらないじゃないですか。だから、人とのつながりは、自分の存在の確認だと思いますね(36)」。

就労支援のあり方として、多様な阻害要因克服のため、就労の前に日常生活自立や社会生活自立・社会

図7-3　社会的な居場所づくりと新しい公共のイメージ図

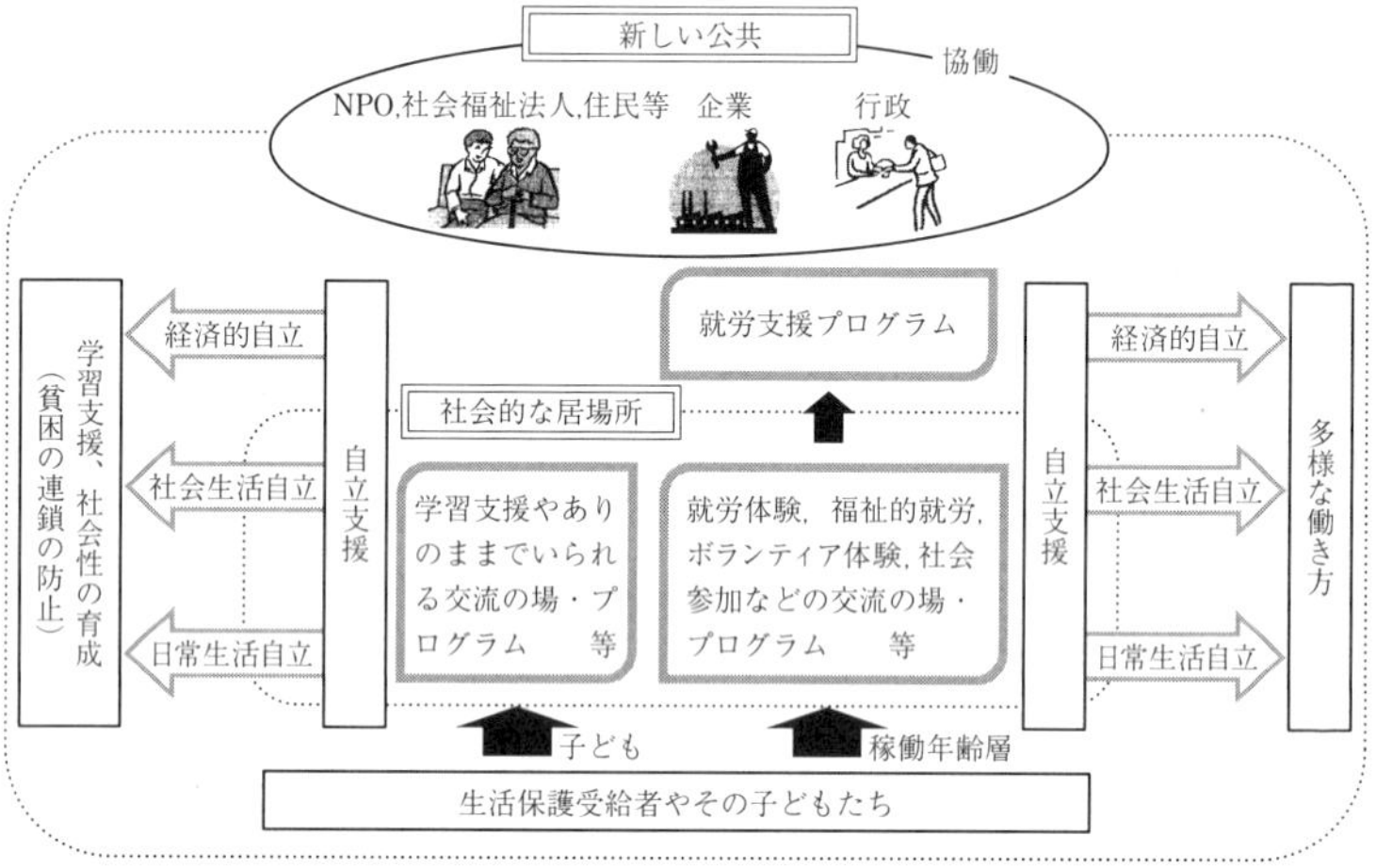

（出所）　生活保護受給者の社会的な居場所づくりと新しい公共に関する研究会報告書。

参加のステップを設けた自立支援プログラムが必要となっている。釧路市の福祉事務所では、「中間的就労」として、地域の社会資源（ＮＰＯ、社会福祉法人、企業、ハローワーク）を使って就業体験的ボランティア、就業体験プログラムなどの多様な働き方（福祉的就労、社会的就労）の社会参加制度を設けている。まともに食べていける仕事、「適切な雇用」が困難な状況のもと、地域資源の利用による多様な働き方の実践は、地域づくりであり、地域の雇用の創出の取り組みでもある。「生活保護受給者の社会的な居場所づくりと新しい公共に関する研究会報告書」で[37]は、受給者のための「社会的な居場所」づくりが「新しい公共」というタームで呼びかけられている。それは受給者を中心に企業、ＮＰＯ法人、社会福祉法人、住民等と、福祉事務所をはじめとする行政が「協働」して行うことを求めている。[38]

　厚労省では、「報告書」で示されて取り組みを促進するために、平成二三年度予算案にセーフティネット支援対策事業補助金のメニューに「社会的居場所づくり支援事業」（国が全額補助）を創設することを予定している。

「報告書・別冊」ではいくつかのＮＰＯ法人等の取り組みが紹介されている。そのなかで東京都墨田区・台東区を中心とするＮＰＯ法人自立支援センターふるさとの会は、行政当局、福祉事務所や地域の社会的資源（社会的企業、介護事業所、町会等）と連携し、生活困難な人々に医療・福祉サービス等を提供するネットワークを形成し、行事参加等で地域づくりでも貢献している。就労支援では、就労支援ホームの運営、自立支援プログラムや生業扶助（職業訓練）を利用し、就労体験講習による自立援助、自らの関連団体で東京都の委託事業（緊急就労、居住支援事業）等による雇用や雇用創出に力を注いでいる。その他に高齢者や路上生活者のための地域生活支援事業の活動を行っている。

国や自治体の雇用対策でのＮＰＯ法人等による委託事業のほか、一般労働市場に依存しない就労支援の取り組みとして、自治体が直接に雇用を創出する施策や社会的企業の育成がある。ボランティア活動、就業体験などの多様な働き方による社会的な居場所づくりも、「適切な雇用」に結びついてこそ人々の生活の安定になる。雇用・労働の悪化による「働く場」の困難な状況では、一般的労働市場において、安定的な雇用創出に大企業が社会的責任を果たすこと、国による公的就労の創出、および派遣法改正等の労働法制による政府の適正な規制こそ、今日の日本社会、地域社会で切実に求められる働く場づくり、すなわち社会的な居場所づくりにほかならない。

多様で複雑な困難を抱えた被保護者への個別支援に対応するために、ケースワーカーの人員の増加をはじめとして、社会保障の知識や社会的資源の活用と連携を必要とするので、ケースワーカーの専門性とネットワークが大事になってくる。雇用をはじめ社会環境の厳しい時代に、就労自立で生活保護から抜け出ても、人々のつながりが希薄化し、地域の支え合い機能が低下している。釧路市の経験でも、二〇歳台の男性が就労体験ボランティアに参加し、ヘルパーの資格を取得して施設への就職で保護から抜け出たが、しばらくして行方不明になっている。社会に受け皿がない状況なので、安定した生活が持続できるまで支援や居場所をアフターフォローすることが必要となる。いわば、対象者が困窮から脱出して安定した生活を営めるようになるまで、マンツーマンでさまざまな制度や社会資源を活用、支援する「伴走コーディネート」[39]である。こうした機能を果たすために、一部のモデル地域で実施されている「パーソナル・サポート」サービスが全国的に展開されることが必要である。

おわりに

生活保護制度は、所得保障とともに、「自立助長」を目的とする。「自立」は、就労による経済的自立に限られるのではなく、日常生活自立や、社会生活自立も含み、自らの選択によって社会の一員として人間らしく生活することである。被保護者に限らず、多様複雑化し不安定化した現代社会では、なんびとも個々の必要（ニーズ）に応じた「社会サービス」（教育、医療、介護、家事支援、職業訓練、社会的な居場所）抜きには日々の生活が成り立たない。「医療難民」、「介護難民」、「買い物難民」という事態は、そのことを物語っている。被保護者の抱える困難が多様で複雑になっている状況において、各自の置かれたさまざまな実情により、さまざまな社会サービスを受けながら、各自各様の「多様な自立」がある。そうした被保護者の「多様な自立」に対応するために、生活支援は各自の実情に即した個別的支援となり、またさまざまな領域にまたがることになって、総合的・組織的な支援を必要とする。

社会の一員として人間らしい生活を送るために、被保護者個々が抱える生活上の困難に対し、生活再建を援助する自立支援は、当事者の同意にもとづくとともに、権利として保障されなければならない。石橋敏郎氏が指摘にするように、被保護者の権利規定としては、生活保護法第五六条の不利益変更の禁止規定（「被保護者は、正当な理由がなければ、既に決定された保護を、不利益に変更されることがない」）があるくらいである(40)。自立支援プログラムは、生活保護法上に法的根拠をもたないが、被保護者の権利保障として、自立支援を生活保護法のなかに明確に位置づけて明文化されなければならない(41)。法的根拠の明確化とともに、権利保障の具体化として、ケースワーカー次第や地域によって差がある事態を克服するために、全国の福祉事務所に共通した「生活保護援助論(42)」が求められる。そのためにもケースワーカーの人員不足の早急の是正が必要である。憲法二五条の「健康で文化的な生活」を保障するために、生活保護制度は、生活扶助、つまり生活費の保障をはじめ、住宅、医療、介護、生業などの八つの扶助によって生活全体を保障する、包括的生活保障である。現代の生存権保障として最低生活保障は、経済的自立、日常生活自立、および社会生活自立に関わる自立支援、個々人のニーズに応じた社会サービスの援助を内容とするものでなければならない(43)。

長年、国は生活保護基準以下で暮らす多くの人々を放置してきた。「社会の一員として人間らしい生活」を送るという現代の生存権保障として、ナショナルミニマムの役割を担う生活保護制度は、まず最低限の生活保障でなければならない。そして、複合的な生活困難を抱える保護世帯が多いなかでは、権利としての自立支援の役割は大きい。「派遣切り」や「無縁社会」が示しているように、生活の危機が生命の危機に直結する日本の現状において、生活保護制度は最後のセーフティネットとして、いかなる理由であれ、生活に困窮しているすべての人に、無差別平等に国の責任で最低限度の生活を保障することが求められている。長期的には、積極的雇用政策による安定した雇用の確保や雇用保険（失業給付）制度の改善と合わせて、生活保護と補完関係にある他の社会保障制度との役割分担の明確化を図っていくとともに、当面は、生活困窮した失業者やワーキングプアを生活保護制度で最低生活保障を行わざるをえない。そのため、補足性の原理に関わって、とくに稼働能力要件の弾力的運用が図られねばならず、「資力調査」および「扶養義務者調査」は「困窮度を測定する」という本来の行政の範囲で行わなければならない。

注

（1）厚生労働省資料、二〇〇九年一〇月二〇日、同省ＨＰ参照。なお、二〇〇九年時点では一六・〇％に上昇。
（2）国税庁「民間給与実態統計調査」二〇〇九年。
（3）『産経新聞』二〇一一年六月一四日。
（4）厚生労働省「ナショナルミニマム研究会」資料、二〇一〇年四月九日、同省ＨＰ参照。今回の推計は、国民生活基礎調査と、全国消費実態調査の二つの調査をもとに作成された。
（5）今回の補足率調査の詳細な検討については、次を参照。吉永純・後藤道夫・唐鎌直義「膨大な『保護からの排除』を示す――厚生労働省『生活保護基準未満の低所得者数の推計について』を読む」、『賃金と社会保障』第一五二三号（二〇一〇年一〇月上旬号）旬報社。
（6）厚生労働省の保護適正化政策の歴史的経緯については、杉村宏『人間らしく生きる――現代の貧困とセーフティネット』（左右社、二〇一〇年）一五六―一八〇ページ。

（7）二〇〇九年一二月に福祉事務所・生活保護実施体制の全国調査を実施、詳細は日本自治体労働組合総連合HP参照。

（8）平成二一年福祉事務所現況調査の概要、厚生労働省HP参照。

（9）一審の東京地裁は、原告の全面勝訴であったが、二審の東京高裁は原告の請求を棄却した。上告審の途中で原告が死亡したために、最高裁の判断が示される前に裁判は収束した。この朝日訴訟の今日的意義については、『社会保障』第四三二号（二〇一〇年秋号）を参照。

（10）近年、比較対象の一般世帯を低所得世帯、「第一・一〇分位」（所得の低い方から一〇％）に置いている。

（11）吉永純「ナショナルミニマムとしての生活保護基準」、『賃金と社会保障』第一四五九号（二〇〇八年二月上旬号）。

（12）厚生労働省「ナショナルミニマム研究会」資料、二〇一〇年五月一〇日、同省HP参照。

（13）『朝日新聞』二〇一〇年八月一七日付。

（14）福岡高裁の判決文は、『賃金と社会保障』第一五二九・一五三〇号（二〇一一年一月合併号）を参照。なお、国は高裁決定を不服として、最高裁に上告した。

（15）井上英夫「社会保障の法と政策――社会保障法学の立場から」、『社会保障法』第二二号（二〇〇七年）、杉村宏、前掲書、一三四―一三六ページ、一六二ページ。

（16）資力調査、扶養調査の運用実態については、次を参照。杉村宏編著『格差・貧困と生活保護』（明石書店、二〇〇七年）、東京ソーシャルワーク編『How to 生活保護』（現代書館、二〇一〇年）。

（17）『朝日新聞』二〇一〇年二月四日付。「岸和田市・大阪府のひどいやり方　あやまってほしい」岸和田市の生活保護申請『却下』の取り消しを求める裁判を支援する会。なお、生活保護利用における「稼働能力」活用をめぐる訴訟は、東京・新宿、静岡、滋賀県・長浜で行われている。
(18) 笹沼弘志『ホームレスと自立／排除——路上に〈幸福を夢見る権利〉はあるか』（大月書店、二〇〇八年）八三ページ。
(19) 林訴訟判決については、次を参照。前田雅子「保護の補足性と稼働能力の活用」、『社会保障判例百選（第三版）』（有斐閣、二〇〇一年）、木下秀雄「最低生活保障制度における要保護性の判断と稼働能力活用要件義務——ドイツとの比較から」、『賃金と社会保障』第一四七〇号（二〇〇八年下旬号）。
(20) http://www.mhlw.go.jp/shingi/2004/12/s1215-8a.html
(21) 吉永純「ワーキングプアと利用しやすく自立しやすい生活保護——最近の審査請求事例から考える」、『賃金と社会保障』第一四六九号（二〇〇八年七月号）。
(22) 同右。
(23) 日本弁護士連合会ＨＰ（http://www.nichibenren.or.jp/library/ja/opinion/report/data/081118_3.pdf）参照。
(24) 濱口桂一郎「労働法の立法学（連載第19回）公的扶助とワークフェアの法政策」、『季刊労働法』二二四号（二〇〇九年春号）。
(25)『朝日新聞』二〇一一年二月二日付。
(26)『朝日新聞』二〇一一年一月二二日付
(27) 指定市長会ＨＰ参照。「改革案」について、『賃金と社会保障』第一五三一号（二〇一一年二月上旬号）の特集を参照。
(28) 全国知事会の提案および有期保護化については、生活保護問題対策会議『アメリカ福祉改革の悲劇に学べ！』（耕文社、二〇〇九年）。
(29)『保護のてびき』平成二二年度版（第一法規、二〇一一年）。

（30）丹波史紀「低所得・貧困に対する自立支援プログラムの動向と課題」、岩田正美・杉村宏編著『公的扶助論』（ミネルヴァ書房、二〇〇九年）二〇九ページ。
（31）『福祉のひろば』二〇一〇年七月号、三五ページ。
（32）布川日佐史編著『生活保護自立支援プログラムの活用』（山吹書店、二〇〇六年）、東京都板橋区／首都大学東京共著『生活保護自立支援プログラムの構築』（ぎょうせい、二〇〇七年）、釧路市福祉部生活福祉事務所編集委員会編『希望をもって生きる』（筒井書房、二〇〇九年）。
（33）本田良一『ルポ　生活保護』（中公新書、二〇一〇年）一八七ページ。
（34）「平成二一年度生活保護法施行事務監査結果について」、『生活と福祉』二〇一〇年六月号、一五ページ。全国社会福祉協議会、東京ソーシャルワーク編『How to 生活保護』（現代書館、二〇一〇年）七四—九二ページ。
（35）『朝日新聞』二〇一〇年一〇月一一日付および一一月二六日付。道中隆『生活保護と日本型ワーキングプア』（ミネルヴァ書房、二〇〇九年）。
（36）NHK「無縁社会プロジェクト」、取材班編著『無縁社会』（文藝春秋、二〇一〇年）一三八ページ。
（37）厚生労働省HP参照。『報告書』について、新保美香は次のように評価している、五年間での自立支援プログラム実践の「到達点」として、当事者性を尊重し、地域の「協働」による「社会的な居場所」の構築などの支援が、今後の生活保護実践の道筋として示されたと。「生活保護『自立支援プログラム』の検証——五年間の取り組みを振り返る」、『社会福祉研究』第一〇九号（鉄道弘済会、二〇一〇年）。今日「福祉より就労」の動きが強まるおり、当事者性の尊重は、なにより生存権保障として、自立支援が権利保障されなければならない。
（38）民主党政権下の「新しい公共」概念ついて、二宮厚美「『新しい公共』と自治体のローカルガバナンス化」、『議会と自治体』二〇一〇年九月号参照。

（39）奥田知志「対談・貧困ビジネスを超えて」、『ホームレスと社会』VOL2（明石書店、二〇一〇年四月）一二ページ。
（40）石橋敏郎「生活保護法と自立――就労自立支援プログラムを中心として」、『社会保障法』第二二号（法律文化社、二〇〇七年）五二ページ。
（41）布川日佐史『生活保護の論点』（山吹書店、二〇〇九年）一五六ページ。山田晋「低所得対策・最低生活保障と自立」、菊池馨実編著『自立支援と社会保障』（日本加除出版、二〇〇八年）一九六ページ。
（42）池谷秀登「日常生活自立、社会生活自立を重視した支援」、布川日佐史編著、前掲『生活保護自立支援プログラムの活用』六八ページ。
（43）杉村宏、前掲書、布川日佐史、前掲『生活保護の論点』。

（補注1）民主党野田政権は、二〇一二年一月六日「社会保障・税一体改革素案」を正式決定した。税制改革の最大の柱には「社会保障財源を確保するための消費税率の引上げ（一四年四月一日より八％、一五年一〇月一日より一〇％）」が据えられている。その一方、「社会保障の機能強化」は名ばかりで、実際には各分野での給付削減と保険料等の負担引き上げが目白押しである。生活保護では「就労・自立支援」が強調され、職業訓練の義務化、医療費の自己負担導入および全般的な保護水準の引き下げが意図されている。

（補注2）本文で触れた「生活保護制度に関する国と地方の協議に係わる中間とりまとめ」は、保護費削減策として、求職者支援制度を活用しない受給者には保護費を支給しない仕組みを盛り込んでいる。なお、厚生労働省によれば、東日本大震災で被災して生活保護を受けた世帯は一〇〇〇世帯を超えている。そして、時間の経過とともに、被災地では雇用保険が切れ始め、雇用状況が悪化するなかで生活保護の利用増加が予想されることから、生活保護制度の拡充・強化が求められている。

第八章　労働ＣＳＲと格差・貧困

高橋邦太郎

はじめに

周知のように、「二〇〇八年恐慌」に当たって、トヨタやキヤノンをはじめとする日本の大企業は、率先していわゆる「派遣切り」を繰り返した。このため仕事と住まいを同時に失った労働者の救援のためにつくられた「派遣村」は、東京日比谷公園をはじめとして全国で二〇〇ヵ所に及んだという。大企業は雇用と労働についてのＣＳＲ（Corporate Social Responsibility：企業の社会的責任）をまったく果たしていないではないかという怒りの声があがったのは、けだし当然であった。国民の前に明らかになった日本の格差と貧困は、決していわゆる社会的弱者の個人責任ではない。それは、ここ三〇年あまりにわたって続けられてきた、市場原理主義にもとづく政府の政策と国際競争力強化のためと称する企業の経営戦略によるものである。だがこのことは、まだ大方の認識にはなっていない。（補注1）

本章では、日本におけるもろもろの格差と貧困は「政治と財界」が引き起こした「生活災害」であると主張する。その根底には、雇用と労働についての「企業の社会的無責任」がある。労働者が安心して労働し生活するためには、「人間らしい働き方（ディーセントワーク）」のできる労働基準を確立することが必要である。それは、格差と貧困による社会不安を解消するとともに、企業がグローバル経済のなかで持続的に発展するための必要で当然なルールでもある。

第Ⅰ節では、格差と貧困という社会不安の根源にある雇用と労働の現状を概観する。第Ⅱ節では、その現状を踏まえて、なぜ雇用と労働についてのＣＳＲが必要かを考察するとともに、第Ⅲ節ではＣＳＲは労働者にとってだけでなく企業にとっても重要であると論じる。第Ⅳ節では、国際的な労働ＣＳＲ論を紹介する。さらに第Ⅴ節では、政府と企業に労働ＣＳＲを実現させ、格差と貧困解消の政策を要求するために、労働者＝市民はどのように行動すべきかを考えてみたい。

Ⅰ　雇用と労働の現状

アメリカのサブプライムローン問題を発端とするグローバルな形での金融危機は、日本においては「二〇〇八年恐慌」として現われた。その影響を大いに受けたとはいえ、日本の雇用情勢があれほど短期間のうちに悪化し、社会における格差と貧困がかつてなく拡大した原因は、どこにあるのだろう。それは、第一には小泉構造改革による労働者派遣法の改悪などの雇用・労働政策の規制緩和が原因であり、第二には「トヨタ生産方式」に見られるような原材料や部品のジャスト・イン・タイム（ＪＩＴ）を想起させるような、労働力の「ジャスト・イン・タイム」化が大企業においてまかり通ってきたことが原因である。つまり政府と大企業の責任によって遂行された経済政策・経営戦略がともに相まって、「二〇〇八年恐慌」による雇用破壊・労働融解として社会の格差と貧困が露呈したといってよい。

一九八五年六月の労働者派遣事業法成立は、雇用・労働分野の規制緩和の始まりであった。労働時間の規制緩和については、一九八七年の労働基準法改定で一週間単位、一ヵ月単位および三ヵ月単位の変形労働時間制が導入され、九二年にはさらに一年単位の変形労働時間制が導入された。九五年に日経連（日本経営者団体連盟）が公表した「新時代の『日本的経営』」は、雇用・労働のいっそうの規制緩和の指針となった。以来、九八年の労基法改定では裁量労働制の拡大（「専門業務型裁量労働」に加えて「企画業務型裁量労働」を導入）、九九年の派遣法改定では労働者派遣の原則自由化（許可業務を限定列挙するポジティブリスト方式から、少数の禁止業務以外をすべて許可するネガティブリスト方式への転換）、二〇〇三年の製造業派遣の解禁と、雇用と労働の全分野にわたって労働者の保護と規制が緩和・撤廃され、いわゆる「労働ビッグバン」が強行された。(1)

このような政策のもとで、企業は大っぴらに正社員の絞り込みと非正規労働者への置き換えに踏み切った。その結果、非正規労働者数は労働者総数の約三分の一を超えるまでになった。非正規労働者の利用は中小企業に限られたことではなく、二〇〇八年秋から〇九年春にかけての「派遣切り」に例を見るように、むしろ大企業のほうがより大規模に労働者を「使い捨て」にしている。労働者の乱暴な使い捨てがこのように可能になったのは、恒常的な業務であるにもかかわらず雇用期間を有期契約にして企業が雇用・労働を自由自在に調整できるようにしたためである。これは労働者にたえず雇用不安を抱かせるだけでなく、実際に細切れ雇用を強いるとともに、賃金その他の労働条件の切り下げを甘受させる状況に労働者を置くことを意味する。労働契約法は、「客観的に合理的な理由」があり「社会通念上相当」と認められる以外の解雇は無効と定めているし（第一六条）、有期雇用満了以前の解雇についても同様の制限を設けている（第一七条）。また過去の判例は、経営上の必要性にもとづく整理解雇についてとくに厳格な制限を設け、①人員整理の必要があること、②解雇を回避するための努力が尽くされたこと、③解雇人選基準とその適用が合理的であること、④労働組合もしくは被解雇者と十分な協議がなされたこと、の四要件（要素）を欠いた解雇は無効としている。(2) にもかかわらず、企業は解雇権を濫用し、これをほとんど守っていないのが現状である。

パート・アルバイト、派遣、請負などによる雇用の非正規化・間接化・外部化は、大企業が人件費を削減するとともに、労働力の需給調整をフレキシブルに行い、利潤を極大化しようとする戦略である。それは「雇用形態の多様化は労働者のニーズに見合った働き方を可能にする」という欺瞞によって、グローバル化のもとでの労働条件切下げ競争に対応しようとする大企業の経営戦略であったが、成果主義の導入とあいまって、かえって労働意欲を損ない職場の荒廃をもたらし、労働生産性を低下させることになった。

この間、多くの企業現場で労働者に対する解雇や賃金不払いなどの不当労働行為が頻発した。とくに正社員に横行しているサービス残業についていえば、労働基準監督署の監督指導によって一〇〇万円以上の是正がなされたケースに限っても、二〇〇一年度から〇九年度の過去九年間に、合計一万一三四二社、一三二万一六四〇人の労働者に、一六六三億三三九二万円の割増賃金が支払われた。(3) もちろんこれは氷山の一角であり、実際にはさらに多くのサービス残業が申告も修正もされずに放任されている。

日本企業では、長らく過労死・過労自殺が問題になってきた。熊沢誠氏が膨大な数の過労死・過労自殺の事例から典型例を分析した著書でいうように、「過労死・過労自殺は日本の労働世界になじみが深い働きすぎという大海の波頭にほかならず、それゆえに働きすぎて斃れた人びとの体験はまぎれもなく、その傍らで働くふつうの労働者の多くに共通する体験(4)」である。依然として続発する過労死・過労自殺のなかで、近年、若者の過労自殺がとくに深刻になっている。厚生労働省の発表によると、仕事上のストレスが原因で過労自殺にかかわるうつ病などの精神疾患を発症し労災申請した労働者の数は近年増加し続け、二〇〇九年度には一一三六人に達して過去最高になった。ただこれもサービス残業是正の発表数と同様に、氷山の一角であることは間違いない(5)。

賃金や雇用における女性差別も依然として根強い。年々の大学卒業者の就職で、一般職と総合職というコース別採用に付きまとう性差別も解消していない。賃金や昇進に関し男女で不当に差別されることに反対してこれを告発し、一〇年の長期にわたって裁判闘争を闘い勝利した住友金属工業の女性労働者の経験は、大企業における多年にわたる露骨な男女差別の実態を明らかにしている(6)。

常用労働者数五六人以上の民間企業には一・八%、国と地方公共団体には二・一%以上の障害者の雇用が義務付けられている。にもかかわらず、民間企業で障害者法定雇用率を達成しているのは四七%にとどまり、半数以上の企業が未達成である(7)。『障害者白書』(平成二二年版)も、「より多くの就職希望を実現するとともに、一人ひとりが活き活きとした職業生活を送る事ができるように」企業に注文をつけている(8)。研修生や技能実習生という名で呼び寄せられた外国人労働者への強制労働も、大きな問題になっている。

Ⅱ　「企業の社会的責任」と企業統治

現代大企業における経営戦略が、市場原理主義をもってする小泉構造改革と歩を一にすることは言うを待たない。このような政策と戦略を引き出した理論的教祖ともいえるミルトン・フリードマン(Milton

Friedman）の論文から、CSR否定論を見てみよう。

「自由社会において『企業の社会的責任はひとつ、そしてただひとつしかない――すなわち、そのもつ資源を使って、ゲームのルール内で利益を増大させるような活動に従事する事、言い換えると、ごまかしや詐欺を使わずに、オープンで自由な競争に専念する事である』と」[9]。

「企業経営者の使命は株主利益の最大化であり、それ以外の社会的責任を引き受ける傾向が強まることほど、自由社会にとって危険なことはない。これは自由社会の土台を根底から揺るがす現象であり、社会的責任は自由を破壊するものである」[10]。

「労働者にとっては、競争こそが、これまで発見され考え出された最善の保護もしくは最小の悪だ。……一人の労働者は、自分を雇ってくれる他の雇用者〔雇用主〕がいく人も存在しているということによって、自分の現実の雇用者から保護されることができる。また雇用者も、自分が雇用できる労働者が他にも存在している事によって、自分の労働者から搾取されないように保護される」[11]。

M・フリードマンは、企業は富の配分というような政府と同様な機能は持つべきではないと主張し、擬制的法人である企業を市場メカニズムから撤退させる政治メカニズムの採用は、自由社会の基礎を掘り崩し社会主義に道を開くものだ、と論難している。ここには、社会保障や社会福祉は政府の政策によって遂行される可能なかぎり最少化されるべき領域である、という認識がある。

だがアメリカでは、グローバル化のなかで企業不祥事が頻発してきた。いくつかの例を挙げてみよう。ＩＴバブルの波に乗って超有名企業に発展したエンロンが、先物取引・架空利益の水増し計上などの不正会計事件を引き起こして倒産した。エンロンの外部監査法人アーサー・アンダーセンが、書類破棄による証拠隠滅を行ったことも発覚した。ナイキ社のインドネシア工場では、長時間労働の強制や法定基準を下回る低賃金労働が常態化していることも明るみに出た。この事件は世界的な反発を呼んで、ナイキ製品のボイコットが拡がった、などなど。

現実に企業が引き起こしている膨大な社会的損失について、その発生源までさかのぼって規制する必要があることはいうまでもない。公害・環境破壊だけではなく、前述のように恣意的に有期雇用と解雇を繰り返し労働者の生活を破壊して省みない企業戦略は、社会を不安に陥れるものである。企業が社会から強制されないかぎり、労働者の健康や安全に配慮しようとしないのであれば、法定労働時間に例を見るように、フリードマンがもっとも嫌悪する国家権力による企業活動の規制が必要なことは当然である。また彼の労働組合・労働者観は、雇用と生活の向上を目指し権利を守る運動への限りない敵意に満ちている。これこそが市場原理主義の根幹を流れる思想であり、CSR否定そのものである。

このような市場原理主義にもとづく経営戦略によって、企業のなかではどのような変化が起こったであろうか。デヴィッド・ハーヴェイは、いっている。

「各国内では、労働組合をはじめとする労働者階級の諸機関の力が押さえ込まれ解体される（必要とあれば暴力によって）。フレキシブルな労働市場が確立される。国家は社会福祉の給付から手を引き、雇用構造の再編を技術的に誘導する。それによって労働力の大きな部分を過剰労働力にして、労働に対する資本の支配が市場において完成する。そして個人化され相対的に無力にされた労働者は、資本家の個々の要望にもとづく短期契約しかない労働市場に直面する(12)」。

市場原理主義的経営戦略の追求で、個々の企業は短期間に膨大な企業利益を蓄積し、空前の大成功をおさめたかに見える。しかし、たとえ一企業が成功したとしても、そうした蓄積体制は国民経済の発展方向としては誤りだったといわねばならない。一般的にいって、雇用の非正規化は「雇用融解」あるいは「貧困襲来」ともいわれる事態を進行させた。株主利益最優先の企業経営は、賃金の下落と労働分配率の低下を招き、格差と貧困の拡大をもたらした。また正規・非正規にかかわらず、労働者は過重労働による健康被害・労働災害におびやかされ、前節で述べたように過労死・過労自殺も増加した。

そしてなによりも、企業の根幹を揺るがしかねない問題——職場の荒廃が起こっている。ピーター・キャベリは、すでに一九八〇年代以降におけるアメリカ企業の職場環境の変化について警鐘を鳴らしていた。市場原理主義が企業内に持ち込まれたことによって、いつクビを切られるかわからない従業員のモラールやコミットメントが低下したこと、より待遇のよい企業への熟練をもつ人材の流出、したがって企業独自の技術も流出し、スキルの継承・発展の危機が訪れていること、などである。熟練の解体と労働の衰退が、企業の長期的な成長・発展にとってどのような意味を持っているか明らかであろう(13)。この問題は、アメリカだけの問題ではない。日本でも、大企業の先陣を切っていち早く成果主義を経営の基本に取り入れた富士通が、内側から崩壊の危機に陥り、成果主義からの決別を余儀なくされたことは、記憶に新しい(14)。

こうして、いまや市場原理主義に対してなんらかの規制が必要であるという認識は、広く共有されるようになった。そして企業がその社会的責任をどのように果たすのかが、現代企業に対する社会の主要な関心事になった。

アメリカでは、一九八〇年代、打ち続く企業不祥事と企業経営の破綻状況からの建て直しが急務となり、企業統治（コーポレート・カバナンス）のあり方が論じられた。企業統治とは、法人企業としての株式会社の管理と統制にかかわる一連の制度・慣行・法令・手続きを意味する概念である。主要には、コンプライアンス（法令と企業倫理の遵守）、取締役会と株主総会の役割、経営内容の情報開示、企業会計と監査システムなどを内容としている。九四年には、アメリカ法律協会から「コーポレート・カバナンスの原則——分析と勧告」が公表され、エンロン事件（二〇〇一年）やワールドコム事件（二〇〇二年）などを契機に、二〇〇二年七月には「サーベンス・オックスリー法」（SOX法）が制定された。だがアメリカにおけるこのような企業改革は、機関投資家が多数の株式を保有するなかで、いかにして投資家つまり株主を保護するかという立場で推進されたものであって、企業の社会的責任を明確にすることを目的に主張されたものではない。その本質は、節度や規律について証券市場での経営者の責任と義務を定めたものにすぎなかった。しかもこの「アメリカ型企業統治」は、事実上のグローバル・スタンダードとして、ドイツ・イギリスさらには日本を含むアジア諸国など、世界各国に強制的に輸出された。

「アメリカ型企業統治」が株主利益の拡大だけを指向し社会に背を向けた改革である以上、「社会的に受容される企業」をめざす、いわば「ステークホルダー型企業統治」ともいうべき経営思想が登場してくることは当然であった。すでに一九二〇年代から「長い社会的批判の試練のなかで社会に受容される企業を目指して」きた「企業の社会的責任（CSR）」論が、ここに国際的な規制強化の問題として提起されたのである。(15)

Ⅲ　持続的発展のための労働CSR

現在、日本では巷間「CSRバブル」といわれるほど「企業の社会的責任」が問題とされている。各企業は、ＣＳＲ評価機関の優位なＣＳＲ測定を求めて、「ＣＳＲ報告書」と称する美麗なパンフレットを作成し、争うようにＩＳＯ（国際標準化機構）による国際規格の認証を得ようとしている。

日本経団連は、バブル崩壊直後の一九九一年に「企業行動憲章」を制定し、以来「ＣＳＲの観点」も含め何度も改定を繰り返してきた。だが、その主張するところは、「長期的な企業価値の増大」を目標にした企業統治論では国際的にも社会的にも受容されないため、「企業の不正行為防止と競争力・収益力の向上」で、株主だけではなく多様なステークホルダーに配慮するＣＳＲを導入するというものであった。つまり財界にとってＣＳＲは、企業統治論批判から逃れるため、一応従業員や地域社会の利益にも考慮すると称して提示されたものにすぎなかった。日本経団連の提言には、ＣＳＲは「企業の存続基盤」であるという文言がある。だが本当に企業は「社会的公器」であるとの視点から「企業の社会的基盤」としてのＣＳＲを主張するのであれば、「株主利益のための企業価値増大」を追求する企業経営から完全に脱却し、グローバル化のなかでいかに持続的に企業を発展させるかという視点で、労働ＣＳＲを中心とした長期的戦略を立てるべきであろう。「企業の存続基盤」は、なによりも「働く労働者」「消費する労働者」にある。(16)

ここに厚生労働省の調査結果がある（表８−１）。企業が考えているＣＳＲの内容は、現状では「環境保全」や「法令遵守」が重要視され、企業の存立基盤として重視すべき労働・雇用の問題は省みられていない。高齢者雇用や安全衛生のように法の規制が比較的強い項目がわずかに注目されていることを除いて、同一労働に対する均等待遇や雇用にかんする情報開示などＣＳＲの任意の取組み項目をあげている企業は少ない。まして雇用問題がＣＳＲの課題であると認識している企業はほとんど見られない。ライシュもいうように、これではＣＳＲによって「経済活動のルールを変えるまでにはいたっていない」のが日本の実

表 8-1　CSRのうち最も重要視するもの（属性別）　（N＝535，％）

		n	環境	社会貢献	リスク管理	法令遵守	労働CSR	企業統治	無回答
全体		535	6.2	1.3	6.2	75.1	5.6	3.7	1.9
従業員規模	～299人	192	9.4	0.0	7.3	72.4	8.3	1.6	1.0
	300～999人	156	2.6	1.9	3.8	82.7	5.1	3.2	0.6
	1,000人以上	166	4.8	2.4	7.2	72.9	1.8	7.2	3.5
業種	建設業	36	5.6	0.0	13.9	77.8	0.0	2.8	0.0
	製造業	161	11.2	1.2	4.3	73.9	4.3	3.7	1.2
	卸売・小売業	106	1.9	0.9	1.9	78.3	10.4	3.8	2.8
	サービス業	163	2.5	1.2	9.2	76.1	5.5	4.9	0.6
	その他	68	8.8	2.9	5.9	70.6	4.4	1.5	5.9
海外進出	あり	162	8.0	1.2	5.6	70.4	5.6	6.2	3.1
	なし	353	5.1	1.4	6.5	77.3	5.7	2.8	1.1

（出所）　労働に関するCSR推進研究会（厚生労働省）「労働に関するCSR推進研究会報告書」2008年3月。

態である。(17)

企業は、人間生活にとって不可欠である商品を生産し流通・販売をつうじて消費者に手渡すという社会的任務を背負っているがゆえに、一定の利潤を獲得することを社会的に認められている。だからといって企業経営は、資本家や株主によってのみ機能しているわけではない。富の真の源泉である自然と人間を疲弊させるような企業活動は永続しえない。今日の地球環境の危機は、資源・エネルギー浪費型の成長戦略の破綻を示しているだけでなく、過重労働や貧困を拡大する蓄積体制の破綻を示している。(補注2) 企業は働く労働者や消費する労働者の支持によって機能し存立する。企業さえ儲かれば、自然と人間にいかなる負荷を与えてもかまわないということにはならない。コスト削減のために労働者の賃金を引き下げ、労働条件を悪化させることを第一とする企業経営は、総需要の最大の構成部分をなす個人消費を縮小させ、企業の存立基盤を掘り崩す。いまや企業は、自らの存続のためにも「国際競争力強化のためのコスト削減」という呪縛を解き、「ディーセントな雇用・労働」に軸足を移した経営戦略に移行することを迫られている。この結果、たとえ企業が一時的に不振になったとしても、おそらく労働者と一体となって「企業の存立基盤」を守るという強力な経営構造ができあがるであろう。このような社会でこそ、グローバル化のなかでの企業の真の繁栄がもたらされるといえよう。換言すれば、企業は、労働者の生命の維持と再生産に責任を持つ組織であると実証しなければ、その持続的発展は不可能なのである。

本章で主張する「労働CSR」は、したがって、財界が主張するCSRとは一線を画し、社会に立脚し社会とともに持続的に企業が発展するためのCSRである。

では、CSRとくに労働CSRとして、企業はどのような規範を定める必要があるのか。雇用と労働の現場が破壊されている深刻な現状から見て、いま三つの規範がもっとも必要であると考える。

第一は、「人間らしい雇用関係」をつくりあげることである。

この場合に大事なことは、企業が社会的な存在であるという問題である。企業は、創立以来それぞれの社会的・文化的発展の歴史を持っているが、それは現代社会との関わりのなかで成長してきた歴史的存在でもある。「社会の存立基盤」である法・慣習・倫理・道徳などを無視して現在の位置を確立できたはずはない。とくに雇用・労働関係は、社会を存立させる根幹である。「資本主義にとっては、労働市場、したがって雇用関係こそが本質的」なのであり[18]、「雇用関係のない企業は、たとえ資本主義企業にみられるその他の属性（階層性、支配、搾取、疎外、商品生産など）があっても資本主義企業ではない[19]」。企業は、生産性を高め効率を良くし最大の利潤を上げるという経済的な価値だけを追求していればよいのではない。「企業は財務だ」、「企業が社会の中心だ」という認識はいまこそ否定されなければならない。

「企業は治外法権ではない」ことも強調する必要がある。熊沢誠氏が著書『民主主義は工場の門前で立ちすくむ』で具体的に例示されたように[20]、市民社会を律するルールは企業のなかにあっても尊重されねばならない。つまり企業は、社会に対して「開かれた共同性」をもった存在なのである。かつてポランニーは、「経済的自由主義と社会防衛」という二つの組織原理について言及したが、まさにいまこのことが問われているといえよう[21]。

以上の意味において、企業の社会的責任の最たるものは、労働者に対する雇用責任であり、人間らしい労働に責任を持つことである。いわば「人間らしい雇用関係」の創出こそが労働ＣＳＲの第一の規範である。この見地からは、「雇用」と「使用」を切り離して、派遣元も派遣先も雇用主責任＝使用者責任を回避し、労働条件の決定を、労働者を排除した商取引に委ねる派遣労働は、労働者供給事業を禁止した職業安定法の趣旨に立ち返って規制されなければならない。

第二は、「人間らしい労働に見合った賃金」の支払である。

大企業に顕著に見られる乱暴な雇用・労働戦略は、「国際競争力を強化しないと雇用は守れない」という脅し文句で正当化されている。二〇一〇年四月に日本経団連が公表した「成長戦略２０１０」は、「企業活動がなければ、雇用を創出することも、新たな製品やサービスの供給を通じて、より豊かな国民生活を享受することも不可能である」と脅迫まがいに述べ、「企業の国際競争力の強化を通じた雇用創出」と称して、雇用情勢の好転は企業の国際競争力の強化によってこそ実現できると主張した[22]。政府もこれに同調し、経済産業省の産業構造審議会産業競争力部会報告は次のようにいっている。「グローバル化の中でも、国内で付加価値を生み、雇用を創出するためには、我が国の『立地の国際競争力』を高めるしか途はない。『企業と労働者とどちらを支援するか』という議論は、全く無意味である。こうした国内の分配の論理に目を奪われていては、グローバル化が不可避な中で、日本から付加価値と良質な雇用が喪失するのみである」(23)。

だが、一九九九年以降二〇〇八年までの一〇年間の国際競争力強化の実績は、輸出額四七兆五〇〇〇億円から八一兆円へと急増したのに比較して、一ヵ月当りの平均賃金は三七万二〇〇〇円（二〇〇七年）から三一万五〇〇〇円（二〇〇九年）へと一五％以上ダウンしている。しかも、一年間を通して働いても、年収二〇〇万円以下のいわゆる「ワーキングプア」層は、同じ期間に八〇〇万人から一〇七〇万人にと二七〇万人も増加し、〇九年にはついに一一〇〇万人に達した(24)。大企業が利益を得ればすべての国民の生活がうるおうという「トリクルダウン」の論理は、いまや事実として否定されたのである。

このようにして国際競争力の強化を強く主張した大企業は、自らは二〇〇兆円を超える内部留保を積み上げて大いにうるおったにもかかわらず、労働者の賃金にそれを反映させることはなかった。いやかえって賃金は減少し、その雇用と労働に大きいダメージを与えたのである。「人間らしい労働に見合った賃金」は、労働ＣＳＲの第二の規範である。

第三は、「人間らしい生活を享受できる労働時間」の厳守である。

労働基準法は、労働時間は一週間四〇時間、一日八時間と定めている。これを超過する場合は、適正な割増賃金を支払う義務がある。企業が労働者の労働時間を把握し適正に管理して法を遵守することは、義務でもあれば責任でもある。

ところが、何時間残業しても残業代は付かない、一定の時間数以下は支払わない、労働時間の把握を労働者自身の自主的申告にゆだねるといった不適切な運用によって、いわゆる「サービス残業」が蔓延している。それもあって、過重な長時間労働による過労死・過労自殺が常態化している。しかも一方では、女性労働者の多くが短時間のパートタイム労働者に追いやられているというように、いわば労働時間の二極分化ともいえる状況が、企業の意図された蓄積体制のもとで行われてきた(25)。

人間は労働そのものを目的として生きているわけではない。一日の生活時間において、睡眠や食事のほかにも、テレビ・新聞・読書、学習・研究、趣味・娯楽、スポーツ、ボランティア、社会活動などいろいろの行動に費やす時間が必要である。これらに十分な時間を消費できることが、人間として全面的に発達する原動力となる。逆にいえば、企業が適正な労働時間を維持管理することは労働者の人間発達に十分寄与することになり、労働の発展にもつながるはずである。

すでに二〇〇一年、厚生労働省は、多くの批判に後押しされて、「労働時間の適正な把握のために使用者が講ずべき措置に関する基準」を公表した。経団連はこの通達を骨抜きにする意味もあって、いわゆる「ホワイトカラー・エグゼンプション」制度の導入を試みたが、周知のように世論の総反撃にあって失敗に終わった(26)。だが、これで経済界全体を見てサービス残業や長時間労働がなくなったわけではない。労働基準法がいう「人たるに値する生活」を営むことのできる労働時間に規制するために、「人間らしい生活を享受できる労働時間」の厳守は、労働CSRとして企業が掲げるべき第三の規範である。

株主優先という短期的な経済利益追求のために企業が主張するCSRではなく、労働CSRの実現を契機としていまこそ「社会的存在としての企業」への企業転換を達成するときである。

Ⅳ　国際的な労働CSR論の展開

経済のグローバル化にあたって、国連やILOなどの国際諸組織は、多国籍企業の経済活動に「公正なグローバル化」を強く求め、企業が一定の社会的責任を負うよう取組みを進めてきた(27)。ヨーロッパとくにフランスでは、「国連グローバル・コンパクト」への企業の参加を強く呼びかけた結果、たんに環境問題や人権問題にとどまらず、「労働基準」にかんする具体的な原則を重要な内容として多くの企業がこれに参加している(28)。

ここでは、主としてILOによる取組みを見てみよう。

周知のようにILOは、一九一九年に創立された。以来、政労使（政府・労働者・企業）の三者合意によって国際労働基準を設け、各国が立法や制度改革によって労働者の生活安定と社会正義をともなった職場の安定をもたらすように勧告し提言してきた。「フィラデルフィア宣言」（一九四四年）は、「大きな社会不安を起こすような」労働条件悪化や労働不安が生じた場合、「正義および人道」「世界の恒久平和」の立場から、労働条件改善の障害を除去する状況をつくることはILOの使命である、と宣言した。

グローバル化の急速な進展で格差が拡大し従来の雇用基準がはなはだしく破壊されたため、ILOは、二一世紀における新しい戦略を発表した。一九九八年の第八六回総会では、「労働における基本原則及び権利に関するILO宣言」が発表された。宣言では、四項目の「中核的労働基準」（core labour standards）すなわち、（1）結社の自由及び団体交渉権の効果的な承認、（2）あらゆる形態の強制労働の禁止、（3）児童労働の実効的な廃止、(4)雇用および職業における差別の排除、を確立した市民社会の達成こそが重要だと述べている。この条約は批准の如何にかかわらず「加盟国であるという事実そのもの」によって義務が生じると宣言した。

翌九九年、「人権擁護、組合活動の自由、強制労働や児童労働の排除、雇用と職業差別の撤廃、環境への配慮」など一〇項目にわたる原則が、グローバル・コンパクトとして提唱された。この具体化として、ＩＬＯは、「ディーセントワーク」(decent work：働き甲斐のある人間らしい仕事)を主要目標とする方針を掲げた。「ディーセントワーク」とは、労働者の「権利が保障され、十分な収入を生み出し適切な社会保護を供与される生産的な仕事」であり、グローバル化した世界で「世界中の政治および実業界の指導者たちに突きつけられている世界的な要求」である[29]。

ディーセントワークを推進し実現するためには、中核的労働基準を基本として四つの戦略的目標が掲げられ、バランスよく統合的に遂行すべきだとされた。その戦略的目標とは、①労働における基本的原則と権利、②男女が雇用と収入を確保できるより多くの機会の創出、③社会保護の範囲をすべての人々に広げ、その効果を高めること、④政労使の三者構成主義と社会対話を強化すること、である。このうち③は社会保障を超えたより大きい社会的問題として社会的弱者の保護を訴えており、④はＩＬＯが政労使のコンセンサスで運営される対話と行動の機関であることを重視したものである。このことは、使用者と労働組合との対話に障害が起こっている現実の反映でもある。実りある民主的な対話と交渉について、いま使用者の責任が問われている。

また、第九七回総会で採択された「公正なグローバル化のための社会正義に関する宣言」(二〇〇八年六月一〇日）は、①雇用、②社会保護、③職場における基本的権利、④社会対話、という四つのディーセントワーク戦略目標を定めた。これは、一九七七年採択後二〇〇〇年と二〇〇七年に改定された「多国籍企業および社会政策に関する宣言」、さらに二〇〇九年第九八回総会で採択された「グローバル・ジョブス・パクト（仕事に関する世界協定）」とともに、たんなる理事会文書の範囲を大きく超えて、国際基準として認識されている。その理由は、これらがＩＬＯ創立以来の原則を守って、政労使三者が対等の立場で討論して起草し、民主的議論の結果として採択されたものだからである。使用者代表は、そのまま企業を代表するわけではないが、その国の使用者の利益代表として参加している以上、宣言はその国の企業に対して当然拘束力を持つと考えられる。(30)

このような国際機関による国際労働基準の宣言は、これまでいわば「ＩＬＯ後進国」として多くの労働基準条約を批准してこなかった日本政府に突きつけられた要求といってもいい。日本では、上記九八年宣言で最優先とされた八条約のうち(2)(3)(4)に関する条約（一〇五号、一八二号、一一一号）は批准されていない。そのほかにも、ディーセントワークの戦略目標④にかんする一四四号条約や一五五号（労働安全衛生）、一七一号（夜間労働）、一七五号（パートタイム労働）、一八三号（母性保護）の各条約なども批准されていない。一九一九年に締結されたＩＬＯ第一号条約「工業的企業における労働時間を一日八時間かつ週四八時間に制限する条約」をはじめとして、労働時間に関する条約はすべて未批准である。これは使用者からの強い反対を受けた政府の判断である。ＩＬＯ一三二号条約は年間三労働週の有給休暇と二週間の連続休暇を定めているが、政府はこれを含む労働時間関係のＩＬＯ条約を批准し、使用者に対して、国際労働基準を遵守する義務を負わせる責任がある。「国際労働基準」こそは、ＣＳＲの根幹である。

第九九回総会（二〇一〇年六月）では、〇八年世界恐慌を経験して雇用とマクロ経済政策との関連を重視する見解なども討議された。また、アメリカ・中国・インドという人口的には世界の労働者の半分以上を占める諸国が中核的労働基準を批准していないため、これら諸国の批准促進のためにどんな対策が採られるべきかが討議された(31)。

以上のような国際組織による国際労働基準の策定・進化とともに、ＮＧＯによる新たな労働基準の認証も見られる。たとえば、政労使三者の合意が得られないため中核的労働基準の条項からは見送られた「最低賃金制」の課題などを盛り込んだ「国際的枠組み協定」が、独自の対応として拡がっている。

Ｖ　労働運動と労働ＣＳＲ

資本が独自の行動によって自主的に労働ＣＳＲを実現するまでただ一方的に待つだけでは、労働ＣＳＲの実現は不可能であろう。企業の内からは、労働組合が「労働組合の社会的責任」として積極的に労働ＣＳＲを促進するように資本への圧力を強めることを期待したい。ヨーロッパの産業別労働組合は、困難な情勢のなかで労働者の利益と権利を守るために資本への対抗勢力となって活動している。日本の企業別組合も、かつては企業社会の民主化のための運動主体として、労働者が人間として自由な生活を回復するために、資本の暴力から労働者の利益と権利を守って闘ってきた。

しかし残念ながら現在では、多くの労働組合ではその姿勢は疑わしい。大企業の労働組合ほどかえって企業の成長戦略と一体になって、「労働ビッグバン」に突き進む資本には積極的に同調・協力しても、労働者の利益を守ることには消極的であった。偽装請負や派遣切りなどの非正規労働者にかかわる問題について、大企業労組は同じ企業に働く労働者の立場に立って彼らを守ろうとすることはほとんどなかったし、かえって雇用の非正規化と外部化を推進する企業戦略に棹をさす存在であったといっていい。

いま新しい社会変革の兆しが現われている。こんにち雇用と労働にかんする不安は非正規労働者だけではないとして、国民のあいだでは社会的に対応すべきだという意見が一般化している。一方では、財界はいまなお「国際競争力の強化」と「トリクルダウン」の論理でもって構造改革に固執し、非正規雇用を前提にして景気回復・格差解消に向かう方向で政府に迫っている。他方、『労働経済白書』(二〇一〇年版)は、「相対的に賃金の低いものを活用しようとする人件費コストの抑制志向」を背景にして、非正規労働者の雇用が増大し平均賃金の低下をもたらしたことが、かえって賃金格差の拡大を後押ししたと指摘し、近年、長期雇用を再評価する動きのあることにも言及し、社会の発展には雇用の安定や人材の育成が不可欠であると結論づけている。そのうえで、「成果が、賃金上昇や労働条件の改善として適切に分配されることが課題」であると強調している。

大企業の労働組合も、非正規労働者を含む雇用と労働を守るために、組織をあげて取り組む姿勢が弱いながらもようやく見え始めている。

全国労働組合総連合(全労連)は、大企業における組織率は低いとはいえ、非正規労働者を雇用の調整弁とする大企業の横暴を厳しく告発してきた。いま「雇用責任を果たさせる取組みを進め、個別の労働相談にも積極的に応じて、非正規労働者の組織化は各単産の重要な任務」として訴えている。

「非正規労働者たちを組織の外に置いて、その実態や改善を論じても始まらない。自らの組織の胎内に抱えることによって、はじめて主体的な課題にできる。執念を持って、非正規労働者の組織化にまい進する。そうした組織への変貌をみんなの力で実現しようではありませんか[32]」。

また日本労働組合総連合会（連合）も、『連合白書』（二〇一〇年）で、市場原理主義からの決別と[33]「逆トリクルダウンの必要性（家計と企業の所得バランス）[34]」を主張し、生活者の暮らしを支える所得の再分配を求め、「企業活動に見合った社会的役割・負担をきちっと担っていく」ことや「非正規労働から正規労働への切り替えや待遇改善を積極的に行い、良質な雇用を増加させていく必要」を要求している。また傘下の組合員に対して、次のように訴えている。

「非正規労働者の待遇改善、格差の是正、底上げのためには、組合員がまず、自分たち自身の問題だという意識を持つことが肝要である。パートタイム労働者など直接雇用の場合は言うまでもないが、派遣労働者等の間接労働者の場合でも雇用を守り、ある一定の労働条件が保障されるよう、構成組織ならびに単組が連携するもとで、労使協議の場などを活用し、取り組みにつなげていく必要がある[35]」。

既成の大労組ではなく小さい勢力ではあるが、労基法無視の企業と真正面から対抗する新しい組織も活動している。地域ユニオンの活動である[36]。この新しい労働運動は、教育・医療・福祉などについて活動する市民運動や地域の活性化を求める地域運動とも連帯を深め、大きく運動の輪を拡げている。たとえば、大阪の地域ユニオンでは、組合員の個別労使紛争を、地域の労働者・消費者全体が問題意識を共有化するために、地域運動や市民運動と連帯するこのような取組みを訴え、地域住民に対して労働問題への意識・関心を高める運動をひろめつつある。同時に、環境汚染や商店街活性化などの問題についても、地域ユニオンが一緒になって取り組むようになっている[37]。

企業の内からと外からの圧力によってのみ労働CSR実現の可能性が生まれる。しかし、大企業の労働組合と地域ユニオンとのあいだでは、労働者の「連帯」と「団結」の精神にもとづいた協働闘争はまだ十分とはいえない。また、地域ユニオンが試みている地域の市民運動や社会運動との連携も緒についたばかりである。外の組織との連携は、なにも地域ユニオンだけが必要なのではなく、既存の労働組合にとっても、たんに数量的な増強というにとどまらず、運動の視野を拡げ、かつてのような権威主義とでもいえそうな性格を一掃し、民主的で開かれた組織づくりを行うためにも、市民運動・社会運動から学ぶべき点は少なくないはずである。アメリカでの闘いの経験はそれを教えている。(38)

地域ユニオンにとって、産業段階での労働条件やルールづくりの問題では、組織の点でも経験の点でも大きい限界があることはいうまでもない。山積している多様な労働問題を解決するには、やはり大企業の労働組合が運動の力を増強し、真正面から労働者の利益と権利を擁護する主張を展開し行動することが、なによりも求められている。(39) ナショナルセンターの方針がすべての傘下企業労働組合に受け入れられ、企業内の労働者だけではなく、ひろく労働者全体を視野に入れ、憲法第二八条が保障する権利として「連帯」の精神を基礎に「団結」し、「企業の社会的責任」を要求することが期待されている。

格差と貧困にもとづく社会不安は、いま日本の市民生活のなかではっきりと眼に見えるかたちで増大している。労働者の要求は、雇用と労働についての不安を一掃し、ディーセントワークによる人間らしい生活を回復することである。「製造業派遣」「登録型派遣」「日雇い派遣」「スポット派遣」などを原則禁止する労働者派遣法の抜本改正も欠かせない。「労働は商品ではない」というＩＬＯの精神を戴して、正規・非正規を問わず「同一労働同一賃金」に徹すべきである。さらに労働時間・最低賃金・雇用保険・年金などの不安を一掃し、企業をしてその社会的責任を果たさせる必要がある。

これまで政治は法の整備などで企業の暴走に協力し、一緒になって社会不安を助長してきた。「より責任をもって行動することを全企業に義務付ける政府の能力と、市民社会の両方を強化すること」が要求される。政治は、社会の崩壊をくいとめ再生させようとする労働運動・市民運動を強力に後押しし、企業の身勝手な行動を規制する政策に転換する責任を持つ。企業の内からの労働者の運動と生活改善についての市民のいろいろな企業の外からの活動が政治と結びつき、人間らしい社会実現の方向に共同できる条件は整ってきたといえる[40]。

おわりに

マルクスは、『資本論』（第一部第五章・第八章）において、商品に表わされる労働の二重性を考察し、それは一定の使用価値をつくるための合目的的活動であると同時に、価値を増殖し剰余価値を形成する過程でもある、と分析している。つまり企業は、一方では人類の生存のための社会的器官であると同時に、利潤を獲得するための器官でもある。したがって、企業の最大限に利潤を獲得しようとする強い願望は、一筋縄で制御できるものではない。またマルクスは、一九世紀イギリスの労働者階級が、工場法を制定させる闘いによって労働時間の制限を勝ち取った経験を述べているが、それは、「人間的教養のための、精神的発達のための、社会的諸機能の遂行のための、社交のための、肉体的および精神的生命力の自由な営みのための時間」の確保、すなわち人間発達にかかわる生活すべてのために、資本の専制に対する「社会的バリケード」としてのルールを初めて打ち立てたことを意味した。

現代の雇用と労働の破綻は、自然に起こったものではない。「構造改革」という名のもとで、政治と財界がともに推進してきた市場原理主義による政策がもたらした結果である。政治と財界が引き起こした「生活災害」は、政治と財界が責任をもって改めるべきである。企業の内と外からの運動によって、ディーセントな労働を中心とした労働諸権利を、まずは「労働CSR」として実現できるように企業に圧力をかけることが重要であろう。だが労働CSRは、直接的に社会の貧困を解決することはできない。

現在の労働基準法は、労働条件の最低基準を規定したものである。法に違反する契約は無効としてはいるが、女性労働者に対する保護規定の撤廃など現在では制定当時から大幅に後退しているし、もともと三六協定に見られるように雇用・労働にかんする企業責任の抜け道も多い(41)。いま労働CSRはソフトローとして位置づけられているが、今後は労働者の雇用と労働にかんして企業が強く社会的責任を負うように、労働CSRの諸要件が「法制」として確立されることが必要である(42)。こうあってこそ、労働者が人間としての生活を回復できるし、格差と貧困の不安から抜け出ることができる。それは同時に、企業が二一世紀におけるグローバル化のもとで持続的に発展を遂げることができる途であろう。

注

(1) 雇用・労働についての規制緩和政策は、「ワシントン・コンセンサス」にもとづくアメリカ新自由主義＝市場原理主義の「輸出」強要によるものであった。J・E・ステグリッツはいっている。「ワシントン・コンセンサスによる改革は、各国を大きなリスクにさらした。そして、そのリスクは不公平なほど、それに対処できない人びとばかりに負わされた。この改革のペースと順序は、多くの国で雇用創出を上回る雇用破壊をもたらした。国が有効なセーフティ・ネットなどの制度を確立するまもなく、それを上回るリスクをもたらした」（J・E・スティグリッツ『世界を不幸にしたグローバリズムの正体』鈴木主税訳、徳間書店、二〇〇二年、一三二ページ）。デヴィッド・ハーヴェイも次のように書いた。「アメリカとイギリスの新自由主義モデルがグローバルな諸問題に対する解決策だとされた。新自由主義の道をとらせるために、日本やヨーロッパにさえ（世界の他の部分に関してはいうまでもない）、かなりの圧力がかけられた」（デヴィット・ハーヴェイ『新自由主義――その歴史的展開と現在』渡辺治監訳、作品社、二〇〇七年、一三三ページ）。

（2）西谷敏『人権としてのディーセントワーク　働きがいのある人間らしい仕事』（旬報社、二〇一一年）八〇ページ。

（3）厚生労働省「監督指導による賃金不払残業（サービス残業）の是正結果」二〇一〇年一〇月二一日。

（4）熊沢誠『働きすぎに斃れて』（岩波書店、二〇一〇年）一四―一五ページ。

（5）厚生労働省「脳・心臓疾患及び精神障害に係る労災補償状況について」二〇一〇年。

（6）森岡孝二「住金訴訟と勝利和解の歴史的意義」、『労働法律旬報』第一六二八号（二〇〇六年七月二五日）。

（7）厚生労働省「平成二二年障害者雇用状況の集計結果」二〇一〇年。

（8）内閣府『障害者白書』平成二二年版、五八ページ。

（9）M・フリードマン「企業の社会的責任とは何か」、『中央公論』一九七一年経営問題特集号（土屋守章訳）三二八ページ。

（10）M・フリードマン『資本主義と自由』（村井章子訳、日経BP社、二〇〇八年）二四九ページ。

（11）M＆R・フリードマン『選択の自由』（西山千明訳、日経ビジネス文庫、二〇〇二年）五四七ページ。

（12）デヴィット・ハーヴェイ、前掲書、一三三ページ。

(13) ピーター・キャペリ『雇用の未来』(若山由美訳、日本経済新聞社、二〇〇一年)第一章。
(14) 城繁幸『内側から見た富士通――「成果主義」の崩壊』(光文社、二〇〇四年)。
(15) 片岡信之「企業社会責任と企業統治」、仲田正機「コーポレート・ガバナンス改革の位相」、いずれも鈴木幸毅・百田義治編著『企業社会責任の研究』(中央経済社、二〇〇九年)所収。出見世信之「多様化する企業社会とコーポレート・ガバナンス」、溝端佐登史ほか編著『市場経済の多様化と経営学――変わりゆく企業社会の行方』(ミネルヴァ書房、二〇一〇年)第二章。
(16) 日本経団連「企業の社会的責任(CSR)推進にあたっての基本的考え方」二〇〇四年二月。同「企業行動憲章」二〇〇四年五月。同「我が国におけるコーポレート・ガバナンス制度のあり方について」二〇〇六年六月など。
(17) R・B・ライシュ『暴走する資本主義』(雨宮寛・今井幸子訳、東洋経済新報社、二〇〇八年)二三〇ページ。
(18) 森岡孝二『強欲資本主義の時代とその終焉』(桜井書店、二〇一〇年)一二二ページ。
(19) G・M・ホジソン『経済学とユートピア――社会経済システムの制度主義分析』(若森章孝・小池渺・森岡孝二訳、ミネルヴァ書房、二〇〇四年)二〇五ページ。
(20) 熊沢誠『民主主義は工場の門前で立ちすくむ』(田畑書店、一九八三年)。
(21) K・ポランニー『大転換――市場社会の形成と崩壊』(吉沢英成ほか訳、東洋経済新報社、一九七五年)第一一章。
(22) 日本経団連「豊かで活力ある国民生活を目指して――経団連 成長戦略 2010」二〇一〇年四月一三日。
(23) 経済産業省産業構造審議会産業競争力部会「産業構造ビジョン 2010」二〇一〇年六月。
(24) 国税庁「民間給与実態統計調査」二〇一一年。
(25) 森岡孝二『働きすぎの時代』(岩波新書、二〇〇五年)。同「労働時間の二重構造と二極分化」、『大原社会問

題研究所雑誌』第六二七号（二〇一一年一月）。

（26）森岡孝二『貧困化するホワイトカラー』（ちくま新書、二〇〇九年）五章。

（27）宮前忠夫「本格化する『公正なグローバル化』への世界的挑戦」、『前衛』二〇〇四年一一月号。

（28）梅田徹『企業倫理をどう問うか グローバル化時代のCSR』（日本放送出版協会、二〇〇六年）。

（29）ディーセントワークに関しては、高橋邦太郎「ディーセントワークと日本の労働基準」、森岡孝二編『格差社会の構造』（桜井書店、二〇〇七年）第四章を参照。

（30）吾郷真一『労働CSR入門』（講談社新書、二〇〇七年）一〇九ページ以下。

（31）座談会「第九九回ILO総会」、『世界の労働』（日本ILO協議会）二〇一〇年八月号。

（32）根本隆「非正規の組織化を最重点に前進を」、『月刊 全労連』（全国労働組合総連合）二〇〇九年一二月号、一三ページ。

（33）日本労働組合総連合会『連合白書 2010 春季生活闘争の方針と課題（働くすべての仲間の雇用維持と生活の安定を目指して）』二〇一〇年、六ページ。

（34）同前、一九ページ以下。

（35）同前、二五ページ。

（36）中嶌聡「『正しくキレる』手段としてのユニオン」、森岡孝二編『就活とブラック企業』（岩波ブックレット805、二〇一一年）。

（37）木下武男『格差社会にいどむユニオン――21世紀労働運動原論』（花伝社、二〇〇七年）。特集「雇用破壊・貧困の深刻化とたたかう」、『議会と自治体』二〇一〇年一月号。

（38）新川敏光「21世紀型労働運動を展望する」、新川敏光・篠田徹編著『福祉国家の可能性』（ミネルヴァ書房、二〇〇九年）一〇ページ、仲野組子「社会が企業を変えるアメリカ合衆国の経験――ミルウォーキー・メトロポリタン地域のハイロード戦略」、夏目啓二編著『21世紀の企業経営』（日本評論社、二〇〇六年）第八章。同「アメリカの労働市場改革――悪い雇用から良い雇用へ」、『企業の社会的責任と労働』（労務理論学会誌、第一七号、晃洋書房、二〇〇八年）。

（39）西谷敏「雇用危機下の労働法と労働運動」、前掲『月刊 全労連』。同、前掲『人権としてのディーセントワーク』三四〇ページ以下。

（40）D・ボーゲル『企業の社会的責任の徹底的研究』（小松由紀子ほか訳、一灯社、二〇〇七年）三一六ページ。

（41）脇田滋『労働法を考える この国で人間を取り戻すために』（新日本出版社、二〇〇七年）。

（42）西谷敏、前掲『人権としてのディーセントワーク』三一九ページ。

（補注1）政府と財界が引き起こした災害の責任を社会的弱者に押しつける政治は、東日本大震災の後もますますあらわになっている。原子力発電所の爆発事故がもたらした放射能被害が拡大するなかで、惨禍の後始末の責任を糺すことなく、いま政治は「社会保障と税の一体化」の名のもとに、消費税率の引き上げ、電気料金値上げ、さらには社会保障の切り捨てという国民負担増を強要する方向へ進められている。これが問題の真の責任者を曖昧にし、結局は格差と貧困をさらに拡大させることは明らかである。

（補注2）東日本大震災後、岩手・宮城・福島の労働局が発表した失業者数は一二万人に達した。ところが、この大災害に便乗して安易に労働者を解雇するという事例が多く見られる。たとえば、ソニーは震災から四〇日もたってから多賀城市の仙台テクノロジーセンターでの大規模リストラ計画を発表した。パナソニックも四万人の人員削減を計画している。また自然災害の場合、労働基準局長が認めれば「解雇予告手当」の支払が免除される「解雇予告除外認定」制度を申請した企業は、宮城労働局管内だけで数百件にのぼるという。労働者の権利を踏みにじる震災便乗の解雇を許してはならない（『しんぶん赤旗』二〇一一年六月二四日など、参照）。

編者

森 岡 孝 二

1944年生まれ，関西大学経済学部教授，経済学博士（京都大学）
株主オンブズマン代表，大阪過労死問題連絡会会長
著書 『強欲資本主義の時代とその終焉』桜井書店，2010年
『就職とは何か――〈まともな働き方〉の条件』岩波新書，2011年 ほか
訳書 J·B·ショア著『プレニテュード――新しい〈豊かさ〉の経済学』（監訳）岩波書店，2011年 ほか

執筆者（執筆順）

森 岡 孝 二（はしがき，第1章）
高 田 好 章（第2章）1950年生まれ，化学会社勤務
中 野 裕 史（第3章）1981年生まれ，関西大学マイノリティ研究センター RA 研究員
大 邊 誠 一（第4章）1950年生まれ，税理士
小 野 　 満（第5章）1932年生まれ，元繊維会社勤務
髙 島 嘉 巳（第6章）1935年生まれ，不動産鑑定士
川 口 民 記（第7章）1949年生まれ，施設管理会社勤務
高橋邦太郎（第8章）1932年生まれ，基礎経済科学研究所所員

貧困社会ニッポンの断層

2012年4月5日 初 版
2012年6月25日 第2刷

編 者 森岡孝二
装幀者 加藤昌子
発行者 桜井 香
発行所 株式会社 桜井書店
東京都文京区本郷1丁目5-17 三洋ビル16
〒113-0033
電話 (03)5803-7353
Fax (03)5803-7356
http://www.sakurai-shoten.com/
印刷所 株式会社 ミツワ
製本所 誠製本 株式会社

ISBN978-4-905261-07-0 Printed in Japan